Josep Martí i Pérez
Universität Göttingen, Volkshochschule Göttingen

TRAMONTANA

Spanisch

**MÉTODO PROGRESIVO
PARA LA ENSEÑANZA
DE LA LENGUA ESPAÑOLA**

Schmetterling Verlag

CIP-Titelaufnahme der Deutschen Bibliothek

Martí i Pérez, Josep:
Tramontana : spanisch - método progresivo / Josep Martí i Pérez. - 2., überarb. Aufl. - Stuttgart : Schmetterling-Verl., 1989
ISBN 3-926369-70-1

Besonderen Dank für die Ratschläge und Hilfe bei der Herstellung: der Dozentin für Sprachwissenschaft Conxita Lleó und dem Lektor für Spanisch José Amicola der Universität Göttingen, sowie Margret Schnarhelt; ihr wird dieses Lehrbuch gewidmet.

Göttingen, 1981

ISBN 3—926369—70—1

Schmetterling Verlag
Paul Sandner & Jörg Hunger
Holzhauser Str. 31
7000 Stuttgart 80

Alle Rechte vorbehalten

Printed in Germany

2. überarbeitete Auflage
unter Mitarbeit von
Michael Schmidt, Göttingen

Mit Illustrationen von
Michael Groenewald und
Matthias Langer, Siegen

Typographie: Jochen Remlinger,
Plankstadt

Satz: Cyan, Heidelberg
Druck: GuS, Stuttgart
Binden: Libellus, Stuttgart

Die Veröffentlichung wurde durch
die Unterstützung der
Aktion Selbstbesteuerung (ASB) und
des Netzwerkes Selbsthilfe e.V. Nordwürttemberg ermöglicht.

Vorwort

Folgende Texte sind grammatikalisch betrachtet auf eine fortschreitende Weise strukturiert. Das Verb bildet ihre Wirbelsäule aus zweierlei Gründen. Zuerst, und das ist das wichtigste, muß man in Betracht ziehen, daß das Verb den Kern des Satzes darstellt. Das zweite sind die Schwierigkeiten, die die Beherrschung der verschiedenen Verbformen bedeutet. Die richtige Anwendung ihrer Zeiten ist keineswegs ein einfaches Ziel. Und die Tatsache, daß das Spanische, wie andere romanische Sprachen, über eine Anzahl von unregelmäßigen Verben verfügt, trägt zur weiteren Erschwernis beim Spracherwerb bei. In der graduellen Darstellung der Verbstrukturen werden auch die anderen Aspekte der spanischen Grammatik fortschreitend behandelt.

Jedes Kapitel besteht aus drei konkreten Teilen. Im Text werden die entsprechenden grammatikalischen Strukturen behandelt. Diese sollen fortschreitend gelernt werden; ebenso der Wortschatz, der in den Texten zu finden ist und der als Mindestwortschatz der spanischen Sprache betrachtet werden kann. Die grammatikalischen Übungen verfolgen das Ziel, dem Studenten die grammatikalischen Strukturen, die im Text analysiert worden sind, aufnehmen zu helfen. Der dritte Bestandteil – die sogenannten „ejercicios cominicativos" –, der meines Erachtens nach so wichtig ist wie die zwei anderen, der Wortschatz, steht in Beziehung zu bestimmten konkreten Situationen. Dieser Wortschatz soll nicht unbedingt gleich memorisiert werden. Er ist nur eine Hilfe für die Übungen von kommunikativem Charakter, die während der Unterrichtszeit durchgeführt werden sollen. Dies strebt vor allem an, verschiedene mögliche Situationen darzustellen, die wir während unseres Aufenthalts in irgendwelchen spanisch-sprachigen Ländern antreffen können. Das wichtigste Ziel solcher Übungen ist, sich ausdrücken zu lernen. Sie streben die Verwirklichung des wichtigsten Ziels einer Sprache an, nämlich die Kommunikation. Hier sollen wir all die Kenntnisse, die wir graduell durch die Texte und Übungen erworben haben, anwenden.

Ohne zu vergessen, daß das wichtigste Ziel dieser Texte ist, dem Studenten das fortschreitende und systematische Lernen der spanischen Sprache zu ermöglichen, haben zahlreiche Texte einen informativen Inhalt, der sich auf historische oder soziale Aspekte der spanisch-sprachigen Länder bezieht. Sie erheben aber nicht den Anspruch, die sozialkundliche Wirklichkeit dieser Länder vollständig darzulegen, was über das Ziel solcher Texte hinaus gehen würde.

Diese reizvolle Aufgabe überlasse ich Ihnen, was Ihnen später mit den erworbenen Sprachkenntnissen nicht schwer fallen wird.

Josep Martí i Pérez
Göttingen, 1981

Inhalt

Lección 1 — 11

1.1 Presentación (1) — 11
1.2 Gramática — 11
1. Personalpronomen — 2. Der unbestimmte Artikel — 3. Das Substantiv — 4. Das Adjektiv — 5. ser/estar — 6. Bejahung — 7. Verneinung
1.3 Ejercicios — 13

Lección 2 — 14

2.1 Presentación (2) — 14
2.2 Gramática — 15
1. Die erste Konjugation — 2. Der unbestimmte Artikel — 3. Hay — 4. Das unpersönliche Pronomen „se"
2.3 Ejercicios — 16

Lección 3 — 17

3:1 En el piso de Luis — 17
3.2 Gramática — 18
1. Die zweite und dritte Konjugation — 2. de+el =del — 3. Besonderheiten — 4. Expresiones
3.3 Ejercicios — 18
3.4 España — 21

Lección 4 — 22

4.1 De excursión — 22
4.2 Gramática — 23
1. Das Demonstrativadjektiv (-pronomen) — 2. Modalverb + Infinitiv — 3. Unregelmäßige Verben (ir, salir) — 4. ser/estar (Fortsetzung) — 5. Besonderheiten
4.3 Ejercicios — 24
4.4 Nicaragua — 27

Lección 5 — 28

5.1 En el autobús — 28
5.2 Gramática — 29
1. para + Infinitiv — 2. Unregelmäßige Verben (tener, venir) — 3. Akkusativ der Person — 4. a + el = al — 5. Besonderheiten — 6. Expresiones
5.3 Ejercicios — 30
5.4 Grandes ciudades — 33

Lección 6 — 34

6.1 En la estación — 34
6.2 Gramática — 35
1. Das Possessivadjektiv (-pronomen) — 2. Unregelmäßige Verben (hacer, poder, ver) — 3. Die Uhrzeit — 4. Besonderheiten — 5. Expresiones
6.3 Ejercicios — 37
6.4 Bolivia — 41

Lección 7 — 42

7.1 La familia Gómez — 42
7.2 Gramática — 42
1. Das Partizip — 2. Das Perfekt — 3. Besonderheiten — 4. Expresiones
7.3 Ejercicios — 43
7.4 La lengua española — 46

Lección 8 — 47

8.1 Carmen desea ir a Sudamérica — 47
8.2 Gramática — 48
1. Die Negation — 2. Unregelmäßige Verben (decir, querer, saber) — 3. Lokale Bedeutung der Präpositionen „en", „a", „por" — 4. Wortstellung — 5. Besonderheiten
8.3 Ejercicios — 50
8.4 México — 53

Lección 9 — 54

9.1 El santo de Carmen — 54
9.2 Gramática — 55
1. Das unbetonte Personalpronomen — 2. ir + a + Infinitiv: nahe Zukunft — 3. Besonderheiten
9.3 Ejercicios — 56
9.4 Pablo Neruda — 60

Lección 10 — 61

10.1 De viaje — 61
10.2 Euzkadi — 62
10.3 Gramática — 63
1. Das reflexive Verb — 2. muy/mucho — 3. Besonderheiten
10.4 Ejercicios — 64
10.5 Colombia — 69

Lección 11 — 70

11.1 En la tienda — 70
11.2 Gramática — 72
1. Der Imperativ — 2. Unregelmäßige Verben (poner, dar) — 3. Ver-

gleichsform und Steigerung des Adjektivs — 4. Besonderheiten — 5. Expresiones
11.3 Ejercicios 74
11.4 Las etnias en Hispanoamérica 77

Lección 12 — 78

12.1 Julio, un trabajador andaluz 78
12.2 Gramática 79
1. Gruppe der unregelmäßigen Verben -ie- — 2. al + Infinitiv — 3. antes (después) + Infinitiv — 4. cuál, cuáles — 5. Besonderheiten — 6. Expresiones
12.3 Ejercicios 80
12.4 Los números cantan 84

Lección 13 — 85

13.1 Elena tiene visita 85
13.2 Gramática 86
1. Gruppe der unregelmäßigen Verben -ue- — 2. Das Gerundium — 3. estar + Gerundium — 4. Besonderheiten
13.3 Ejercicios 87
13.4 Andalucía 91

Lección 14 — 94

14.1 ¿Vamos al concierto? 94
14.2 Gramática 95
1. Das Futur — 2. Gruppe der unregelmäßigen Verben -zc- — 3. Das Personalpronomen nach einer Präposition — 4. Besonderheiten
14.3 Ejercicios 96
14.4 ¿Se habla solamente castellano en España? 102

Lección 15 — 104

15.1 Jaime quiere ir al cine 104
15.2 Gramática 105
1. Der Konditional — 2. Unregelmäßige Verben der Gruppe „sentir" — 3. acabar + de + Infinitiv — 4. Umschreibung von „se" (man) — 5. Besonderheiten — 6. Expresiones
15.3 Ejercicios 107
15.4 Buenos Aires 111

Lección 16 — 112

16.1 A Nuria le gusta viajar 112
16.2 Gramática 113
1. Die Historische Vergangenheit (el indefinido) — 2. Zusätzliches Pronomen zum Dativ und Akkusativobjekt — 3. Besonderheiten — 4. Zeitliche Ausdrücke — 5. Historische Vergangenheit (Fortsetzung) — 6. Besonder-

heiten — 7. Expresiones
16.3 Ejercicios 115
16.4 Galicia 119

Lección 17 — 120

17.1 La Guerra Civil española 120
17.2 Gramática 122
1. Der Konditional als Zukunft in der Vergangenheit — 2. Unregelmäßige Verben der Gruppe „pedir" — 3. Die Adverbien auf -mente — 4. Besonderheiten
17.3 Ejercicios 123
17.4 El drama de Batuco 127

Lección 18 — 128

18.1 Infancia 128
18.2 Gramática 129
1. Das Imperfekt — 2. Das Gerundium als Verkürzung von Nebensätzen — 3. Besonderheiten — 4. Expresiones
18.3 Ejercicios 130
18.4 Uruguay 133

Lección 19 — 134

19.1 Doña Miseria (Cuento popular) 134
19.2 Gramática 135
1. Die Historische Vergangenheit/das Imperfekt — 2. Historische Vergangenheit — 3. Besonderheiten
19.3 Ejercicios 136
19.4 Los aztecas 140

Lección 20 — 142

20.1 Peter llega a Barcelona 142
20.2 Gramática 143
1. Das Relativpronomen — 2. Besonderheiten
20.3 Ejercicios 144
20.4 Cuba 150

Lección 21 — 151

21.1 En la mina 151
21.2 Gramática 152
1. Das Plusquamperfekt — 2. Unregelmäßige Verben der Gruppe „dormir - morir" — 3. Besonderheiten — 4. Expresiones
21.3 Ejercicios 153
21.4 Asturias 156

Lección 22 — 157

22.1 Una receta culinaria — 157
22.2 Gramática — 158
1. Der Konjunktiv — 2. Der Konjunktiv als Imperativ — 3. Der Konjunktiv im daß-Satz als Ausdruck der Willensäußerung — 4. Das Konjunktiv-Perfekt — 5. Unregelmäßige Verben der Gruppe „reir" — 6. Substantivierung des Adjektivs — 7. Besonderheiten
22.3 Ejercicios — 160
22.4 Venezuela — 164

Lección 23 — 165

23.1 En la consulta del médico — 165
23.2 Gramática — 167
1. Der Konjunktiv im daß-Satz nach unpersönlichen Ausdrücken — 2. Der Konjunktiv im daß-Satz nach Verben, die Gefühle ausdrücken — 3. Besonderheiten — 4. Expresiones
23.3 Ejercicios — 168
23.4 El indio, hoy — 171

Lección 24 — 172

24.1 ¿Se construye, o se destruye? — 172
24.2 Gramática — 174
1. Der Konjunktiv II — 2. Der Bedingungssatz — 3. Das Futur als Vermutung — 4. Unregelmäßige Verben der Gruppe „construir" — 5. Besonderheiten
24.3 Ejercicios — 175
24.4 El campo español — 178

Lección 25 — 181

25.1 El Día de los Santos Inocentes — 181
25.2 Gramática — 182
1. Der Konjunktiv nach bestimmten Konjunktionen — 2. Unregelmäßige Verben der Gruppe „conducir" — 3. Besonderheiten
25.3 Ejercicios — 183
25.4 Quetzalcoatl — 185

Lección 26 — 187

26.1 En Barcelona — 187
26.2 Gramática — 188
1. Das Plusquamperfekt des Konjunktivs — 2. Hilfsverben (Frases verbales) — 3. Besonderheiten
26.3 Ejercicios — 189
26.4 Los Andes — 193

Lección 27   194

    27.1 La unidad política del Estado español   194
    27.2 Gramática   196
    1. Das Passiv — 2. Besonderheiten — 3. Der Konjunktiv bei der Verneinung — 4. Besonderheiten — 5. Expresiones
    27.3 Ejercicios   197
    27.4 De Barcelona a Madrid   201

Lección 28   203

    28.1 En un pueblo andaluz   203
    28.2 Gramática   204
    1. para/por — 2. Der Konjunktiv bei der Wiederholung eines Verbes — 3. Besonderheiten — 4. Expresiones
    28.3 Ejercicios   206
    28.4 Cuzco   210

Lección 29   211

    29.1 Menorca   211
    29.2 Gramática   212
    1. Der Konjunktiv in Hauptsätzen — 2. Der Konjunktiv im Relativsatz — 3. Der Konjunktiv bei Verben, die eine Ursache ausdrücken — 4. Besonderheiten
    29.3 Ejercicios   213
    29.4 El factor socio-económico en América Latina   216

Lección 30   218

    Textos   218
    1. M. de Cervantes — 2. José Cadalso — 3. Jorge Luis Borges — 4. Pablo Neruda — 5. Isabel Allende — 6. Salarios reales y empleo — 7. Una jornada particular — 8. Violetta Para

Grammatikalischer Anhang   223

    A1. Die Betonung   223
    A2. Das Verb   224
    1. Hilfsverben — 2. Regelmäßige Verben (Modelle) — 3. Unregelmäßige Verben — a) Die Konjugation der „Gruppenverben" — b) Die Konjugation der unregelmäßigen Verben — 4. Orthographische Änderungen einzelner Verbformen — 5. Der Gebrauch von „ser" und „estar"
    A3. Das Substantiv   236
    A4. Das Adjektiv   237
    A5. Die Verkleinerungs- und Vergrößerungsformen   238
    A6. Die Zahlwörter   238

A7. Indirekte Rede und Zeitenfolge	239
A8. Silbentrennung	240
A9. Zeichensetzung	240
A10. Groß- und Kleinschreibung	240

Schlüssel zu den Übungen 241
Literaturverzeichnis 255

1

1.1 Presentación (1)

Yo soy español. ¿Eres tú español?
Sí, soy español también.
¿Qué es ella?
Ella es alemana.

5
¿Eres francesa?
No, no soy francesa. Soy española.

¿Quién es español?
10 Juan es español. Él es de Granada.
¿Son ellos también de Granada?
No, ellos no son de Granada. Son de Guadalajara.
¿Quién es alemán?
Peter es alemán?
15 ¿De dónde es?
Peter es de Hamburgo.
¿Sois vosotros bolivianos?
No, nosotros no somos bolivianos. Somos chilenos.

20 ¿Dónde está Jorge?
Jorge está en Sevilla.
¿Está Ana también en Sevilla?
No, Ana no está en Sevilla; está en Gijón.

25 Gijón es una ciudad pequeña. Gijón está en el norte de España.
Sevilla es una ciudad grande. Sevilla está en el sur de España.

1.2 Gramática

1. Personalpronomen (El pronombre personal):

	Singular	**Plural**
1. Person	yo	nosotros, nosotras
2. Person	tú	vosotros, vosotras
3. Person	él, ella, usted	ellos, ellas, ustedes

Diese Formen werden als Subjekt angewandt.
  Él es español. — *Er ist Spanier.*

Diese Pronomen brauchen normalerweise nicht beim Verb zu stehen.
  Soy español. — *Ich bin Spanier.*

Das Pronomen wird vor allem verwendet, wenn die Person betont werden soll, oder wenn sie durch die Form des Verbs nicht deutlich ausgedrückt wird.
Die Pronomen „usted", „ustedes" werden für die höfliche Anrede verwendet. Das Verb steht dabei in der 3. Person Singular bzw. Plural. Die Verwendung von diesen Pronomen bedeutet keine besondere Betonung.
¿Es usted alemán? — *Sind Sie Deutscher?*

2. Der bestimmte Artikel (El artículo determinado):

	Singular	Plural	
Maskulinum	el	los	el libro — *das Buch*
Femininum	la	las	la ciudad — *die Stadt*

3. Das Substantiv (El sustantivo):

Die Substantive sind im Spanischen männlich oder weiblich.
   el libro — *das Buch*   la ciudad — *die Stadt*

Im Plural wird **-s,** nach Konsonanten **-es** angehängt.
   los libros — *die Bücher*   las ciudades — *die Städte*

4. Das Adjektiv (El adjetivo):

Die meisten Adjektive haben verschiedene Endungen für Maskulinum und Femininum.

Maskulinum	**Femininum**
italiano	italian**a**
español	español**a**
francés	frances**a**
alemán	alemán**a**

Einige Adjektive haben nur eine Endung (z.B. diejenigen, die auf **-e** oder **-a** enden).
   el puerto grande — *der große Hafen*
   la ciudad grande — *die große Stadt*

Im Plural wird **-s,** nach Konsonant **-es** angehängt.
   las ciudades grandes — *die großen Städte*

Das Adjektiv steht normalerweise nach dem Substantiv.

5. Ser/estar = sein:

Präsens

	ser	estar	
yo	soy	estoy	
tú	eres	estás	
él, ella, Vd.*	es	está	*Vd., Vds. Verkür-
nosotros, nosotras	somos	estamos	zungen von
vosotros, vosotras	sois	estáis	usted, ustedes
ellos, ellas, Vds.*	son	están	

„Ser" drückt eine wesenseigene Eigenschaft aus.
   Soy español. — *Ich bin Spanier.*

„Ser + de" drückt Herkunft aus.
　Soy de Sevilla. — *Ich komme aus Sevilla.*

„Estar" hat lokale Bedeutung.
　Estoy en España. — *Ich bin in Spanien.*

6. Bejahung:
　¿Eres (tú) español? — Sí, (yo) soy español.
　Bist du Spanier? — Ja, ich bin Spanier.

7. Verneinung:
　¿Eres (tú) italiano? — No, (yo) no soy italiano.
　Bist du Italiener? — Nein, ich bin kein Italiener.

1.3 Ejercicios

1. Ergänzen Sie:
　¿ . . . (vosotros) chilenos? — No, . . . somos chilenos, somos argentinos.
　¿ . . . es ella? — Es española.
　¿ Dónde . . . los libros? — Los libros . . . en la mesa.
　¿ . . . es alemán? — Hans es alemán.
　¿ . . . (tú) también alemán? — No, no . . . alemán, . . . español.
　Juan está . . . Sevilla. Sevilla . . . una ciudad grande.
　¿Dónde . . . el bolígrafo? El bolígrafo . . . en la mesa.
　Él . . . argentino. Yo soy . . . argentino.
　(Tú) . . . en Alemania. Él . . . en Francia.
　Juan . . . español. Juan es . . . Granada.
　Alfonso está . . . Alemania.

2. Ergänzen Sie nach dem gegebenen Modell:
　Ejemplo: Ana es de España. Ana es española.
　Hans es de Alemania. Hans es . . .
　Ellos son de Rusia. Ellos son . . .
　Carla es de Italia. Carla es . . .
　Isabelle y Chantal son de Francia. Ellas son . . .
　Sevilla y Granada están en España. Son ciudades . . .
　Mariano es de Italia. Mariano es . . .
　Florencia y Nápoles están en Italia. Son ciudades . . .

3. Lesen Sie:
　Alberto es de Zaragoza.　　　　　Juan es de Chile.
　Jorge es de Gerona.　　　　　　　Lloret está en Cataluña.
　El señor Gómez está en Guadalajara.　Roma está en Italia.
　Guinea está en Africa.　　　　　　Víctor es de Valladolid.
　Cecilia es de Barcelona.　　　　　La señora Quevedo y el señor
　Cuenca y Cádiz están en España.　Quiroga están en Benasque.

2.1 Presentación (2)

MARISA: ¿Eres española?
CARLA: No, soy italiana.
MARISA: ¿Hablas español?
CARLA: ¡Claro!
5 MARISA: Yo no hablo italiano. ¿Es Mariano también italiano?
CARLA: Sí, es de Nápoles. Mariano habla español también.
MARISA: ¿Estudiáis español?
CARLA: Sí, estudiamos español en Salamanca.

España y sus lenguas

España es una península. En España se habla español.
Bilbao está en el norte de España. En Bilbao se habla también el vasco.
Madrid está en el centro. Madrid es la capital de España.
Sevilla está en el sur y Valencia en el este.
5 En Barcelona hay un puerto importante. En Barcelona se habla también el catalán.
Salamanca está en el oeste. En Salamanca hay una universidad antigua.
España limita con Portugal, Francia y Andorra.

2.2 Gramática

1. Die erste Konjugation (La 1ª conjugación)

Die spanischen Verben werden nach ihrer Infinitivendung in drei Konjugationen oder Gruppen aufgeteilt. Zur ersten Konjugation gehören alle Verben, die auf -ar enden. Alle regelmäßigen Verben, die zu dieser Gruppe gehören, werden wie das Modell „hablar" konjugiert.

Präsens: **hablar** *sprechen*
hab**lo**
hab**las**
hab**la**
hab**lamos**
habl**áis**
hab**lan**

2. Der unbestimmte Artikel (El artículo indeterminando)

	Singular	Plural	
Maskulinum	un	unos	un libro — *ein Buch*
Femininum	una	unas	una cuidad — *eine Stadt*

3. Hay

Die verbale Form „hay" ist unveränderlich.
„Hay" wird bei Substantiven ohne Artikel oder mit unbestimmtem Artikel, sowie vor einer Quantität oder vor unbestimmten Pronomen verwendet.

En Salamanca hay una universidad. — *In Salamanca gibt es eine Universität.*
En España hay ciudades grandes. — *In Spanien gibt es große Städte.*

Estar/hay Sowohl „estar" als auch „hay" haben eine lokale Bedeutung; aber „estar" wird bei Substantiven mit bestimmtem Artikel verwendet, „hay" jedoch nur bei Substantiven mit unbestimmtem Artikel.

El libro está en la mesa. — *Das Buch ist auf dem Tisch.*
En la mesa hay un libro. — *Auf dem Tisch gibt es ein Buch.*

4. Das unpersönliche Pronomen „se" (El pronombre impersonal „se")

Das Pronomen „se" wird verwendet, wenn das Subjekt nicht spezifiziert wird.
Se habla español. — *Man spricht Spanisch.*

Merken Sie sich aber den Unterschied zu der deutschen Sprache:
En Bilbao se hablan dos lenguas. — *In Bilbao spricht man zwei Sprachen.*

2.3 Ejercicios

1. Ergänzen Sie: ser, estar oder hay

En la mesa . . . un libro.
El libro . . . en la mesa.
Carla . . . en Salamanca.
Mariano . . . italiano.
En Barcelona . . . una universidad y un puerto.
Carla y Mariano . . . italianos.
Marisa y Carla . . . en Salamanca.
Madrid . . . en el centro de España.
Madrid . . . la capital de España.
Gijón . . . una ciudad pequeña.

2. Ergänzen Sie: hablar

Carla y Mariano . . . español.
¿ . . . (vosotros) español?
(Yo) no . . . alemán.
En Francia se . . . francés.
¿ . . . Vd. francés?
Ellos . . . italiano.
¿Qué . . . tú?
¿ . . . Vds. español?
(Yo) . . . inglés.

3. Ergänzen Sie:

En España . . . habla español.
En Salamanca hay . . . universidad.
¿ . . . habla italiano? — Juan habla italiano.
Sevilla está . . . el sur.
¿ . . . eres tú. Soy italiano.
España limita . . . Portugal, Francia y Andorra.
¿Dónde . . . habla alemán?
¿ . . . está Salamanca?
¿ De . . . es Carla? Carla es de Nápoles.
 . . . libro está en la mesa.

4. Antworten Sie auf die folgenden Fragen:

1. ¿Qué es España?
2. ¿Dónde está Bilbao?
3. ¿Qué se habla en Bilbao?
4. ¿Dónde hay un puerto importante?
5. ¿Con qué países limita España?

3.1 En el piso de Luis

Luis es un joven español. Vive en Barcelona, y estudia derecho en la universidad. En Barcelona se habla catalán. Luis es de Zaragoza, y allí se habla castellano; por eso aprende también el catalán en una academia de Barcelona.

Luis vive en un piso de la calle Mallorca. En el piso viven también Ana, Montserrat y Alberto. Ana es maestra y trabaja en una escuela. Montserrat y Alberto son estudiantes de música, pero por las tardes también trabajan. Montserrat vende discos en un comercio del barrio, y Alberto trabaja en una oficina.

Por la mañana Luis compra el pan, la leche y el periódico. Montserrrat y Alberto preparan el desayuno. Ana no desayuna con ellos. Ella come en la escuela. Por la noche cenan siempre juntos. Después de la cena toman café, y, a veces, cantan y tocan la guitarra. También miran la televisión, o escuchan la radio. A veces hay programas interesantes.

3.2 Gramática

1. Die zweite und dritte Konjugation (La 2ᵉ y 3ᵉ conjugación)

Alle Verben, deren Infinitive auf -er und -ir enden, gehören zu der zweiten und dritten Konjugation. Die regelmäßigen Verben werden daher wie die Modelle „comer" und „vivir" konjugiert.

Präsens **comer** — *essen*   **vivir** — *leben, wohnen*
        com**o**   viv**o**
        com**es**   viv**es**
        com**e**   viv**e**
        com**emos**   viv**imos**
        com**éis**   viv**ís**
        com**en**   viv**en**

2. de + el = del

Die Präposition „de" bildet mit dem unbestimmten Artikel „el" die Kontraktion „del".
Montserrat vende discos en un comercio **del** barrio.

3. Besonderheiten

    por eso — *deshalb, deswegen*   a veces — *manchmal*

Hay programas interesantes — *es gibt interessante Programme*. Die Mehrzahl des unbestimmten Artikels (unos, unas) fällt oft weg.

4. Expresiones:

    ¿Qué tal?   ¿qué tal? — *wie geht es?*
    Bien, ¿y tú?

3.3 Ejercicios

1. Ergänzen Sie folgende Sätze mit den Verben: trabajar, beber, tocar, cenar, desayunar, vender, preparar, vivir, hablar, comer

Pedro . . . naranjas.
Ellos . . . en una fábrica.
Ana . . . temprano.
¿Quién . . . la cena?
Montserrat y Cecilia . . . discos en un comercio.

Yo . . . en Enspaña.
Ellos . . . en un restaurante italiano.
¿ . . . (vosotros) la guitarra?
Juan . . . italiano.
Luis . . . la leche.

2. Ergänzen Sie:

En Alemania . . . habla alemán.
Ana vive . . . Sevilla.
Alberto trabaja . . . las tardes.
Después . . . la cena escuchamos la radio.
Juan no es . . . Valencia.

En el restaurante italiano . . . come bien.
Ana vive . . . Alberto y Montserrat.
Montserrat trabaja . . . una oficina.
En Zaragoza . . . habla castellano.
Alberto es . . . estudiante de música.

3. Ergänzen Sie folgende Sätze mit den Verben: ser oder estar

Luis . . . español.
Luis y Alberto . . . en España.
El pan . . . en la mesa.
El piso . . . en la calle Mallorca.
Ana . . . maestra.

¿Dónde . . . María? — . . . en la calle.
La escuela . . . en la calle Mallorca.
Ana y Cecilia . . . españolas.
El trabajo de Ana . . . interesante.
Granada . . . en Andalucía.

4. Antworten Sie auf die folgenden Fragen:

1. ¿Qué estudia Luis?
2. ¿Se habla catalán en Zaragoza?
3. ¿En qué calle vive Luis?
4. ¿Dónde trabaja Ana?
5. ¿Cena Ana en la escuela?

5. Crucigrama

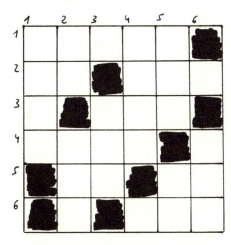

(Solución en la página 256)

Verticales:

1. Juan . . . en Sevilla.
2. ¿Hablas español? — . . . , hablo español. Verbo.
3. Consonante. (Al revés:) Cádiz está en el . . . de España.
4. (Al revés:) Idioma europeo. Vocal.
5. (Al revés:) . . . español. (Al revés:) Ellos . . . hablan español.
6. Abreviatura de „norte". Nombre de chica española.

Horizontales:

1. (yo) . . . en Sevilla.
2. ¿Eres alemán? — . . . , soy alemán. Ellas no . . . italianas.
3. Consonante. (Al revés:) En el . . . de España se habla andaluz.
4. (Al revés:) Es de rusia. Vocal.
5. Ella . . . argentina. (Al revés:) Vosotros . . . sois de Granada.
6. Inicial de la capital de Italia. Artículo indeterminado.

6. Ejercicio communicativo:

Stellen Sie sich vor:
Presentación

(Yo) me llamo . . .
¿Como te llamas (tú)?
Él se llama . . .
¿Cómo se llama usted?

Estudio literatura española.
¿Qué estudias (tú)?   lenguas   política
                            pedagogía   teología
                            filosofía   historia
                            medicina   matemáticas etc.

(Yo) soy de Toledo.
¿De dónde eres (tú)?
(Yo) vivo en Sevilla.
¿Dónde vives (tú)?

Alberto estudia. También trabaja.
¿Trabajas (tú) también?   No, no trabajo, solamente estudio.
                                  Sí, trabajo en una oficina.

¿Dónde trabajas?   Trabajo en . . .

Hablo castellano y francés.
¿Qué idiomas hablas (tú)?   alemán   italiano   finlandés
                                       ruso   sueco   portugués
                                       inglés   holandés   chino etc.

¿Hablas (tú) también español?   Sí, hablo español también.
                                                No, no hablo español.
                                                Solamente un poco.

3.4 España

España está en el sudoeste de Europa. La agricultura es un recurso económico importante. España exporta naranjas, vino, aceite, verduras... Los principales centros industriales están en Cataluña, el País Vasco y Madrid. En el norte de España, la pesca y la industria pesquera son también importantes.
5   Las principales ciudades del Estado español son Madrid, Barcelona, Valencia, Sevilla y Bilbao. En España se hablan cuatro lenguas, el castellano o español, el catalán, el vasco y el gallego.
    Las islas Baleares y las islas Canarias forman parte también del Estado español. Las islas Baleares están en el mar Mediterráneo y las Canarias en el
10 océano Atlántico. Las islas son importantes centros turísticos.
    Las ciudades de Ceuta y Mellina están en el norte de Africa.
    España es un país montañoso. Los montes Cantábricos y los Pirineos están en el norte. Sierra Nevada, junto a Granada, en el sur.
    España es una monarquía.

1. Besonderheiten:

formar parte — *gehören zu, Teil bilden*
junto a — *bei, neben*

2. Antworten Sie auf die folgenden Fragen:

1. ¿Dónde está España?
2. ¿Dónde están los principales centros industriales?
3. ¿Qué se habla en España?
4. ¿Es España una república?
5. ¿Qué exporta España?

4.1 De excursión

Luis y Alberto salen de excursión este fin de semana. El lunes es también fiesta, y desean aprovechar bien estos tres días. Desean caminar y respirar aire puro; esto es importante para ellos, pues vivir en una ciudad grande no es siempre agradable. En una ciudad como Barcelona hay demasiada gente, demasiados coches y demasiada contaminación. En los Pirineos todo es diferente. En aquellas montañas los pueblos son pequeños y tranquilos.

	Luis:	¿Qué plan hay para la excursión?
	Alberto:	Salimos este sábado.
10	Luis:	¿Vamos en coche?
	Alberto:	No, vamos en tren; el coche está en el taller.
	Luis:	¿Por qué? ¿Está averiado?
	Alberto:	Sí, los frenos no funcionan bien.
	Luis:	Viajar en tren es agradable. Además no es caro.
15	Alberto:	¿Dónde está el mapa?
	Luis:	En aquella mesa, junto a la puerta.
	Alberto:	Deseo mirar el recorrido. Vamos en tren hasta Ribes, ¿verdad?
	Luis:	Sí, luego se va a pie.
	Alberto:	Está bien; ya deseo estar en la montaña.
20	Luis:	Yo también.

4.2 Gramática

1. Das Demonstrativadjektiv (-pronomen) (El adjetivo y pronombre demostrativo)

Maskulinum		Femininum		Neutrum
Singular	Plural	Singular	Plural	
este	estos	esta	estas	esto
ese	esos	esa	esas	eso
aquel	aquellos	aquella	aquellas	aquello

Este, esta usw. weisen auf Dinge oder Personen hin, die sich in der Nähe des Sprechers befinden.
Ese, esa usw. weisen auf Dinge oder Personen hin, die vom Sprechenden etwas weiter entfernt sind oder die näher beim Angesprochenen liegen.
Aquel, aquella usw. weisen auf Dinge oder Personen hin, die räumlich oder zeitlich weiter entfernt sind.
Die Neutrumformen beziehen sich auf einen noch nicht definierten Gegenstand oder auf einen Sachverhalt.
Die männlichen und weiblichen Demonstrativa tragen einen Akzent, wenn sie nicht zusammen mit einem Substantiv oder Pronomen stehen (éste, ésta usw.).

2. Modalverb + Infinitiv (Verbo modal + infinitivo)

Wie im Deutschen wird das Modalverb konjugiert, während das Hauptverb im Infinitiv stehenbleibt. Aber im Spanischen bleiben beide Verben meistens zusammen.
    Ellos desean hablar español. — *Sie möchten Spanisch sprechen.*

3. Unregelmäßige Verben:

Präsens	**ir** — *gehen, fahren*	**salir** — *ausgehen, abfahren*
	voy	salgo
	vas	sales
	va	sale
	vamos	salimos
	vais	salís
	van	salen

4. Ser/estar (Fortsetzung)

„Ser" drückt eine wesenseigene Eigenschaft aus.
    Soy español. — *Ich bin Spanier.*
    El coche es grande. — *Das Auto ist groß.*
    Viajar en tren es agradable. — *Im Zug zu reisen ist angenehm.*

„Estar" drückt eine veränderliche oder nicht wesenseigene Eigenschaft aus.
    El coche está averiado. — *Das Auto ist kaputt.*

5. Besonderheiten

Pues — *denn*

4.3 Ejercicios

1. Ergänzen Sie folgende Sätze mit den Verben: estar, ser, ir, hay

Esta tarde (yo) . . . a la escuela.
En la calle Mallorca . . . un taller.
¿Dónde . . . el coche?
Este libro . . . interesante.
(Nosotros) . . . a Valencia en coche.
¿Cómo . . . (vosotros) a Sevilla?
¿Quién . . . de Granada?
En los Pirineos . . . pueblos tranquilos.
¿De quién . . . el libro?
El coche . . . averiado.

2. Bilden Sie Sätze:

Ejemplo: Alfonso compra discos de música clásica. — Alfonso desea comprar discos de música clásica.
Trabajan en la escuela. — . . .
Vamos en avión a Chile. — . . .
Vivís en el campo. — . . .
Ella va a la universidad. — . . .
¿Tomas un vaso de vino? — . . .
Voy a pie. — . . .
Esta noche cenamos en un restaurante griego. — . . .
Juan aprovecha bien el tiempo. — . . .
Por la tarde escuchamos la radio. — . . .

3. Ergänzen Sie folgende Sätze:

En Italia se (hablar) . . . italiano.
Andorra (limitar) . . . con España y Francia.
¿(Vivir, tú) . . . en Zaragoza?
(Trabajar, yo) . . . en una fábrica.
¿Qué (desear, Vds.) . . . beber?
Carla y Mariano (hablar) . . . italiano.
¿(Comer, vosotros) . . . en el restaurante?
(Beber, nosotros) . . . café.
¿(Tocar, tú) . . . el piano?
¿Dónde (comprar, vosotros) . . . el periódico?

4. Antworten Sie auf die folgenden Fragen:

1. ¿Qué desean hacer Luis y Alberto el fin de semana?
2. ¿Es agradable vivir en una ciudad grande? ¿Por qué?
3. ¿En qué van a los Pirineos?
4. ¿Cómo son los pueblos en los Pirineos?
5. ¿Funciona bien el coche de Alberto?

5. Gemäß den angegebenen Regeln, welche Demonstrativpronomina würde Doña Elvira anwenden?

sillón   botellas   flores
casa (draußen) mesa   árbol
silla   copa   gato
montañas

Ejemplo: sillón — **este** sillón

6. Expresiones:

¿Adónde vas?
Voy al cine. Hay una película italiana.
¿Es interesante?
No está mal.
¿Y el trabajo? ¿No trabajas hoy?
¡Bah! Un día es un día.

no estar mal — *gar nicht übel sein*
un día es un día — *einmal ist keinmal*

7. Ejercicio Communicativo:

Sie möchten mit Ihren Freunden einen Ausflug vorbereiten.

¿Vamos de excursión?

¿Adónde vamos este fin de semana?

caminar	la playa
esquiar	el lago
nadar	la montaña
pasear	el extranjero

¿En qué vamos?
ir en coche   ir en moto   ir a pie
ir en tren   ir en barco
ir en bicicleta   ir en barca

¿Cuántos vais de excursión?   Vamos cinco.
                                     Somos cinco.

¿Cuántos sois?   Somos un grupo de cinco personas.
                                     ir en grupo
                                     ir solo.

¿A qué ciudad vais?
¿Dónde está?
en España   junto a
lejos de   en los alrededores de
cerca de

¿Cómo es el viaje?
agradable / desagradable
bonito / feo
cansado / descansado
largo / corto
caro / barato
interesante / sin intéres, aburrido

¿Qué visitamos?
la ciudad   el monumento   el museo
el pueblo   el castillo   la iglesia
la aldea   el parque   la catedral

4.4 Nicaragua

Nicaragua es un pequeño país latinoamericano; está en Centroamérica. En Nicaragua, después de la caída del dictador Somoza en el año 1979 es todavía necesario realizar enormes esfuerzos. Entre otras cosas el analfabetismo es, como en otros países latinoamericanos, un serio problema. Casi la mitad de los nicaragüenses debe aprender a leer y a escribir. La campaña de alfabetización es, pues, ambiciosa. En esta empresa participan maestros y estudiantes latinoamericanos. Es un paso más hacia la liberación de Nicaragua.

Antworten Sie auf die folgenden Fragen:

1. ¿Dónde está Nicaragua?
2. ¿Quién participa en la campaña de alfabetización?
3. ¿Por qué es la campaña de alfabetización ambiciosa?
4. ¿Es Nicaragua el único país latinoamericano con el problema del analfabetismo?

5.1 En el autobús

Carmen y Alfonso toman el autobús para ir al teatro Principal. En el autobús está también Jorge. Jorge es un amigo de ellos.

	Jorge:	¡Hola!
5	Carmen:	Hola Jorge, ¿qué tal?
	Jorge:	Bien. ¿Adónde vais?
	Alfonso:	Vamos al concierto de esta noche.
	Jorge:	¿Concierto? ¿Dónde hay un concierto?
	Carmen:	En el teatro Principal.
10	Jorge:	¿Qué programa hay?
	Alfonso:	Hay obras de Albéniz, Falla . . .
	Jorge:	¿Es un programa de música española?
	Carmen:	No, la orquesta toca también el concierto para guitarra de Vivaldi.
	Jorge:	¿Quién toca la guitarra?
15	Alfonso:	Narciso Yepes. Es un concierto interesante.
	Carmen:	¿Tienes ganas de venir con nosotros?
	Jorge:	Es un programa interesante, pero esta noche no tengo tiempo.
	Carmen:	¿Por qué?
	Jorge:	Porque mañana Ana y yo salimos de viaje. Es necesario preparar el
20		equipaje. Además esta noche deseo ir pronto a la cama.
	Alfonso:	¿Adónde vais?
	Jorge:	Vamos a Italia. Deseamos ir a Milán para visitar a unos amigos.
	Carmen:	¿Vais en tren?
	Jorge:	No, vamos en coche.
25	Alfonso:	¿Tienes coche?
	Jorge:	No, es el coche del padre de Ana. Es un coche viejo, pero funciona bien todavía.
	Carmen:	Tú no hablas italiano, ¿verdad?
	Jorge:	Yo no, pero Ana habla un poco.
30	Alfonso:	¡Bah! Comprender el italiano no es difícil.
	Carmen:	¿Dónde estamos?
	Jorge:	En la plaza Tetuán.
	Alfonso:	Nosotros bajamos en esta parada.
	Jorge:	¡Adiós!
35	Carmen:	¡Adiós y buen viaje!

5.2 Gramática

1. Para + Infinitiv

„Para + Infinitiv" drückt eine Absicht oder einen Zweck einer Handlung aus.
  Deseo ir a España para aprender español. — *Ich möchte nach Spanien gehen, um Spanisch zu lernen.*

2. Unregelmäßige Verben:

Präsens:

tener — *haben*	**venir** — *kommen*
tengo	vengo
tienes	vienes
tiene	viene
tenemos	venimos
tenéis	venís
tienen	vienen

tener ganas de — *Lust haben zu*
¿Tienes ganas de venir con nosotros? — *Hast du Lust, mit uns zu kommen?*

3. Akkusativ der Person

Der Akkusativ für Personen wird mit der Präposition „a" gebildet.
  Visito a Juan. — *Ich besuche Juan.*

4. a + el = al

Die Präposition „a" bildet mit dem unbestimmten Artikel „el" die Kontraktion „al".
  Vamos al teatro. — *Wir gehen ins Theater.*

5. Besonderheiten

  ¿Qué tal? — *Wie geht's?*
  ¿Verdad? — *Nicht wahr?*

6. Expresiones:

  ¿Adónde vas?
  Voy a la playa; deseo tomar el sol.
  ¿Tomas el autobús?
  No, voy a dedo.

  tomar el sol — *sich sonnen*
  ir a dedo — *per Anhalter fahren*

5.3 Ejercicios

1. Fragen Sie nach den fett gedruckten Wörtern:

Ejemplo: Bilabo está en **el norte de España**. — ¿Dónde está Bilbao?
Jorge y Carmen van a **Italia**. — ...
En la mesa hay **un libro**. — ...
Toman el autobús **para ir al teatro**. — ...
Juan es español. — ...
Juan es **de Granada**. — ...
Ana pasea **por el parque**. — ...
Margret no habla español **porque es alemana**.- ...
El coche es **del padre de Ana**. — ...
Vamos a Italia **en coche**. — ...
Barcelona es **grande**. — ...

2. Ergänzen Sie folgende Sätze:

Van a la montaña ... respirar aire puro.
Deseo visitar ... unos amigos.
Vamos ... teatro en autobús.
Deseamos visitar ... María.
Toman el avión ... ir a México.
Voy al restaurante ... comer.
Voy al teatro para escuchar ... Narciso Yepes.
Vamos ... la universidad.
Preparan la comida ... cenar.
Van al restaurante ... coche.

3. Ergänzen Sie folgende Sätze mit den Verben: tener, venir, ir

Pedro ... un coche grande.
(Yo) ... de Sevilla.
¿ ... ganas (tú) de escuchar la radio?
... (nosotros) a Granada en coche.
... (ellos) de los Pirineos.
(Yo) no ... tiempo.
¿Cómo ... (vosotros) a Gerona?
Ella ... un libro interesante.
Juan ... aquí ahora.
(Yo) ... ganas de comer en un restaurante.

4. Bilden Sie Sätze:

Ejemplo: Toman el tren. Desean ir a Valencia. — Toman el tren para ir a Valencia.
Van al restaurante. Desean cenar. — ...
Voy a Gerona. Deseo visitar a Jorge. — ...
Voy al teatro. Deseo escuchar un concierto. — ...
Compra patatas. Desea hacer la cena. — ...
Vais a la montaña. Deseáis caminar. — ...
Voy a casa. Deseo escuchar la radio. — ...
Van a la universidad. Desean aprender español. — ...
Voy al bar. Deseo hablar con Ana. — ...
Van al quiosco. Desean comprar el periódico. — ...

5. Nach den angegebenen Zeichnungen und Wörtern bilden Sie Sätze mit den Verben „ser" und „estar":

enojado	simpático	banquero
contento	secretaria	deportista
mexicano	bajo	alto
mujer	fuerte	gordo
delgado	pintor	preocupado

6. Setzen Sie die richtigen Formen der Demonstrativa „este", „esta", „estos", „estas" ein:

Ejemplo: El libro está en la mesa. — Este libro está en la mesa.
El viaje es interesante. — ...
Las chicas van a la escuela. — ...
Hoy por la noche vamos al cine. — ...
La ciudad es grande. — ...
El coche es pequeño. — ...
¿De dónde sale el tren? — ...
Hoy por la mañana no trabajamos. — ...
La botella está vacía. — ...
Los coches están averiados. — ...

7. Antworten Sie auf die folgenden Fragen:

1. ¿Quiénes van al concierto?
2. ¿Por qué no va Jorge al concierto?
3. ¿Habla Ana italiano?
4. ¿Para qué van Ana y Jorge a Milán?
5. ¿Es Jorge el padre de Ana?

8. Ejercicio comunicativo

En el bar

el bar	la cerveza	el vaso
el restaurante	el refresco	la taza
	el café	la copa, la copita
el camarero	el café con leche	la botella
la propina	el vaso de vino	la barra
la cuenta	la copita de licor	la terraza
la vuelta	las tapas	la mesa
	el bocadillo	la silla

¿Qué desea?	comer a la carta	frío
Déme una cerveza	el plato del día	helado
Sírvame un café	el menú	caliente
		natural

Para pagar:
¿Cuánto es?
¡La cuenta, por favor!

5.4 Grandes ciudades

En Latinoamérica hay un gran desequilibrio en la distribución de la población. En el campo hay grandes zonas casi despobladas. Gran parte de la población vive en las ciudades.

Buenos Aires y Ciudad de México son ciudades de varios milliones de habi-
5 tantes. En Buenos Aires vive un tercio de la población argentina. En Uruguay la mayoría de la población (81%)* vive en ciudades; en Montevideo – como en Buenos Aires – vive un tercio de la población del país.

En los países latinoamericanos hay una fuerte emigración del campo a las grandes capitales. En la ciudad, la gente desea mejorar de posición social y
10 económica. En el campo no es siempre posible tener trabajo o estudiar.

El rápido crecimiento de las ciudades causa serios problemas de infraestructura. El barraquismo y la falta de trabajo son, pues, consecuencias lógicas.

* ochenta y uno por ciento

Antworten Sie auf die folgenden Fragen:

1. ¿Dónde vive la mayoría de la población uruguaya?
2. ¿Por qué emigra la gente a la ciudad?
3. ¿Qué consecuencias tiene el rápido crecimiento de las ciudades?

6

6.1 En la estación

Alberto:	¿ A qué hora sale nuestro tren?	
Luis:	Sale a las 6.30 del andén número 5. ¿Qué hora es?	
Alberto:	Son las 6.05. Es tarde, todavía tenemos que comprar los billetes.	
Luis:	¡Bah! Este tren sale siempre con 5 ó 10 minutos de retraso.	
5 Alberto:	Sí, pero vamos a sacar los billetes.	
Luis:	¿Puedes sacar tú mi billete? Yo voy mientras al bar para comprar cigarrillos.	
Alberto:	De acuerdo.	

10
EN LA TAQUILLA

Alberto:	Dos billetes para Ribes.
Empleado:	¿Ida y vuelta?
15 Alberto:	No, sólo ida. ¿Cuánto es?
Empleado:	Son 300 (trescientas) pesetas.
Alberto:	¿Se tiene que cambiar de tren?
Empleado:	No, este tren es directo.
Alberto:	Gracias.
20 Empleado:	De nada.

EN EL BAR DE LA ESTACIÓN

25 Alberto:	¡Hola! Aquí tienes tu billete.
Luis:	Gracias. Todavía tenemos tiempo; podemos tomar un café.
Alberto:	Sí, es una buena idea.
Luis:	¡Eh camarero! Dos cafés, por favor.
Alberto:	Yo deseo además un bocadillo de jamón.
30 Luis:	Hoy invito yo. ¿Cuánto es?
Camarero:	A ver, los dos cafés son 38 y el bocadillo 41. En total son 79 pesetas.
Luis:	(Luis deja 100 pesetas en la mesa.) Ya está bien.
Camarero:	¡Gracias!

35
EN EL TREN

Señor:	¿Adónde van ustedes?
40 Luis:	Vamos a Ribes, deseamos respirar un poco de aire puro.
Señor:	Hacen ustedes bien. En nuestra ciudad ya no se puede vivir. Yo voy a Vic, deseo visitar a mi hermana.

ALBERTO: Yo tengo también amigos en Vic. ¿Dónde vive su herman?
SEÑOR: Mi hermana vive cerca de la Plaza Mayor. ¿Y sus amigos?
ALBERTO: Mis amigos viven en la Rambla.

6.2 Gramática

1. Das Possessivadjektiv (-pronomen) (El adjetivo y pronombre posesivo)

		unbetonte Formen		betonte Formen	
Person:		Besitz im Singular	Besitz im Plural	Besitz im Singular	Besitz im Plural
Singular:	1.	mi	mis	mío, mía	míos, mías
	2.	tu	tus	tuyo, tuya	tuyos, tuyas
	3.	su	sus	suyo, suya	suyos, suyas
Plural:	1.	nuestro, nuestra	nuestros, nuestras	nuestro, nuestra	nuestros, nuestras
	2.	vuestro, vuestra	vuestros, vuestras	vuestro, vuestra	vuestros, vuestras
	3.	su	sus	suyo, suya	suyos, suyas

Die unbetonten Formen stehen immer vor dem Substantiv.
mi libro — *mein Buch* tus libros — *deine Bücher* nuestros libros — *unsere Bücher*

Die betonten Formen können allein oder nach einem Substantiv stehen. Wenn die betonten Formen allein stehen, werden sie meistens vom Artikel begleitet. Dennoch fehlt oft der Artikel nach dem Verb „ser".

Tengo dos libros tuyos. — *Ich habe zwei Bücher von dir.*
El mío está en la mesa. — *Meines liegt auf dem Tisch.*
¿Es tuyo? — *Gehört es dir?*

Die Formen „mi", „tu", „su" und ihre Mehrzahl haben bei Maskulinum und Femininum nur eine Endung.

    mi libro   aber: el libro es mío
    mi taza   aber: la taza es mía

2. Unregelmäßige Verben:

Präsens:

	hacer — *machen*	**poder** — *können*	**ver** — *sehen*
	hago	puedo	veo
	haces	puedes	ves
	hace	puede	ve
	hacemos	podemos	vemos
	hacéis	podéis	veis
	hacen	pueden	ven

tener que: müssen
Tengo que estudiar español. — *Ich muß Spanisch lernen.*

3. Die Uhrzeit (La hora)

¿Qué hora es? — *Wie spät ist es?*

Son las seis (en punto).

Son las seis y cinco.

Son las seis y cuarto.

Son las seis y media.

Son las siete menos cuarto.

Son las siete menos cinco.

Es la una.

Es la una y media.

¿A qué hora sale el tren? — *Um wieviel Uhr fährt der Zug ab?*
Sale a las 6.30 de la mañana.
Sale a la 1.30 de la tarde.

Anmerkung:

Offizielle Zeitangabe:
14.15 Son las catorce horas, quince minutos.
9.30 Son las nueve horas, treinta minutos.

Umgangssprache:
14.15 Son las dos y cuarto (de la tarde).
9.30 Son las nueve y media (de la mañana).

4. Besonderheiten:

de acuerdo — *einverstanden*
Estoy de acuerdo — *Ich bin einverstanden.*
(billete de) ida y vuelta — *Hin- und Rückfahrkarte*
de nada — *bitte sehr, keine Ursache*
por favor — *bitte*
a ver — *mal sehen*
en total — *insgesamt*

Un poco de aire puro. Wenn „poco" ein Substantiv begleitet, muß die Präposition „de" dazwischen geschoben werden.

5. Expresiones:

Hoy estoy de mal humor.
¿Por qué?
Porque sí.
estar de mal (buen) humor — *schlechter (guter) Laune sein*
porque sí — *darum*

6.3 Ejercicios

1. Setzen Sie die Possessiva ein:

Ejemplo: El libro es de Juan.
Es su libro. — El libro es suyo.
Tengo una bicicleta. Es . . . bicicleta. La bicicleta es . . .
Tienes una taza. Es . . . taza. La taza es . . .
La casa es de ellos. Es . . . casa. La casa es . . .
Tengo tres entradas. Son . . . entradas. Las entradas son . . .
Tienes un disco. Es . . . disco. El disco es . . .
Tenéis cinco sillas. Son . . . sillas. Las Sillas son . . .
Tenemos la maleta. Es . . . maleta. La maleta es . . .
Tiene dos naranjas. Son . . . naranjas. Las naranjas son . . .
¿Es de vosotros este dinero? ¿Es . . . dinero? ¿Es el dinero . . . ?
Tengo un coche. Es . . . coche. El coche es . . .

2. Ergänzen Sie folgende Sätze mit: tener ganas, tener, hacer, tener que

Él . . . ir al médico.
¿Qué . . . (tú) esta tarde?
(Yo) . . . de comer pescado.
Nosotros . . . comprar los libros.
Ellas . . . los ejercicios.
Él no . . . tiempo para ir al cine.
Juan no . . . de ir al cine.
Hoy (yo) . . . la cena.
Él . . . una bicicleta.
(Ella) . . . de ir en bicicleta.

3. Wie spät ist es? ¿Qué hora es?

6.00	18.45	1.15
9.30	16.00	17.55
21.00	13.30	4.30
10.05	12.45	20.45
17.15	14.35	21.40
12.14	18.00	3.35

4. Ergänzen Sie (ein Wort pro Lücke):

Ellas van . . . cine.
¿Ves . . . Juan?
Vamos a Málaga . . . visitar a unos amigos.
Vamos . . . teatro.
En Madrid hay . . . universidad.
Hoy no tenga ganas . . . cenar.
Ana está enferma; . . . eso no trabaja.
. . . veces tocamos la guitarra.
En Bilbao . . . un puerto importante.
Sierra Nevada está junto . . . Granada.

5. Ergänzen Sie:

Hoy no (poder, nosotros) . . . salir de excursión.
¿Qué (hacer, Vds.) . . . ?
No (ver, yo) . . . el libro.
(Venir, yo) . . . en coche.
¿Adónde (ir, vosotros) . . . ?
Hoy (salir, nosotros) . . . temprano.
¿(Ser) . . . Vd. alemán?
¿Dónde (estar) . . . mis libros?
Vosotros (tener) . . . que hacer el trabajo.
No (poder, yo) . . . venir.

6. Fragen Sie nach den unterstrichenen Wörtern:

Jorge y Jacinto van al cine.
Van a la academia porque desean aprender español.
Pedro es de Málaga.
Hacemos la comida.
Juan tiene coche.
En Gijón hay un puerto.
Este libro es de Fernando.
Hoy paseamos por la ciudad.
Vamos a Milán en avión.
Vamos al parque para pasear.

7. Antworten Sie auf folgende Fragen:

1. ¿Adónde van Luis y Alberto?
2. ¿A qué hora sale su tren?
3. ¿Tienen que cambiar de tren?
4. ¿Quién paga la cuenta en el bar?
5. ¿Para qué va el señor a Vic?

8. Ejercicio comunicativo:

Sie befinden sich im Bahnhof. Wohin möchten Sie fahren? Haben Sie schon Ihre Fahrkarte gelöst?

En la estación

    la estación
    la estación de autobuses
    el puerto
    el aeropuerto
    la terminal
    la parada
    la parada de taxis
    la parada del autobús
    la parada del tranvía
    la estación de metro
    la entrada

    la salida
    el jefe de estación
    la cantina
    la consigna
    el tren
    el ferrocarril
    el vagón, el coche
    el compartimiento
    la ventanilla
    el revisor
    la taquilla

Déme un billete para . . .
Déme un pasaje para . . .
¿A qué hora sale?

    sacar el billete
    sacar el pasaje
    Sale a las ocho en punto.
    la hora
    el minuto
    el segundo
    el reloj

¿Está libre el asiento?
¿De qué andén sale el tren para Zaragoza?

    el asiento: ocupado, reservado, libre
    el andén
    la vía

la clase   primera, segunda
la reserva, reservar
el transbordo   hacer transbordo, transbordar
el retraso   retrasado, llegar con retraso
la puntualidad   puntual, ser puntual
el tren: expreso, correo, rápido
el suplemento
el coche-cama

    la salida   salir
    la llegada   llegar
    la procedencia
    el destino

6.4 Bolivia

Bolivia es un país andino. En Bolivia el 54% de la población son indios, el 32% cholos o mestizos y el 13% blancos.

Bolivia no tiene salida al mar. La capital de Bolivia es La Paz.

La minería es el principal recurso económico de Bolivia; el país exporta,
5 sobre todo, estaño y plata. Potosí es una importante ciudad minera. Aunque el trabajo del minero es duro, los sueldos son bajos; por eso los mineros protestan a menudo, y la represión del gobierno es grande. El capital extranjero controla, en gran parte, los precios de las exportaciones; por eso Bolivia es un país con una gran inestabilidad económica y política. Los militares inter-
10 vienen constantemente en la vida política de Bolivia, y en este país los golpes de Estado son frecuentes.

1. Besonderheiten:

sobre todo — *vor allem*
a menudo — *oft*
en gran parte — *großenteils*
intervenir — wird wie „venir" konjugiert
golpe de Estado — *Staatsstreich*

2. Antworten Sie auf die folgenden Fragen:

1. ¿Tiene Bolivia salida al mar?
2. ¿Qué exporta Bolivia?
3. ¿Por qué protestan los mineros a menudo?

7

7.1 La familia Gómez

	Montserrat:	Hoy he visitado a la familia Gómez.
	Ana:	¿A la familia Gómez? Es una familia simpática.
	Montserrat:	Sí, sobre todo los chicos. Hemos comido juntos. La madre ha preparado una paella fantástica. Es una buena cocinera.
5	Ana:	¿De qué habéis hablado?
	Montserrat:	De todo un poco, de la escuela, del trabajo, del tiempo ...
	Ana:	¿Trabaja la madre también?
	Montserrat:	No, ella no. Bastante trabajo tiene con sus cuatro hijos. Además, dos de ellos no van todavía a la escuela. En casa solamente gana dinero el padre.
10	Ana:	¿Dónde trabaja?
	Montserrat:	En una fábrica textil. Pero gana poco, y por eso tiene que hacer horas extraordinarias.
	Ana:	Juan, nuestro vecino, hace también horas extraordinarias. El sueldo es escaso, y hay que pagar el alquiler, la escuela, la comida, la ropa ... Además siempre hay gastos inesperados.
15		
	Montserrat:	Sí, esto es cierto. Los chicos de la familia Gómez han ido este mes de excursión con la escuela. Han estado cuatro días en la montaña. Naturalmente, esto se tiene que pagar.
20	Ana:	La vida no es fácil para la familia Gómez.
	Montserrat:	Bueno, no hay que exagerar. La familia Gómez tiene sus problemas pero también sus buenos momentos. En aquella casa siempre hay risas y buen humor. En la mesa se habla, se discuten los problemas ...
25	Ana:	No todas las familias son así.
	Montserrat:	Por eso, a pesar de sus problemas, la familia Gómez es una familia feliz.

7.2 Gramática

1. Das Partizip (El participio):

Das Partizip der Verben auf **-ar** wird gebildet, indem man die Endung **-ado** an den Stamm des Verbs hängt. Die Partizipien der Verben auf **-er** und **-ir** haben die Endung **-ido**.

habl**ar:**	habl**ado**	*gesprochen*
com**er:**	com**ido**	*gegessen*
viv**ir:**	viv**ido**	*gelebt*

Einige Verben haben ein unregelmäßiges Partizip
hacer:	hecho	*gemacht*
ver:	visto	*gesehen*
escribir:	escrito	*geschrieben*

Das Partizip als (veränderliches) Adjektiv

La cena está **preparada**. — *Das Abendessen ist vorbereitet.*
Estas cartas están **escritas** en español. — *Diese Briefe sind auf Spanisch geschrieben.*

2. Das Perfekt (El perfecto):

Das Perfekt wird mit dem Präsens von „haber" und dem Partizip des Hauptverbs gebildet.

Präsens: **haber** — *haben*

he	
has	Hemos comido en el restaurante. — *Wir haben im Restaurant gegessen.*
ha	
hemos	He hablado con Matilde. — *Ich habe mit Matilde gesprochen.*
habéis	He ido al teatro. — *Ich bin ins Theater gegangen.*
han	

Das Partizip bleibt **unveränderlich**. Das Hilfsverb und das Partizip bilden eine **untrennbare** grammatikalische Einheit. Das Verb „haber" ist nur ein Hilfsverb.

Ausnahmen:

hay	En Barcelona hay un puerto. — *In Barcelona gibt es einen Hafen.*
hay que =	se tiene que — *man muß*
	Hay que sacar el billete. — *Man muß die Fahrkarte lösen.*
haber de	— *müssen, sollen*
	He de visitar a mi familia. — *Ich muß meine Familie besuchen.*

3. Besonderheiten:

sobre todo — *vor allem*   a pesar de — *trotz*

4. Expresiones:

Voy a tomar el fresco, ¿vienes?   tomar el fresco — *frische Luft schöpfen.*
Sí, de buena gana.   de buena (mala) gana — *gern (ungern)*

7.3 Ejercicios

1. Verwenden Sie das Perfekt:

Ejemplo: Alberto viaja a Guadalajara.   Alberto **ha viajado** a Guadalajara.
Juan vende un televisor. . . .   Bebemos un vaso de vino. . . .
Carlos toma el tren. . . .   ¿Vais al cine? . . .
Ellos desayunan en casa. . . .   Leo el periódico. . . .

Escucháis la radio. . . .
Hablo con Teresa. . . .
Ella no cena con nosotros. . . .
Él no trabaja con Rosa. . . .
Matías y Carmen preparan la comida. . . .
¿Quién paga la cuenta? . . .

2. Ergänzen Sie folgende Sätze:

La familia Gómez vive . . . un piso viejo de . . . calle Aribau. El padre . . . en una fábrica. Gana poco, por eso tiene . . . hacer horas extraordinarias. . . . señor Gómez toma el metro . . . ir a la fábrica; cuando . . . tiempo, va . . . pie. Los niños . . . a la escuela. En los fines de semana . . . todos juntos . . . excursión. Van . . . la montaña o . . . la playa.

3. Ergänzen Sie folgende Sätze mit: hay, hay que, tener, tener que

María . . . trabajar demasiado.
. . . tomar el tren a las 8.15 h.
Carlos y Ana . . . ganas de ir al cine.
En aquella casa . . . siempre buen humor.
A veces . . . hacer horas extraordinarias.
El señor Fernández . . . buen humor.
En Barcelona . . . demasiados coches.
El padre de Ana . . . un coche viejo.
(Yo) . . . leer un libro para la universidad.
Para escuchar el concierto, . . . comprar la entrada.

4. Antworten Sie auf die folgenden Fragen (posesivos):

Ejemplo: ¿Son tus libros? Sí, son **los míos.**
¿Es tu coche? . . .
¿Es vuestra madre? . . .
¿Son nuestros billetes? . . .
¿Son sus amigos (de él)? . . .
¿Es mi vaso? . . .
¿Es su dinero (de Vd.)? . . .
¿Es su bicicleta (de él)? . . .
¿Son tus bolígrafos? . . .
¿Es nuestro autobús? . . .
Es su guitarra (de ella)? . . .

5. Ergänzen Sie:

Ana no ésta . . . acuerdo.
. . . favor, ¿qué hora es?
Deseo un billete de . . . y vuelta.
A veces cenamos . . . un restaurante griego.
Masnou está junto . . . Barcelona.
Necesitamos un poco . . . harina.
Salimos . . . pesar del mal tiempo.
¡Hola Juan! ¿ . . . tal?
Tengo trabajo; . . . eso no puedo ir con vosotros.
En Francia . . . habla francés.

6. ¿Qué hora es?

7. Antworten Sie auf die folgenden Fragen:

1. ¿A quién ha visitado Montserrat?
2. ¿Qué ha comido Montserrat?
3. ¿Por qué hace el Sr. Gómez horas extraordinarias?
4. ¿Trabaja la Sra. Gómez?
5. ¿Quién es Juan?

8. Ejercicio comunicativo

¿Qué ha hecho Usted en el fin de semana?

el sábado
el domingo
el fin de semana

estar en casa	leer el libro	¿Qué libro ha leído?
	mirar la television	¿Qué programa ha visto?
	escuchar música	¿Qué música ha escuchado?
	tener visita	
	estar en cama	
visitar (a)	el amigo	tomar el café
	la familia	charlar
	el conocido	
salir a pasear	pasear el paseo	pasear por el bosque,
		el parque,
		la ciudad,
		los alrededores

45

ir a comer en un restaurante		el desayuno el almuerzo la cena	el menú la cuenta
ir a misa	la misa la iglesia		
ir al cine	el cine	la película	¿Qué película ha visto?
ir al teatro	el teatro	la obra (de teatro)	la función
hacer deporte	el deporte		
el fin de semana ha sido:		divertido / aburrido corto / largo	
disfrutar		interesante / sin interés	

7.4 La Lengua española

La lengua española o castellano proviene del latín; es, pues, una lengua románica. El español es parecido al portugués, italiano o francés, pero tiene también numerosas diferencias. A través de la historia, España ha tenido contacto con diferentes culturas. Éstas han aportado siempre algo nuevo al desarrollo
5 de la lengua española. En el español hay, pues, palabras de diverso origen: prerrománico, árabe, románico y americano (maya, quechua etc.) principalmente.

La lengua de los diferentes países de habla española ha conservado una relativa unidad. Hay numerosas diferencias regionales, pero entre los hispano-
10 hablantes no hay problemas de comprensión.

Aproximadamente 250 milliones de personas hablan español. Es la lengua oficial de 20 estados. Se habla español también en Guinea y Filipinas.

1. Estados de habla española:

La Argentina	Ecuador	Paraguay
Bolivia	España	El Perú
Colombia	Guatemala	Puerto Rico (Estado asociado
Costa Rica	Honduras	a los EEUU)
Cuba	México	El Salvador
Chile	Nicaragua	Uruguay
República Dominicana	Panamá	Venezuela

2. Besonderheiten:
provenir: wird wie „venir" konjugiert   a través — *durch*

3. Antworten Sie auf die folgenden Fragen:
1. ¿Por qué es el español una lengua románica?
2. ¿Hay problemas de comprensión entre un argentino y un español?
3. ¿Es el idioma portugués parecido al español?
4. ¿Qué culturas han tenido importancia en el desarrollo del idioma español?
5. ¿Cuántas personas hablan español?

8

8.1 Carmen desea ir a Sudamérica

Luis: ¡Hola, Juan!
Juan: Hola, ¿cómo estás?
Luis: Bien, ¿y tú?
Juan: También bien, como siempre.
5 Luis: Hoy he estado en casa de Carmen.
Juan: ¿Carmen? ¿Quién es Carmen?
Luis: Nuestra antigua vecina, aquella chica de Valencia.
Juan: ¡Ah! Ya sé quién es. Creo que ha terminado ya sus estudios ¿verdad?
Luis: ¿Terminar? No ha estado ni siquiera un año en la universidad. Ya
10 sabes que ella siempre ha estado descontenta de las clases. Dice que allí no se aprende nada. Además opina que en la universidad actualmente sólo se venden títulos. En parte tiene rázon.
Juan: ¿Y qué hace pues?
Luis: Ha estado dos o tres años en el extranjero. Ha vivido en Dinamarca y
15 en el sur de Italia. Ahora quiere ir a Sudamérica. No ha estado nunca allí y desea viajar un poco por aquellos países.
Juan: Y, ¿por qué está ahora en Barcelona?
Luis: Quiere trabajar aquí durante un tiempo. Necesita dinero para el viaje.
20 Juan: ¡Vaya! Carmen ha escogido una profesión original. Ser turista es siempre una profesión agradable.
Luis: Estás equivocado. No quiere ir a Sudamérica como turista solamente. Desea vivir allí, y para vivir hay que trabajar. También ha trabajado durante su estancia en el extranjero. Dice que no quiere saber nada más
25 de Europa.
Juan: Creo que es una locura. Ella no tiene a nadie en América.
Luis: Esto no es ninguna locura. Quizás solamente una empresa difícil
Juan: ¿Viaja sola?
Luis: Sí, es una persona decidida.
30 Juan: Yo no he viajado nunca solo.
Luis: Es una buena experiencia. Además, de esta manera se conoce realmente el país y sobre todo a la gente.
Juan: Tienes razón . . . Por cierto, ¿qué hora es?
Luis: Yo tengo las cuatro y cuarto.
35 Juan: ¡Uf! ¡Qué tarde es! A las cinco tengo que estar en clase. ¡Adios!
Luis: ¡Hasta la vista!

8.2 Gramática

1. Die Negation (La negación)

No tengo tiempo. — *Ich habe keine Zeit.*
No hay **nadie**. — *Es gibt niemanden.*
No tiene **nada**. — *Er hat nichts.*
No he visitado **ningún** museo. — *Ich habe kein Museum besucht.*
Ella **no** ha estado **ni siquiera** un año en la universidad. — *Sie ist nicht einmal ein Jahr in der Universität gewesen.*
No he estado **nunca** en Valencia. — *Ich bin niemals in Valencia gewesen.*
Él **no** habla inglés **tampoco**. — *Er spricht auch nicht Englisch.*
No tiene **ni** tiempo **ni** dinero. — *Er hat weder Zeit noch Geld.*

Die Verneinung „no" steht vor dem Verb.
Wenn das Substantiv im bejahten Satz ohne Artikel steht, braucht man „no" (=kein).
 Tengo dinero. — *Ich habe Geld.*
 No tengo dinero — *Ich habe kein Geld.*

Wenn das Substantiv im bejahten Satz mit dem Artikel steht, wird „ninguno" verwendet (immer im Singular).
 Tengo el libro. — *Ich habe das Buch.*
 No tengo ningún libro. — *Ich habe kein Buch.*
 oder:
 No tengo ninguno. — *Ich habe keins.*

„ningún": vor männlichem Substantiv.
„ninguna" ist das Femininum von „ninguno".

Nadie, nunca, nada, tampoco stehen oft vor dem Verb, wenn man diese Formen betonen will. Damit wird eine weitere Verneinung vor dem Verb überflüssig.
 Nadie ha comido. — *Niemand hat gegessen.*

Es sind auch mehrfache Verneinungen in einem Satz möglich.
 Él no ha hablado nada tampoco. — *Er hat auch nichts gesprochen.*

2. Unregelmäßige Verben:

Präsens:	**decir** — sagen	**querer** — wollen	**saber** — wissen
	digo	quiero	sé
	dices	quieres	sabes
	dice	quiere	sabe
	decimos	queremos	sabemos
	decís	queréis	sabéis
	dicen	quieren	saben

Partizip von „decir": dicho

3. Lokale Bedeutung der Präpositionen „en", „a", „por".
(Significación local de las preposiciones en, a, por.)

en: Drückt keine Bewegung aus.
   Estoy en Sevilla. — *Ich bin in Sevilla.*

a: Drückt Bewegung und eine bestimmte Richtung aus.
   Voy a Sevilla. — *Ich fahre nach Sevilla.*

por: Drückt eine Bewegung, aber keine Richtung aus.
   Paseo por el parque. — *Ich gehe im Park spazieren.*

4. Wortstellung:

Ella dice que quiere ir a México. — *Sie sagt, daß sie nach Mexiko fahren will.*
Ellos opinan que es demasiado tarde. — *Sie meinen, daß es zu spät ist.*

5. Besonderheiten:

¿Cómo estás? — *Wie geht's.*
Hier ist eine neue Bedeutung von „estar": *sich befinden, sich fühlen*
   Estoy bien. — *Ich fühle mich gut.*
   en parte — *zum Teil*
   ¡vaya! — *na so was!, sieh mal!*
   solo — *allein*
   sólo, solamente — *nur*
   de esta manera — *auf diese Weise*

conoce: 3. Person Singular des Verbs „conocer" (Präsens). Dieses unregelmäßige Verb wird in der Lektion 14 behandelt.

   por cierto — *übrigens*
   ¡hasta la vista! — *auf Wiedersehen!*

8.3 Ejercicios

1. Verwenden Sie „no", „nunca", „nada", „nadie", „ninguno", „ni siquiera" oder „tampoco":

Ejemplo: He estado en Chile. — No he estado nunca en Chile.
En la calle hay gente. — ...
En la maleta hay ropa. — ...
Ella ha vendido algunos discos. — ...
Habla también italiano. — ...
Él tiene solamente una entrada. — ...
Han comprado libros. — ...
Vosotros escucháis también este programa. — ...
He viajado a Salamanca. — ...
Aquel pueblo tiene un teatro. — ...
He leído algunos libros. — ...

2. Verwenden Sie das Perfekt:

Ejemplo: Estamos en el café. — Hemos estado en el café.
Toman una sangría. — ...
Estudia en la universidad de Zaragoza. — ...
Viajan en barco. — ...
Trabajo en una fábrica. — ...
Cenamos a las 20.30 h. — ...
Deseamos ir de excursión. — ...
No lees el periódico. — ...
Es un buen estudiante. — ...

3. Ergänzen Sie folgende Sätze mit den Verben: querer, decir, saber, hay (haber).

Rosa ... vasco.
¿Adónde ... ir vosotros?
José ... que toma el autobús.
¿Dónde ... un restaurante barato?
Ellos ... comprar una radio.
 ... que pagar la factura.
Ellos ... que en el bar ... todavía mesas libres.
(Yo) no ... la dirección de Carmen.
¿Qué ... (vosotros) hacer con esto?
Para ir a Tarragona, ... que tomar el tren.

4. Ergänzen Sie folgende Sätze mit den Präpositionen „en", „a" oder „por":

Vamos . . . casa de Juan.
Ellos están . . . Gijón.
¿Qué se habla . . . España?
Ana pasea . . . la ciudad.
Carmen quiere ir . . . Sudamérica.
Es agradable caminar . . . el bosque.
Vivo . . . Zaragoza.
Yolanda y Consuelo no han salido . . . extranjero; viajan . . . España.
Cenamos . . . un restaurante.

5. Setzen Sie die Possessiva ein:

Ejemplo: Tiene un coche. — Es su coche. — El coche es suyo.
Tiene un abrigo. — Es . . . abrigo. — El abrigo es . . .
Tenemos un libro. — Es . . . libro. — El libro es . . .
Usted tiene una carta. — Es . . . carta. — La carta es . . .
Tengo dos revistas. — Son . . . revistas. — Las revistas son . . .
Tenéis una tarea. — Es . . . tarea. — La tarea es . . .
Tienen una botella. — Es . . . botella. — La botella es . . .
Tienes dos relojes. — Son . . . relojes. — Los relojes son . . .
Tengo una camisa. — Es . . . camisa. — La camisa es . . .
Tenemos dos mesas. — Son . . . mesas. — Las mesas son . . .
Uds. tienen una radio. — Es . . . radio. — La radio es . . .

6. Antworten Sie auf die folgenden Fragen:

1. ¿Quién es Carmen?
2. ¿De dónde es Carmen?
3. ¿Cuánto tiempo ha estado en la universidad?
4. ¿Ha estado Camen en Bolivia?
5. ¿Para qué está Carmen en Barcelona?

7. Expresiones

Para salir del apuro necesito 1.000 pesetas. ¿Puedes prestármelas?
Lo siento, ahora no tengo ni cinco.

salir del apuro — *aus der Klemme herauskommen*
lo siento — *es tut mir leid*
no tener ni cinco — *keinen Pfennig haben*

8. Ejercicio comunicativo

Was studieren Sie (haben Sie studiert, lernen Sie . . .)?
Zumindest können Sie etwas über ihr Spanischlernen erzählen.

¿Qué estudias?

¿Qué estudias?
la carrera (universitaria)
el oficio   estudio para médico
la profesión   estudio medicina
idiomas

¿Qué profesores tienes?
el profesor   el estudiante
el maestro   el escolar
el licenciado   el alumno
el doctor
el certificado
el título
el diploma
el doctorado
la licenciatura

¿Has aprobado todas las asignaturas?
la asignatura
el examen — examinarse
pasar / suspender el examen

¿Qué calificación has obtenido?
la calificación — calificarse
la nota

¿Tienes una beca?
la beca — solicitar una beca

la convalidación de estudios — convalidar

¿Dónde estudias?
en la escuela
    la escuela superior
    la universidad   la facultad
    la academia
    la academia nocturna
    la academia de idiomas
    el conservatorio de música

¿Para qué estudias?
para tener un título
para ganar dinero
para pasar el tiempo
para ejercer una profesión interesante
por gusto

¿Cuánto pagas?
la cuota
la mensualidad
la matrícula — matricularse

¿Cuántos años dura la carrera?
la duración — durar
el año
el mes
el semestre

"AVUI"

8.4 México

México, el antiguo reino de mayas y aztecas, es un país de altas montañas, estrechas llanuras costeras y áridos desiertos. El clima es cálido en la costa, templado en las mesetas y valles, y frío en las altas montañas.

Desde la época prehispánica el pueblo mexicano ha sido esencialmente
5 agricultor. En el México actual, la agricultura es todavía importante; no obstante, debido a la escasez de medios, tiene una baja productividad. El latifundio y el minifundio son para México serios problemas.

Depués de la revolución mexicana de 1910 se inicia la industrialización del país. Son importantes las industrias metalúrgica, petroquímica y textil. Méxi-
10 co tiene también una gran riqueza minera: plata, oro, hierro... En la industria y minería mexicanas hay abundante participación de capital extranjero.

En México, el turismo es también importante para la economía del país. México tiene amplias y bellas playas, así como numerosos restos arqueológicos.

1. Besonderheiten:

no obstante — *trotzdem*
así como — *so wie*
debido a — *wegen*

2. Antworten Sie auf die folgenden Fragen:

1. ¿Por qué tiene la agricultura mexicana una baja productividad?
2. ¿Cuándo se inicia la industrialización de México?
3. ¿Por qué hay turismo en México?

9.1 El santo de Carmen

Alberto:	¡Hola Carlos!
Carlos:	¿Qué tal?
Alberto:	¿Qué libro lees?
Carlos:	"Niebla", de Unamuno.
5 Alberto:	Es una novela interesante.
Carlos:	¿Ya la has leído?
Alberto:	Sí, pero hace tiempo. Tengo ganas de leerla otra vez.
Carlos:	Si quieres te la puedo prestar. Estoy en las últimas páginas del libro y voy a terminarlo pronto.
10 Alberto:	Estupendo. Unamuno es un escritor vasco, ¿no?
Carlos:	Sí, pero ha escrito casi siempre en castellano.
Alberto:	Carmen me ha dicho que también desea leer algo de Unamuno. Todavía no ha leído nada de él.
Carlos:	Esto no es ningún problema. Tengo varios libros de Unamuno aquí. También puedo prestárselos.

Alberto:	Tengo una idea. Mañana es el santo de Carmen y quiere celebrarlo en su casa. Podemos regalarle un libro.
Carlos:	¿También te ha invitado?
Alberto:	Naturalmente. Ella ha vivido durante casi un año en mi piso, junto con Juan, Jorge y Maite. Por eso nos invita siempre; somos buenos amigos.
Carlos:	¿Qué título le puede gustar?
Alberto:	Se lo podemos preguntar.
Carlos:	¿Tú quieres preguntárselo? Es ridículo, esto no se pregunta nunca. Tenemos que darle una sorpresa.
Alberto:	Pero si ya lo tiene, la sorpresa va a ser doble, para ella y para nosotros.
Carlos:	Pero, ¿no me has dicho que no ha leído todavía ningún libro de Unamuno?
Alberto:	¡Ah! Pues es verdad.
Carlos:	¡Ya lo sé! Le vamos a comprar „La Tía Tula".
Alberto:	Creo que le va a gustar. Es una buena novela.
Carlos:	¿La tienes tú también?
Alberto:	No, pero Jorge me la ha prestado.
Carlos:	¿Te ha gustado?
Alberto:	Sí, naturalmente. Las novelas de Unamuno son siempre interesantes. Creo que este libro no es caro, ¿verdad?
Carlos:	No, cuesta solamente unas 300 pesetas. Es una edición barata.
Alberto:	Esto es también interesante.
Carlos:	Podemos comprarlo en la librería de la esquina. Allí trabaja Mercedes, una conocida mía; ella nos hace siempre descuento. ¿Vamos?
Alberto:	Sí, ahora tengo tiempo.

9.2 Gramática

1. Das unbetonte Personalpronomen (Los pronombres átonos)

		Akkusativ	Dativ
Singular	1.	me	me
	2.	te	te
	3.	lo, le, la	le
Plural	1.	nos	nos
	2.	os	os
	3.	los, les, las	les

¿Has pagado la cuenta? — Sí, **la** he pagado.
Hast du die Rechnung bezahlt? — Ja, ich habe sie bezahlt.

¿Has visto a Juan? — Sí, **le** (**lo**) he visto.
Hast du Juan gesehen? — Ja, ich habe ihn gesehen.

Esta ciudad no **me** gusta. — *Diese Stadt gefällt mir nicht.*

Die männliche Form für die 3. Person Akkusativ ist „le (les)" oder „lo (los)". Die Form „le (les)" wird nur für Personen verwendet (vor allem in Spanien); „lo (los)" hingegen sowohl für Personen als auch für Sachen. Die weibliche Form für Personen und Sachen ist „la (las)".
Die Form „lo" kann als ganzer Satzinhalt gelten.
¿Dónde está el libro? No lo sé. — *Wo ist das Buch? Ich weiß es nicht.*

Stellung:
Diese Formen stehen nur in Verbindung mit einem Verb. Sie werden an den Infinitiv, an das Gerundium und an den Imperativ angehängt. Ansonsten stehen sie immer vor dem Verb.
Lo compro. — *Ich kaufe ihn (sie, es).*
Lo he comprado. — *Ich habe ihn (sie, es) gekauft.*
Deseo comprarlo. Aber auch: Lo deseo comprar. — *Ich möchte ihn (sie, es) kaufen.*

Zwei Personalpronomen beim Verb:
Reihenfolge: Dativ + Akkusativ.
Te lo regalo. — *Ich schenke ihn (sie, es) dir.*

Wenn das Akkusativ- und Dativpronomen der 3. Person zusammentreffen, wird die Dativform „le", „les" durch „se" ersetzt.
Regalo las flores a Elena: Se las regalo. — *Ich schenke sie ihr.*

Deseo regalar las flores a Elena: Deseo regalárselas. Aber auch: Se las deseo regalar. (Beachten Sie den Akzent: regalárselas)

2. ir + a + Infinitiv = nahe Zukunft

Voy a salir. — *Ich gehe gleich weg.*
¿Vas a hablar con Ana? — *Wirst du mit Ana sprechen?*

3. Besonderheiten:

Hace tiempo que he leído el libro. — *Es ist lange her, daß ich das Buch gelesen habe.*
escrito: Partizip von „escribir"
sí — *ja* (Bejahung)
si — *wenn, falls, ob*

9.3 Ejercicios

1. Ersetzen Sie das fettgedruckte Wort durch das entsprechende Pronomen:

Ejemplo: He comprado **la revista**. — La he comprado.
He visto **a Elena**. — . . .

Presto estos libros **a Juan.** — . . .
¿Todavía no habéis hecho **el trabajo?** — . . .
He aparcado (estacionado) **el coche** en la calle. — . . .
Desean hacer **un pastel.** — . . .
Todavía no han enviado **la carta** a sus padres. — . . .
Todavía no han enviado la carta **a sus padres.** — . . .
Tienen ganas de ver **esta película.** — . . .
Ha regalado **las flores** a sus hermanas. — . . .
Ha regalado las flores **a sus hermanas.** — . . .
Presta **el dinero** a Pedro. — . . .
Presta el dinero **a Pedro.** — . . .

2. Antworten Sie auf die folgenden Fragen. Verwenden sie dabei die entsprechenden Pronomina der fettgedruckten Wörter:

Ejemplo: ¿Quién envía **el paquete a su padre?** — Yo **se lo** envío.
¿Has enviado **el telegrama a tu amiga?** — . . .
¿Han comprado **el libro a su hijo?** — . . .
¿Quién te ha regalado **el disco?** — . . .
¿Me ha reservado Vd. **un asiento?** — . . .
¿Quién te ha escrito **esta postal?** — . . .
¿Quién (a Vd.) ha dicho **esto?** — . . .
¿Quién os ha prestado los **discos?** — . . .
¿Quién les (a ellos) puede hacer **descuento?** — . . .
¿Te ha pagado Jorge **el trabajo?** — . . .

3. Ergänzen Sie folgende Sätze mit den Verben: ir, querer, tener, hacer, escribir.

Hoy (yo) . . . a comer temprano.
Ellos . . . ganas de ir al cine.
Los niños . . . a ir pronto a la cama.
¿Qué programa . . . escuchar (tú)?
¿Qué has . . . esta mañana?
Hoy (yo) no . . . ganas de trabajar.
He . . . una postal a mi amiga.
(Yo) . . . a escribir la carta esta tarde.
¿Qué . . . comprar (tú)?
¿Quién . . . que tomar el autobús?

4. Ergänzen Sie folgende Sätze:

Mañana . . . el santo de María. Carlos y Alberto quieren regalar . . . un libro. Alberto ha leído, . . . tiempo, una novela de Unamuno. Le . . . gustado, y por . . . quiere regalársela a María. Carlos está . . . acuerdo. La novela no . . . cara; cuesta solamente 300 pts. Mercedes . . . hace descuento. Ella . . . una conocida de Carlos.

5. Verneinen Sie die Sätze (nach Möglichkeit mit gegenteiligen Ausdrücken):

Yo **también** toco el piano. — . . .
Siempre vamos a la playa. — . . .
Tiene una bicicleta. — . . .
En casa hay **alguien**. — . . .
Yo **también** tengo ganas de ir al cine. — . . .
Deseo comprar **algo**. — . . .
Jacinto ha comprado **algunos** discos. — . . .
Ella ha hecho solamente una fotografía. — . . .
Hemos visto **algo** interesante. — . . .
Siempre escuchamos la radio. — . . .

6. Ergänzen Sie folgende Sätze mit den Verben: tener, haber.

Ella . . . algunos libros.
Ellos . . . que estudiar.
¿Dónde . . . (tú) la camisa?
¿Qué . . . hecho (tú) esta tarde?
¿ . . . ido (vosotros) al cine?
¿Qué libros . . . leído Vd.?
Margret . . . ganas de estudiar español.
Hoy (yo) . . . hablado con Margarita.
Ana . . . ido al médico.

7. Ergänzen Sie folgende Sätze mit den Präpositionen: en, a, por, de, con.

Hoy he visto . . . Carmen.
Estoy . . . casa.
El tren sale . . . las 8.15.
Es un hombre . . . Sevilla.
Voy de excursión . . . Felipe.
Consuelo va . . . la playa.
Ella pasea . . . la ciudad.
Ellas viven . . . Barcelona.
Son las ocho . . . la mañana.
¿Tomas el café . . . azúcar?

8. Antworten Sie auf die folgenden Fragen:

1. ¿Qué quiere celebrar Carmen?
2. ¿Qué ha leído Carmen de Unamuno?
3. Alberto y Carlos desean regalar un libro a Carmen. ¿Qué novela desean regalarle?
4. ¿Es Mercedes una conocida de Alberto?
5. ¿Ha leído Alberto „La Tía Tula"?

9. Expresiones

¡Siempre tengo mala pata!
¿Qué pasa?
El coche no arranca, y tengo que ir a trabajar.
Puedes tomar el metro.
¿El metro? ¡Imposible! Está en huelga.
¿Y los taxis?
No se ve ni uno. Todo el mundo los busca desesperadamente.
Entonces te acompaño yo con mi coche.
¿Ves? Siempre tengo mala pata. Encima voy a llegar puntualmente al trabajo,
 ¡con las pocas ganas que tengo de trabajar!

tener mala pata — *Pech haben*
¿qué pasa? — *was ist los?*
estar en huelga — *streiken*
todo el mundo — *alle Leute*

10. Ejercicio Comunicativo

Sie haben gewiß etwas Interessantes gelesen. Erzählen Sie darüber.

¿Qué has leído últimamente?

el libro	un libro
la novela	de poesía la poesía el poeta la poetisa
la narración narrar	de ciencia ficción
la historia	de aventuras
el cuento contar -ue-	de historietas
el periódico	de texto
el diario	de bolsillo
la revista	de divulgación
el artículo (periodístico)	policíaco
	científico
el diccionario	la biografía
el vocabulario	la novela rosa
la enciclopedia	el cómic

la edición   editar, el editor, la editorial
la publicación   publicar

la traducción   traducir (irr.)
el traductor

el título
el tema
la página
el capítulo
el índice
la colección
el volumen

bueno / malo
interesante / sin interés
divertido / aburrido
objetivo / subjetivo
imparcial
emocionante
superficial

una publicación:
semanal
quincenal
mensual
anual

la suscripcion   suscribirse   suscriptor

el quiosco
la librería
la biblioteca

la octavilla
la censura   censurar

¿Qué libro has leído últimamente?
¿Cómo se llama?
¿Qué título tiene?
¿Te ha gustado?
¿Qué opinas de él?
¿Qué te ha gustado de este libro?
¿Quién es el autor?
¿Quién ha escrito el libro?
¿De qué año es?
¿De qué tipo es?
¿Qué escritores de habla española conoces?
¿A qué diario estás suscrito?

9.4 Pablo Neruda (1904 — 1973)

Premio Nobel de literatura (1971)

Aquí
tierras
y tierras,
tierras enmudecidas,
tierras ciegas,
tierras sin corazón
tierras sin surco.

En otras partes pan,
arroz, manzanas.
En Chile, alambre, alambre ...

10

10.1 De viaje

Luis y Carmen preparan el equipaje para ir a San Sebastián.

    Luis: Mañana vamos a tener que levantarnos pronto.
    Carmen: ¿A qué hora?
5 Luis: A las seis. El tren, si no se retrasa, sale a las siete y cuarto.
    Carmen: ¿Tan pronto quieres levantarte? Creo que si nos levantamos a las seis y media tenemos suficiente tiempo. Yo me lavo en cinco minutos, y el equipaje ya está casi listo. ¿Viene Menchu también?
    Luis: No, finalmente se queda. Tiene que preparar sus exámenes. Los
10 tiene en el próximo mes. Además, ya ha estado varias veces en el País Vasco.
    Carmen: ¿Te llevas tu cámara?
    Luis: Sí, ya la tengo preparada.
    Carmen: Entonces no me llevo la mía. Con una tenemos suficiente.
15 Menchu: ¿Ya está todo listo?
    Carmen: Creo que sí.
    Menchu: A qué hora os vais?
    Luis: El tren sale a las siete y cuarto.
    Menchu: Pues tenéis que levantaros temprano.
20 Carmen: Sí, a eso de las seis y cuarto.

10.2 Euzkadi

El País Vasco está situado en el norte de la península ibérica. En vasco se llama Euzkadi, y sus ciudades principales son Bilbao y San Sebastián, muy importantes por su industria. Por eso hay también allí muchos emigrantes que provienen sobre todo del sur de España.

5 La capital espiritual de los vascos es Guernica, ciudad destruida durante la Guerra Civil española. Hay un cuadro muy conocido de Pablo Picasso con el nombre de esta ciudad. La cultura vasca es muy antigua, no se conocen todavía bien sus orígenes. En Euzkadi se hablan dos lenguas, el vasco o euskera – lengua no románica – y el castellano.

10 El centralismo político del Estado español ha creado siempre muchos problemas en aquellas partes de la península donde sus habitantes no se consideran totalmente españoles. La escuela y la policía o el ejército son los principales medios de represión que el Estado ha utilizado.

La policía española recorre las calles de las ciudades y pueblos vascos, no 15 sin miedo. Los encuentros violentos entre „etarras" (miembros de E.T.A.) y la policía son muy frecuentes. De hecho, la población vasca ayuda mucho al movimiento separatista. Su colaboración ha sido siempre muy grande.

Euzkadi ha obtenido recientemente su estatuto de autonomía. No obstante la situación real no ha cambiado mucho y, por eso, la lucha continúa.
20
„Egia alde guztietan toki onak badira, bañan biyotzak diyo zoaz Euskalerrira.
(Hay, es cierto, en todas partes buenos sitios, pero el corazón dice: ¡vete [geh] al País Vasco!)

10.3 Gramática

1. Das reflexive Verb (El verbo reflexivo)

lavarse	*sich waschen*
me lavo	*ich wasche mich*
te lavas	*du wäschst dich*
se lava	*er wäscht sich*
nos lavamos	*wir waschen uns*
os laváis	*ihr wascht euch*
se lavan	*sie waschen sich*

Für die Stellung des Reflexivpronomens gelten dieselben Regeln, die für Dativ- und Akkusativpronomen schon gesehen wurden.
Wenn das Reflexivpronomen mit einem Akkusativpronomen zusammentrifft, steht das Reflexivpronomen vor dem Akkusativpronomen.
    Me quito el abrigo: **Me lo** quito. — *ich ziehe ihn mir aus.*

Nicht alle Verben, die im Spanischen reflexiv sind, sind es auch im Deutschen und umgekehrt.
    descansar — *sich erholen*   quedarse — *bleiben*

Einige spanische Verben haben verschiedene Bedeutungen, je nachdem ob sie reflexiv sind oder nicht.
    llamar — *rufen, anrufen*   llamarse — *heißen*
    quedar — *übrig bleiben*   quedarse — *bleiben*

Das Pronomen „se" (*man*) wird bei den reflexiven Verben durch „uno" ersetzt.
    se pregunta uno — *man fragt sich*

2. muy / mucho

„Muy" ist unveränderlich und steht vor einem Adjektiv oder vor einem Adverb.
    Juan es muy bueno. — *Juan ist sehr gut.*
    Madrid es una ciudad muy grande. — *Madrid ist eine sehr große Stadt.*
    Es muy tarde. — *Es ist sehr spät.*

„Mucho" steht nach einem Verb oder vor einem Substantiv.
Bei Verben (unveränderlich):
    Ella come mucho. — *Sie ißt viel.*
    Viajan mucho. — *Sie reisen viel.*

Bei Substantiven (veränderlich: -o, -a, -os, -as):
    Ha bebido mucho vino. — *Er hat viel Wein getrunken.*
    Compro muchos discos. — *Ich kaufe viele Schallplatten.*
    He comprado mucha leche. — *Ich habe viel Milch gekauft.*
    Hay muchas bicicletas. — *Es gibt viele Fahrräder.*

3. Besonderheiten:

a eso — *ungefähr*
ya la tengo preparada — *Er (der Photoapparat) liegt zum Mitnehmen bereit.*
estar listo — *bereit, fertig sein*
ser listo — *klug, schlau sein*

conocer: Dieses unregelmäßige Verb wird in Lektion 14 behandelt.

de hecho — *in der Tat*
obtener — *erhalten, bekommen* (wird konjugiert wie „tener")
no obstante = a pesar de esto — *trotzdem*

10.4 Ejercicios

1. Verwenden Sie die in den Klammern angegebenen Verben:

Hoy hemos visitado a Julia. (Alegrarse, ella) . . . mucho.
¿No (lavarse, vosotros) . . . las manos todavía?
¿Cómo (llamarse) . . . Vd.?
A las cinco (irse, yo) . . . .
¿Por qué quieren (quedarse, ellos) . . . en casa?
¿De qué (tratarse) . . . este libro?
¿A qué hora (levantarse, vosotros) . . . ?
¿En qué (ocuparse, tú) . . . normalmente?
Cuando ellos van a Bilbao (detenerse) . . . un par de horas en Zaragoza.
No quiero (quitarse, yo) . . . el abrigo.

2. Ersetzen Sie das unterstrichene Wort durch das entsprechende Pronomen:

Ejemplo: Me quito **el abrigo**. — Me lo quito.
Se llevan **la cámara**. — . . .
¿Quién se ha bebido **la leche**? — . . .
Ella se pone **los zapatos azules**. — . . .
No se quita **el sombrero** nunca. — . . .
¿Te comes **las sardinas**? — . . .
Se lavan **las manos**. — . . .
Me llevo **los discos** a casa. — . . .
Os habéis bebido toda **la botella**. — . . .

3. Setzen Sie „muy" oder die entsprechende Form von „mucho" ein:

Hemos tenido . . . trabajo.
Hoy han venido a la fiesta . . . niños.
Este libro es . . . bueno.
Ha bebido . . . vasos de vino.

Es ya . . . tarde para ir al cine; además, la entrada cuesta . . . dinero.
Tengo . . . frío.
El viento es . . . frío.
Juan está . . . contento.
Ha bebido . . . vino, y por eso está . . . mal.

4. Ergänzen Sie folgende Sätze mit den Verben: escribir, obtener, detenerse, venir, decir.

Ellos me han . . . una postal muy simpática.
Jaime ha . . . que va a venir con nosotros.
En Valencia, el tren . . . siempre una hora.
¿Qué calificación has . . . en tu examen de francés?
Yo no . . . de casa sino del cine.
Ellos . . . de Madrid en coche.
Tu amigo ha . . . por la mañana, pero no me ha . . . nada.
¿A quién . . . (tú) esta carta?
Vengo para . . . -te adiós.
He visto a Elena, pero no le he . . . nada.

5. Ergänzen Sie das unterstrichene Wort durch das entsprechende Pronomen:

He prestado **el coche a Elena**. — . . .
Hemos regalado **este libro a nuestras compañeras**. — . . .
Me he comido **el pollo**. — . . .
No he visto todavía **a Javier**. — . . .
Deseamos hacer **la excursión**. — . . .
He comprado **los discos a mi amiga**. — . . .
¿Has escuchado **las noticias**? — . . .
He arreglado **la habitación** esta mañana. — . . .
Quiero ver **esta película**. — . . .
¿Habéis sacado ya **el billete**? — . . .

6. Antworten Sie auf die folgenden Fragen:

1. ¿Dónde está situado el País Vasco?
2. ¿Cómo se llama la capital espiritual de los vascos?
3. ¿Qué lenguas se hablan en Bilbao?
4. ¿Es el vasco una lengua románica?
5. ¿Qué medios de represión ha utilizado el centralismo español?

7. Schildern Sie die Bildergeschichte auf der folgenden Seite.

Sie können folgende Verben dabei verwenden: lavarse, secarse, peinarse, quitarse, mirarse etc.

HUELGA

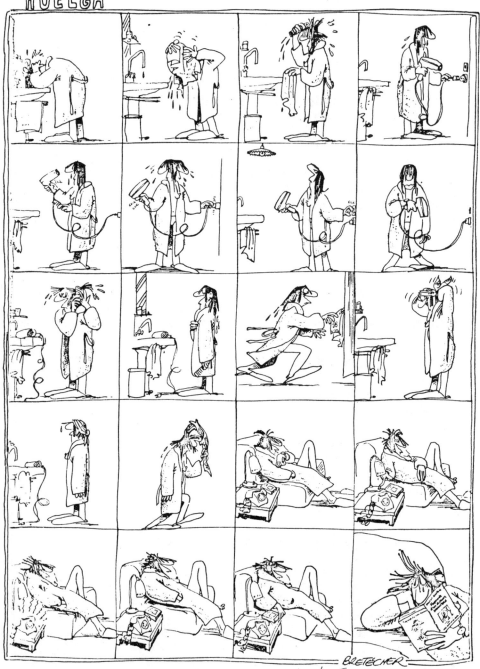

Aus "Les Frustrés 3" Claire Bretécher

8. Expresiones:

En la reunión de hoy has metido la pata. ¿Cómo ha sido?
Esto me pasa siempre que estoy nerviosa. Por si las moscas, en la próxima reunión no voy a decir ni pío.

meter la pata — *sich blamieren, aus der Rolle fallen*
¿cómo ha sido? — *wie ist es gewesen?*
por si las moscas — *vorsichtshalber*
no decir ni pío — *nicht piep sagen*

9. Ejercicio Comunicativo:

Einer aus der Gruppe denkt an einen bestimmten Gegenstand. Die anderen versuchen ihn zu erraten, aber bitte auf Spanisch!

¿De qué objeto se trata?

¿Cómo es?	delgado / grueso
	blando / duro
	alto / bajo
¿Qué tamaño tiene?	grande / pequeño
¿Qué forma tiene?	redondo, esférico, cuadrado, rectangular . . .
	regular / irregular
Dónde está?	arriba de / debajo de, bajo
	encima de, en sobre / debajo de, bajo
	delante de / detrás de, tras
	a la derecha de / a la izquierda de
	al lado de, junto a
	dentro de / fuera de
	en el interior de / en el exterior de
	enfrente de
¿Para qué sirve (servir)	Sirve para . . .
¿De qué está hecho?	la madera — el hierro
¿De qué material es?	el plástico — el cuero
	el metal — la tela
	el papel
¿De qué color es?	blanco — verde
	negro — azul
	amarillo — violeta
	rojo — naranja
	— marrón
	— gris
	multicolor
	incoloro
	transparente / opaco
	brillante / mate

10. Crucigrama

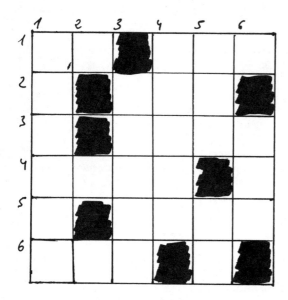

Horizontales:
1. Pron. reflexivo. Lo contrario de „bien".
2. Preposición. Alimento.
3. Consonante. Parte del cuerpo humano (al revés).
4. Tiene mucho dinero. Preposición.
5. Conjunción. No tiene gusto (al revés).
6. Pronombre. Inicial de una región española.

Verticales:
1. Color.
2. Vocal. Inicial de una isla de las Baleares. Conjunción.
3. No hay muchos.
4. Parte del cuerpo humano (plural).
5. Nombre de mujer. Negación (al revés).
6. Inicial de la capital del Perú. Lo contrario de menos.

(Solución en la página 256)

10.5 Colombia

La denominación de este país proviene del nombre de Cristóbal Colón, descubridor del Nuevo Mundo. Colombia está en el noroeste de Sudamérica, cerca del ecuador. Este país tiene puertos en el mar Caribe y en el océano Pacífico. La capital de Colombia es Bogotá.

5   La economía colombiana está basada en la agricultura; no obstante se cultiva solamente el 2% del campo colombiano: El 50% de la población trabaja en la agricultura. Colombia exporta principalmente café. La minería es también importante para Colombia; las exportaciones mineras aportan al país muchas divisas. La actividad industrial colombiana aumenta progresivamente.

10 En Colombia el problema del analfabetismo es muy grande. Alrededor del 35% de los colombianos son analfabetos. Colombia es un país rico, pero las diferencias sociales son muy grandes.

Antworten Sie auf die folgenden Fragen:

1. ¿Cómo se llama la capital de Colombia?
2. ¿Hay industria en Colombia?
3. ¿Está bien repartida la riqueza en Colombia?
4. ¿Qué exporta Colombia principalmente?

11.1 En la tienda

Señora:	¡Buenos días!
Vendedor:	Buenos días señora, ¿qué le pongo?
Señora:	Déme medio kilo de patatas.
Vendedor:	Tenga. Estas patatas son de muy buena calidad.
5 Señora:	¿Tiene plátanos?
Vendedor:	¡Claro! Tengo los mejores plátanos de todo el barrio.
Señora:	Entonces póngame dos kilos.
Vendedor:	Escójalos usted misma, están en aquella caja, detrás de la puerta.
Señora:	¿No están un poco verdes?
10 Vendedor:	¡Qué va!
Señora:	Bueno, pero me gustan un poco más maduros.
Vendedor:	Entonces tome estos otros. Además son más baratos.
Señora:	¿A cuánto va el kilo?
Vendedor:	A 80 pesetas.
15 Señora:	¡Uf! ¡Qué caros! ¿Las naranjas son tan caras como los plátanos?
Vendedor:	No, son más baratas. Las naranjas son siempre menos caras que la otra fruta. Ya sabe, en Valencia hay muchas naranjas.
Señora:	Sí, pero en Canarias hay también muchos plátanos y ¡mire usted qué precios!
20	
Vendedor:	¡Pero mujer! Las islas están mucho más lejos.
Señora:	Ah, bueno.
Vendedor:	Además es mejor comer naranjas. La naranja es la mejor fruta para la salud. LLevan muchas vitaminas.
25 Señora:	Sí, tiene usted razón ...
Vendedor:	Yo siempre tengo razón señora. ¿Cuántos kilos le pongo?
Señora:	Ninguno. Las naranjas no me gustan.
Vendedor:	Entonces coja manzanas ... Son buenísimas.
Señora:	Sí, buena idea. Déme dos kilos de manzanas. ¿De dónde son?
30 Vendedor:	Son de Lérida, señora. ¿Algo más?
Señora:	Déme un paquete de jabón en polvo.
Vendedor:	Tenga, esta marca es muy buena, créame.
Señora:	Pero no es tan barata como la otra, ¿no?
Vendedor:	Bueno, la otra es menos cara, pero esta deja la ropa más blanca. Es un buen detergente.
35	
Señora:	¿De verdad?
Vendedor:	Sí, sí; se lo aseguro.
Señora:	Pues déme dos paquetes de los más grandes.
Vendedor:	¿Desea algo más?
40 Señora:	Sí, quiero un buen chocolate.
Vendedor:	¿Es para usted?
Señora:	No, para los niños.

	VENDEDOR:	Entonces llévese éste. Para los niños el chocolate es siempre bueno. Cuesta solamente 40 pesetas. Está en oferta.
45	SEÑORA:	Deseo también una botella de vino tinto.
	VENDEDOR:	¿Rioja?
	SEÑORA:	No, es demasiado caro. Quiero uno algo más barato.
	VENDEDOR:	Tome „El Burrito", es un vino de mesa bastante bueno.
	SEÑORA:	¿Cuánto cuesta el litro?
50	VENDEDOR:	53 pesetas.
	SEÑORA:	Está bien, póngame una botella. Esto es todo.
	VENDEDOR:	¿No necesita nada más? Agua mineral, azúcar, aceite, papel higiénico ... Tengo también unos huevos fresquísimos ...
	SEÑORA:	No gracias, no necesito nada más. ¿Cuánto le debo?
55	VENDEDOR:	A ver ... medio kilo de patatas son 30 pesetas, dos de manzanas, a 25 el kilo hacen 50. 230 del jabón, 40 del chocolate y 53 del vino. En total son 403.
	SEÑORA:	Tome 500.
	VENDEDOR:	Tenga la vuelta: 404, 405, 410, 425 y 500.
60	SEÑORA:	¡Adiós!
	VENDEDOR:	¡Hasta pronto señora!

11.2 Gramática

1. Der Imperativ (El imperativo)

hablar	comer	vivir
-	-	-
habla (tú)	come (tú)	vive (tú)
hable	coma	viva
hablemos	comamos	vivamos
hablad	comed	vivid
hablen	coman	vivan

Das Subjekt steht immer nach dem Verb. Die Dativ-, Akkusativ- und Reflexivpronomina werden an das Verb gehängt.
¡Sube al coche! — *Steig ins Auto!*
¡Entre usted! — *Treten Sie ein!*
¡Quítate el abrigo! — *Zieh dir den Mantel aus!*
¡Quítatelo! — *Zieh ihn dir aus!*

Beim reflexiven Verb fällt das „s" der 1. Person Pl. weg: quedémonos; quitaos (statt: quedémosnos; quitados)
Bei den verneinten Sätzen wird der Imperativ durch den Konjunktiv ersetzt (Lektion 22).
Der Infinitiv mit der Präposition „a" kann, in bestimmten Fällen, den Imperativ ersetzen; ¡lávate!: ¡a lavarse!; ¡comed!: ¡a comer!

2. Unregelmäßige Verben:

poner — *stellen*

Präsens	Imperativ
pongo	-
pones	pon
pone	ponga
ponemos	pongamos
ponéis	poned
ponen	pongan

Partizip: puesto

dar — *geben*

Präsens	Imperativ
doy	-
das	da
da	dé
damos	demos
dais	dad
dan	den

3. Vergleichsform und Steigerung des Adjektivs (Comparativo y superlativo)

a) Komparativ:

Gleichheit:	tan ... como	Juan es tan simpático como Luis. — *Juan ist so nett wie Luis.*
Ungleichheit:	más ... que	Juan es más simpático que Luis. — *Juan ist netter als Luis.*
	menos ... que	Luis es menos simpático que Juan. — *Luis ist weniger nett als Juan.*

(„Tan" wird beim Substantiv oder beim Verb zu „tanto" [beim Substantiv veränderlich: -o, -a, -os, -as]).

b) Absoluter Superlativ:
Man bildet ihn, indem man das Adverb „muy" vor das Adjektiv stellt.
El billete es muy caro. — *Die Fahrkarte ist sehr teuer.*
Estas ciudades son muy bellas. — *Diese Städte sind sehr schön.*

Man kann auch die Endung „-ísimo (-a, -os, -as)" an das Adjektiv hängen.
El billete es carísimo. — Estas ciudades son bellísimas.

c) Relativer Superlativ:
Man bildet ihn, indem man den bestimmten Artikel und die Adverbien „más" oder „menos" dem Adjektiv voranstellt.
el más caro — *der teuerste*
el menos caro — *der am wenigsten teure*

Folgende Adjektive haben regelmäßige (más, el más . . .) oder unregelmäßige Komparative und Superlative:

Positiv	Komparativ	Abs. Superlativ	Rel. Superlativ
bueno — *gut*	mejor	óptimo	el mejor
malo — *schlecht*	peor	pésimo	el peor
grande — *groß*	mayor	máximo	el mayor
pequeño — *klein*	menor	mínimo	el menor

4. Besonderheiten

¿Qué le pongo? — *Was möchten Sie?*
¡Tenga! — *Nehmen Sie!*
¡Qué va! — *Was denn! Quatsch!*
¿A cuánto va el Kg.?: (=Cuánto cuesta el Kg.?) Man kann diese Konstruktion verwenden bei Waren, die einen instabilen Preis haben (Gemüse, Obst usw.).
llevar (hier:) — *enthalten*
¿De verdad? — *Ist es wahr?*
Déme medio Kg. de patatas: Vor „medio (-a)" steht kein unbestimmter Artikel.

5. Expresiones

¿Se sabe usted los verbos irregulares al dedillo?
¡Qué va! Me hago un lío terrible.
saberse algo al dedillo — *etwas wie am Schnürchen hersagen können*
hacerse un lío — *durcheinander geraten, mit etwas nicht klarkommen*

11.3 Ejercicios

1. Verwenden Sie den Imperativ der gegebenen Verben:

¡(Hablar, tú) . . . más despacio!
(Dar, Vd.) . . . -me un kilo de harina.
(Encargar, vosotros) . . . la cena.
Os digo la verdad, ¡(creer, vosotros) . . . -me!
(Leer) . . . Vds. este artículo, es muy interesante.
¡(Beberse, tú) . . . la leche!
Ya son las siete, ¡(correr, nosotros) . . . !
(Dar, vosotros) . . . recuerdos a la familia.
¡(Pagar) . . . Vd. la factura hoy mismo!
Niño, ¡(comer) . . . bien!

2. Ergänzen Sie die Sätze nach der angegebenen Weinliste:

Ejemplo: El vino B es tan caro como el vino E.
El vino B es . . . caro . . . el vino D.
El vino A es . . . caro . . . el vino C.
El vino E es . . . barato . . . el vino D.
El vino C es . . . caro . . . el vino D.
El vino E es . . . barato . . . el vino B.
El vino D es . . . barato.
El vino C es . . . barato.
El vino D es . . . caro.
El vino C es . . . caro.

Vinos
A El burrito . . . 60 pts. el l.
B El borrachito . . . 80 pts. el l.
C Baco . . . 40 pts. el l.
D La salud . . . 200 pts. el l.
E La sal de la vida . . . 80 pts. el l.

3. Lesen Sie:

Lista de precios

Sopa .... 45 pts.	**Bebidas**
Tortilla a la francesa .... 56 pts.	Vino de la casa (1l.) .... 90 pts.
Tortilla a la española .... 80 pts.	Rioja (3/4l.) .... 210 pts.
Huevos fritos .... 40 pts.	Cerveza .... 50 pts.
Filete de ternera con patatas .... 145 pts.	Refrescos .... 35 pts.
	Agua mineral .... 28 pts.
Paella para 4 personas .... 380 pts.	Café .... 26 pts.
Calamares a la romana .... 125 pts.	Café con leche .... 35 pts.
1 pollo con patatas .... 350 pts.	Cortado .... 30 pts.
1/2 pollo con patatas .... 190 pts.	

4. Ergänzen Sie folgende Sätze mit den angegebenen Verben:

Ellos no (querer) . . . hacer nada.
Carmen no (poder) . . . venir.
¿Has (escribir) . . . ya la carta?

(Ir, yo) . . . a salir ahora.
¿Qué has (decir) . . . ?
(Venir, yo) . . . con un poco de retraso.
(Estar, ellos) . . . muy contentos.
Ya hemos (hacer) . . . el pastel.
¿(Ser) . . . Vd. médico?
Hoy (salir, yo) . . . con Julia.

5. Sie möchten 1/2 kg Äpfel und eine Flasche Wein kaufen. Ergänzen Sie den Dialog:

Cliente: . . .
Vendedor: ¡Buenos días! ¿Qué le pongo?
Cliente: . . .
Vendedor: Estas manzanas son muy buenas.
Cliente: . . .
Vendedor: El kg. cuesta 60 pts; son, pues, 30 pts. ¿Desea algo más?
Cliente: . . .
Vendedor: La botella cuesta 80 pts. ¿Qué más le pongo?
Cliente: . . .
Vendedor: Entonces, son en total 110 pts.
Cliente: . . .
Vendedor: Y 40 pts. de vuelta hacen 150.
Cliente: . . .
Vendedor: ¡Adiós!

6. Antworten Sie auf die folgenden Fragen. Verwenden Sie dabei die entsprechenden Pronomina der fettgedruckten Wörter:

Ejemplo: ¿Puedes prestarme **tu coche**? — Sí, puedo prestártelo.
¿Me has dado **la dirección de Jorge**? — . . .
¿Ha mandado Juan **el telegrama a sus familiares**? — . . .
¿Os quedáis en casa? — . . .
¿Me ha enviado Vd. **la carta**? — . . .
¿Te has llevado **los libros**? — . . .
¿Nos has comprado **el periódico**? — . . .
¿Desea quitarse el niño **los zapatos**? — . . .
¿Habéis reservado ya **vuestro billete**? — . . .
¿A qué hora te has levantado? — . . .
¿Te ha gustado la película? — . . .

7. Antworten Sie auf die folgenden Fragen:

1. ¿Son las naranjas tan caras como los plátanos?
2. ¿Por qué son los plátanos, según el vendedor, más caros que las naranjas?
3. ¿Cuántos kilos de naranjas compra la señora?
4. ¿Compra la señora una botella de „Rioja"?
5. ¿Por qué?

8. Ejercicio Comunicativo:

Was möchten Sie kaufen?

En la tienda

póngame
déme

¿Cuánto cuesta?
¿Cuánto vale?
¿Cuánto es?
¿A cuánto va el Kg.?
¿A cuánto están las naranjas?

¿Es un producto de calidad?
¿Hasta qué hora está abierto?
¿A qué hora se abre?

vender, el vendedor, la venta
despachar
comprar, el comprador, la compra
adquirir (irr.), la adquisición

hacer cola
tocar el turno, me toca el turno
¿Quién es el último?

la tienda (de comestibles)
el mercado
el supermercado
la panadería
la pastelería
la carnicería
la tocinería
el estanco
la bodega
la lechería
la frutería
la ferretería
la mercería
la farmacia

el litro
el medio litro
un cuarto de kilo
el kilo (kilogramo)
medio kilo
un cuarto de kilo
el gramo
el peso, pesar
la botella
el frasco
el paquete
la lata, la conserva
la bolsa
la caja

el precio
caro / barato
hacer un buen precio
hacer descuento, el descuento
descontar -ue-
hacer rebaja, la rebaja, rebajar

la tableta de chocolate
la docena de huevos
la cabeza de ajos
la barra de pan
el paquete de cigarrillos
el cartón de cigarrillos
la caja de cerillas

la calidad   ser de calidad   tener calidad

¿Qué podemos comprar en la tienda?

el aceite	la cebolla
el queso	el ajo
el café	la sal
la leche	la pimienta
el azúcar	la patata
el huevo	la galleta
el detergente	la fruta
el jabón	la aceituna

11.4 Las etnias en Hispanoamérica

El origen étnico de la población latinoamericana es muy variado. Los indios representan en algunos países casi la mitad de la población. Este es el caso de Bolivia, Perú, Guatemala y Ecuador. En otros países como la Argentina, Chile y México, la población india no alcanza el 10%. Además de los descendientes de
5 los colonizadores europeos, parte de la población latinoamericana es de origen africano. En Cuba, la población negra representa alrededor del 10% de sus habitantes. En Latinoamérica hay también un gran número de mestizos y mulatos.

La diferente proporción racial da a cada país un carácter distinto. Hay paí-
10 ses con carácter europeo como la Argentina y Uruguay; en estos dos estados la mayoría de sus habitantes son descendientes de españoles o italianos. En otros países, la influencia de las culturas indígenas es muy grande; este es el caso de Ecuador y Bolivia.

Antworten Sie auf die folgenden Fragen:

1. ¿En qué países latinoamericanos es la mitad de la población de origen indio?
2. ¿Qué países de Sudamérica tienen un cáracter europeo?
3. ¿Son la mayoría de los argentinos descendientes de los antiguos pobladores indios?

12

12.1 Julio, un trabajador andaluz

PERIODISTA: ¿Cómo se llama usted?
JULIO: Me llamo Julio Fernández.
PERIODISTA: Es usted andaluz, verdad?
JULIO: Sí, ¿cómo lo sabe?
5 PERIODISTA: Lo he notado por el acento. ¿Cuánto tiempo hace que trabaja usted en Barcelona?
JULIO: Hace más de quinze años.
PERIODISTA: ¿Va a menudo a su pueblo?
JULIO: No, sólo de vez en cuando. El viaje cuesta dinero.
10 PERIODISTA: ¿Está usted casado?
JULIO: Sí, mi mujer es andaluza también. Tenemos tres chicos.
PERIODISTA: ¿Cuántos años tienen?
JULIO: El mayor tiene ya 22 años. Ahora hace la mili, en Canarias. Rosario tiene 18 y la pequeña, Lurdes, va a cumplir los 13 en la próxima
15 semana.
PERIODISTA: Lurdes es, pues, de Barcelona.
JULIO: Sí, eso es.

(Julio saca un paquete de cigarillos.)

20 JULIO: ¿Fuma usted?
PERIODISTA: No, gracias. ¿Cúal es su profesión?

(Antes de contestar, Julio enciende su cigarillo.)

JULIO: Trabajo en la construcción.
25 PERIODISTA: ¿Qué piensa de esta ciudad?, ¿le gusta?
JULIO: Pues, la verdad, no demasiado. Aquí hay trabajo, pero la gente es diferente. Sólo se piensa en trabajar; no se sabe disfrutar de la vida. Además, los catalanes son muy cerrados.
PERIODISTA: ¿Habla usted catalán?
30 JULIO: No, pero lo entiendo un poco.
PERIODISTA: ¿No tiene amigos catalanes?
JULIO: ... Mire usted, nosotros vivimos en Santa Coloma. Allí la mayoría somos andaluces o extremeños. Con mis hijas es diferente. Ellas hablan perfectamente el catalálan y quieren quedarse en Barcelo-
35 na. Mi hijo mayor, en cambio, quiere irse. Al regresar de la mili, piensa buscar trabajo en Sevilla o en Málaga.
PERIODISTA: ¿Por qué no se queda en Barcelona como sus hermanas?
JULIO: La ciudad tampoco le gusta.

La emigración es uno de los problemas más graves que tiene el sur de España. Debido a la escasez de puestos de trabajo en estas regiones, muchos emigrantes buscan trabajo en Barcelona, Madrid, el País Vasco o en el extranjero (sobre todo en los países del Mercado Común). Esto les ocasiona muchos problemas de adaptación que no son fáciles de solucionar.

12.2 Gramática

1. Gruppe der unregelmäßigen Verben -ie-

pensar — *denken*

Präsens	Imperativ
pienso	-
piensas	piensa
piensa	piense
pensamos	pensemos
pensáis	pensad
piensan	piensen

Bei vielen Verben wird „e" zu „ie", wenn die betreffende Silbe betont ist. Die Endungen der Personen dieser Verben sind dieselben wie die der Modelle der entsprechenden Konjugationen.
Diese Verben haben ein unregelmäßiges Indikativ- und Konjunktiv-Präsens sowie einen unregelmäßigen Imperativ.
Im grammatikalischen Anhang finden sich die wichtigsten Verben, die zu dieser Gruppe gehören.

2. al + Infinitiv = wenn, als

„Al + Infinitiv" drückt eine Handlung aus, die gleichzeitig mit der Handlung des Hauptsatzes stattfindet.
    Al entrar en el bar, he visto a Juan. = Cuando he entrado en el bar, he visto a Juan.
    Al llegar a Valencia, llamo a Ana. = Cuando llego a Valencia, llamo a Ana.

3. antes (después) + Infinitiv

Als Nebensatzverkürzung steht oft nach „antes de" und „despúes de" ein Infinitiv (auch ein Infinitiv Perfekt).
    Antes de contestar, enciende un cigarrillo. — *Bevor er antwortet, zündet er eine Zigarette an.*
    Antes de haber contestado . . . — *Bevor er geantwortet hatte* . . .

4. cuál, cuáles

„Cuál" (Plural „cuáles") wird verwendet, um nach Personen oder Dingen zu fragen, wenn die Auswahl bereits eingegrenzt ist. „Cuál" wird auch manchmal mit derselben Bedeutung wie „que" verwendet; es besteht aber ein Unterschied der Satzkonstruktion.

¿Cuál de los dos libros es mejor? — *Welches von den zwei Büchern ist besser?*
¿Cuál es su profesión? = ¿Qué profesión tiene Vd.?
¿Cuáles son tus planes? = ¿Qué planes tienes?

5. Besonderheiten

¿Cuánto tiempo hace? — *Seit wann?*
más **de** 15 años: Beim Vergleich, wenn auf „más" bzw. „menos" eine Zahl folgt, wird die Präposition „de" (nicht que!) eingeschoben.

a menudo — *oft*
de vez en cuando — *ab und zu*
¿Cuántos años tienen? — *Wie alt sind sie?*
la mili (=el servicio militar) — *Militärdienst*
eso es — *genau das*
yo mismo (-a, -os, -as) — *ich selbst*

pensar (en) — *denken*
pensar (de / sobre) — *meinen*
pensar — *vorhaben, beabsichtigen*
en cambio — *hingegen*
debido a — *wegen*

mientras = durante. Es besteht nur ein Unterschied der Satzkonstruktion. „Mientras" begleitet ein Verb, „durante" ein Substantiv.
Mientras almorzamos, miramos la televisión.
Durante el almuerzo miramos la televisión.
la copita: Diminutiv von „copa".
hacerse tarde — *spät werden*
¡hasta la vista! — *auf Wiedersehen!*

6. Expresiones:

Hoy he cantado las cuarenta al jefe.
¿A pesar de su mal genio?
¡Pues claro!
Esto es fabuloso. Y ¿qué te ha contestado?
Me ha puesto de patitas en la calle.

centar las cuarenta — *jemandem den Kopf waschen*
mal genio — *jähzornig sein*
poner de patitas en la calle — *jemanden vor die Tür setzen*

12.3 Ejercicos

1. Verwenden Sie die in Klammern angegebenen Verben:

Ellos (encender) . . . su cigarrillo.
Ya (pensar, nos) . . . en nuestra vacaciones.
Juan no (entender) . . . nunca nada.
¿A qué hora se (cerrar) . . . ?
¿A qué hora (despertarse, vosotros) . . . ?
Te (recomendar, yo) . . . este libro.
(Comenzar, tú) . . . el trabajo la próxima semana.

¡(Sentarse, tú) . . . aquí!
Siempre (perder, ella) . . . su dinero.
¿A qué hora habéis (empezar) . . . ?

2. Bilden Sie Sätze :

Ejemplo: Entro en el cine. Busco un asiento libre. — Al entrar en el cine, busco un asiento libre.
Luisa empieza a trabajar. Enciende un cigarrillo.
Llego a casa. Veo la luz encendida.
Compro los libros. He visto a Juan.
Salgo. Cierro la puerta.
Tomo el autobús. Veo a Elena.
Hablo con Andrés. Pierdo la paciencia.
El viene. Nos vamos.

3. Ergänzen Sie

Elena tiene más . . . 30 años.
Ella tiene más años . . . él.
¿Cuántos años . . . (tú)?
Creo que Felipe tiene menos . . . 20 años.
Luis tiene menos años . . . su hermano.
(El) . . . 35 años.
Ella no ha . . . todavía los 40 (años).
¿Cuándo . . . (tú) los 20?
¿Cuándo . . . tu compleaños?
¿ . . . años cumples hoy?

4. Setzen Sie „qué" oder die passende Form von „cuál" ein:

¿ . . . son los mejores libros de Unamuno?
¿ . . . me has dicho?
Tengo dos marcas de cigarrillos. ¿ . . . deseas?
Mis hermanas se llaman Ana y Nuria.
  ¿ . . . es la mayor?
¿ . . . son tus aficiones?
¿ . . . aficiones tienes tú?
¿ . . . opinión tienes del libro?
¿ . . . es tu opinión sobre el libro?
Aquí hay tres sombreros. ¿ . . . es el tuyo?
¿ . . . haces esta mañana?

"AVUI"

5. Ergänzen Sie folgende Sätze nach dem Stundenplan von Elena:

El horario de Elena:
7.00 Elena se levanta
7.30 desayuna
8.30 — 13.00 tiene clases en la universidad
14.00 come
16.00 va a la biblioteca
19.30 escucha música
20.00 cena
21.00 va al cine

Elena desayuna después de . . .
. . . después de salir de la universidad.
Después de . . . , va a la biblioteca.
Va a la biblioteca antes de . . .
Después de cenar, . . . al cine.
Antes de . . . al cine, cena.
Antes de ir a la universidad, . . .
. . . música antes de cenar.
. . . después de escuchar música.
Después de ir a la biblioteca, ... música.

6. Ergänzen Sie die Sätze mit Hilfe der abgebildeten Zeichnung und verwenden Sie dabei „muy" oder „mucho":

La nariz del camarero es . . . larga.
El Sr. Gómez ha comido . . . bien.
El camarero ha trabajado . . . .
El Sr. Gómez ha bebido . . . vino.
El Sr. Gómez come . . . a menudo en el restaurante.
El camarero es . . . alto.
En la mesa hay . . . platos.
El importe de la cuenta es . . . elevado.
El Sr. Gómez tiene siempre . . . apetito.
Hay . . . botellas de vino vacías.

7. Bilden Sie Sätze:

Ejemplo: Tengo un bolígrafo. ¿Necesitas un bolígrafo? — Toma el mío.
Tenemos los libros. ¿Necesita Vd. los libros? — . . .
Tengo las llaves. ¿Necesitáis las llaves? — . . .
Tengo una silla. ¿Necesita Vd. una silla? — . . .
Tengc sellos. ¿Necesitan Vds. sellos? — . . .
Tenemos una mesa. ¿Necesitas una mesa? — . . .

Ejemplo: Tienes una bicicleta. Necesito una bicicleta. — Préstame la tuya.
Tenéis el mapa. Necesitamos un mapa. — . . .
Vd. tiene discos. Necesito discos. — . . .
Tienes una guitarra. Necesitamos una guitarra. — . . .
Vds. tienen las llaves. Necesito las llaves. — . . .
Tienes un paraguas. Necesito un paraguas. — . . .

8. Antworten Sie auf die folgenden Fragen:

1. ¿Cómo sabe el periodista que Julio es andaluz?
2. ¿Cómo se llaman las hijas de Julio?
3. ¿Qué profesión tiene Julio?
4. ¿Adónde piensa ir el hijo de Julio después de regresar de Canarias?
5. ¿Por qué no se queda en Barcelona?

9. Ejercicio Comunicativo:

Vielleicht möchten Sie irgendwann Arbeit in Spanien oder Lateinamerika suchen. Was würden Sie sagen?

Para buscar trabajo

Demandas
Señora, horario mañana o tardes, se precisa para recepción y pequeños trabajos de oficina. Presentarse de 10 a 12h. en Paseo Maragall 186.
Se necesita profesor(a) de francés nativo para tardes. Sueldo a convenir. Tel. 2403227 (Preguntar por el Sr. López).

Ofertas
Cuido bebés y niños en mi casa. Trato familiar. Tel. 2258604
Se ofrece chico de 23 años, responsable, para cualquier trabajo. Libre del servicio militar. Tel. 3227456. LLamar de 1 a 3.

Busco trabajo como secretaria.
¿Qué horario se hace?
¿Qué sueldo se paga?
¿Cuánto se paga?
¿Cuándo se paga?
¿Cuándo se cobra?
¿En qué consiste el empleo?
¿Qué se tiene que hacer?
¿Cuántos días de vacaciones hay al año?

presentarse, la presentación
ponerse de acuerdo
el ambiente de trabajo
el turno de mañana
el turno de tarde
el turno de noche
el sindicato
colocar, la oficina de colocación
la colocación

el director
el jefe
el encargado
la (el) secretaria (o)

la demanda / la oferta
el trabajo
el trabajo eventual
el trabajo fijo
el trabajo a destajo
solicitar trabajo
buscar trabajo
ofrecer (-zc-) trabajo
el trabajo es:
agradable / desagradable
interesante / sin interés
variado / monótono, aburrido
descansado / cansador, duro, agotador
fácil / difícil

el sueldo
el salario
la paga, pagar / cobrar
40.000 pts. al mes
la paga extra
la comisión
las condiciones de trabajo
la empresa, el empresario
la fábrica
el taller
la oficina
el comercio
la tienda
el contrato, contratar
las hora extraordinaria

el empleo, emplear
el empleado
el horario
el horario de mañana
el horario de tarde
el horario de media jornada
el horario completo

12.4 Los números cantan

Guatemala:

Capital: Ciudad de Guatemala
Superficie: 108.889 Km^2. (*)
Población: 8.200.000 habitantes (1986)
Exportaciones: café 25%, azúcar 18%, algodón 11%, bananas etc.
Analfabetismo: 65% (1978)
Médicos: 1 por cada 4.347 habitantes.
Fuerzas armadas: 14.247 efectivos; Policía Nacional 3.000 efectivos
Gasto en armamento: 58,5 milliones de dólares (1975)

Fuente: Solidaridad, Santiago de Chile N.89 marzo 1980

*kilómetros cuadrados

13

13.1 Elena tiene visita

Suena el timbre. Elena se levanta del sillón y abre la puerta.

Jacinto:	¡Hola, Elena!	
Elena:	¡Hola, Jacinto! ¡Vaya sorpresa! ¿Qué estás haciendo en Sevilla?	
5 Jacinto:	Estoy sólo de paso, voy para Madrid. He salido esta mañana de Cádiz y al llegar a Sevilla, me he dado cuenta de que el coche no funciona bien. Ahora están reparándolo en el taller, y aprovecho esta oportunidad para visitarte.	
Elena:	¡Qué bien! Podemos almorzar juntos.	
10 Jacinto:	De acuerdo.	

(Jacinto deja la chaqueta en el recibidor y pasa a la sala de estar.)

Jacinto:	Veo que has renovado el piso.
Elena:	Sí, pero no está todavía todo listo. Aún estoy arreglando la cocina.
Jacinto:	Ahora lo encuentro más acogedor.
Elena:	Sí, así está mejor.
Jacinto:	Mira, te he traído un disco de Paco de Lucía.
Elena:	¡Fantástico! Prescisamente esta mañana he estado escuchándolo por radio.
Jacinto:	¿Te gusta?
Elena:	Sí, muchísimo.
Jacinto:	¿Dónde tienes el tocadiscos?
Elena:	En el comedor, al lado de la ventana. Dame el disco, voy a ponerlo yo misma.

Seguidamente Elena prepara la comida, y Jacinto pone la mesa: el mantel, los platos, los cubiertos, los vasos, las servilletas ...
Mientras almuerzan, se cuentan las últimas novedades; hace casi medio año que no se han visto.

DE SOBREMESA

Elena:	Vas a tomar un café, ¿verdad?
35 Jacinto:	Sí, y una copita de coñac también.
Elena:	¿Te pones azúcar en el café?
Jacinto:	Sí, un poco.
Elena:	¿Cuándo vuelves de Madrid?
Jacinto:	Exactamente no lo sé todavía. Posiblemente el jueves. Debo recoger un par de papeles en el Ministerio de Trabajo, y ya sabes que allí no se tiene nunca prisa. A principios de año les he enviado una carta y aún estoy esperando la respuesta.

	Elena:	Hay que tener paciencia.
45	(Jacinto se levanta y mira por la ventana.)	
	Jacinto:	Vives en una calle muy bonita, y además es céntrica.
	Elena:	Sí, estoy satisfecha, la plaza de España está solamente a dos minutos de aquí.
50	Jacinto:	Bueno, Elena, me voy. Se está haciendo tarde y todavía tengo que pasar por el taller para recoger el coche.
	Elena:	Te deseo un buen viaje.
	Jacinto:	Gracias, ¡hasta la vista!
	Elena:	¡Hasta la vista!

13.2 Gramática

1. Gruppe der unregelmäßigen Verben -ue-

contar — *zählen, erzählen*

Präsens	Imperativ
cuento	-
cuentas	cuenta
cuenta	cuente
contamos	contemos
contáis	contad
cuentan	cuenten

Partizip: Bei einigen Verben ist das Partizip ebenfalls unregelmäßig (s. Anhang S. 226), z.B. volver: **vuelto**

Bei vielen Verben wird „o" zu „ue", wenn die betreffende Silbe betont ist. Die Endungen der Personen dieser Verben werden dem regelmäßigen Modell gemäß gebildet.
Diese Verben haben ein unregelmäßiges Indikativ- und Konjunktiv-Präsens sowie einen unregelmäßigen Imperativ.
Im grammatikalischen Anhang finden sich die wichtigsten Verben, die zu dieser Gruppe gehören.
Das Verb „jugar" (*spielen*) gehört auch zu dieser Gruppe: „u" wird „ue".

2. Das Gerundium (El gerundio)

Das Gerundium der Verben auf -ar wird gebildet, indem man die Endung -ando dem Stamm des Verbes hinzufügt. Das Gerundium der Verben auf -er und -ir hat die Endung -iendo.

hab**lar**: hab**lando**
com**er**: com**iendo**
viv**ir**: viv**iendo**

Das Gerundium ist unveränderlich.
Das Gerundium der meisten Verben wird regelmäßig gebildet.

3. estar + Gerundium

Diese Konstruktion betont stärker als das einfache Indikativ-Präsens, daß die Handlung tatsächlich im Augenblick abläuft. Dennoch wird sie auch bei anderen Zeiten verwendet.
    Estoy hablando. — *Ich spreche gerade.*
    He estado hablando con Juan. — *Ich habe mit Juan gesprochen.*

Die unbetonten Akkusativ-, Dativ- oder Reflexivpronomen werden dem Gerundium angehängt (siehe: 9.1, 10.1)
    escucho la radio: estoy escuchándola;   aber auch: la estoy escuchando

4. Besonderheiten

Die Präposition „a" drückt Entfernung aus: La plaza de España está **a** dos minutos de aquí.
    Tarragona está **a** 100 Km. de Barcelona.
    abrir: Partizip: abierto
    estar de paso — *auf der Durchreise sein*
    darse cuenta de — *(be)merken*
    arreglar (el coche) — *reparieren*
    arreglar (la habitación) — *in Ordnung bringen*
    arreglarse — *sich herrichten, sich zurechtmachen*

Das Verb „poner" hat viele Bedeutungen; einige davon sind:
    stellen: Ponemos la botella en la mesa.
    auflegen: Pongo el disco.
    den Tisch decken: Pongo la mesa.
    ponerse:
    sich anziehen: Se pone la camisa.
    werden: Se ha puesto enfermo. Me pongo nervioso.
    ¿Te pones azúcar en el café? — *Nimmst du Zucker im Kaffee?*

13.3 Ejercicios

1. Bilden Sie Sätze:

Ejemplo: Juan lava su ropa. — Juan está lavando su ropa.
    La familia Gómez cena. — . . .
    Ellos hablan de Sevilla. — . . .
    ¿Qué haces? — . . .
    Pienso en la solución del problema. — . . .
    Bebo mi café. — . . .
    ¿Escribís la carta? — . . .
    ¿Por quién preguntan? — . . .
    ¿A quién esperas? — . . .
    Vemos la película. — . . .

2. Antworten Sie auf die folgenden Fragen und verwenden Sie dabei die Pronomina der fett gedruckten Wörter:

Ejemplo: Se quita Vd. **los zapatos**? — Sí, estoy quitándomelos. — Sí, me los estoy quitando.

¿Habéis encargado ya **la bebida**? — No, Rosa . . . ahora. — No, Rosa . . . ahora.
¿Se come el niño **las patatas**. — Sí, . . . — Sí . . .
¿Has escrito **la postal a María**? — Ahora . . . — Ahora . . .
¿Os laváis ya **las manos**? — Sí, . . . — Sí, . . .
¿Se levantan de la cama? — Sí, . . . — No, . . .
¿Habéis terminado ya **la tarea**? — . . . — . . .
¿Habéis preparado ya **la cena**? — Ahora . . . — Ahora . . .
¿Se ducha alguien ahora? — Sí, Rafael . . . — No, . . .

3. Ergänzen Sie folgende Sätze mit den in Klammern angegebenen Verben:

No (acordarse, ellos) . . . de Julio.
¿Qué me (contar, tú) . . . ?
¿Quién me (mostrar) . . . el camino?
El timbre (sonar) . . .
¡(Esforzarse, tú) . . . más!
La cabeza me (doler) . . . mucho.
¡(Moverse, vosotros) . . . un poco!
¿A qué (jugar, vosotros) . . . ?
A las 12 (encontrarse, yo) . . . con Margarita.
¿Qué has (soñar, tú) . . . ?
¡(Contar, Vds.) . . . el dinero!

4. Setzen Sie „mientras" oder „durante" ein:

. . . hago la cena, escucho la radio.
. . . la comida, vamos a hablar del asunto.
. . . la reunión hemos cantado.
Miran la televisión . . . almuerzan.
He escrito las cartas . . . mi tiempo libre.
. . . trabajo, escucho música.
¿Qué haces . . . el día?
. . . come, no le gusta hablar.
Nos contamos muchas cosas . . . paseamos.

5. Ergänzen Sie folgende Sätze:

En casa de Margarita
Juan . . . hablando con Margarita. Mira su reloj y se . . . cuenta de que se le ha . . . tarde. Tiene que ir . . . la universidad; la universidad está . . . más de media hora . . . casa de Margarita. Juan piensa que es demasiado tarde para . . . a clase. Margarita (auflegen) . . . un disco, y Juan . . . queda en casa de Margarita.

6. Beschreiben Sie das Bild und verwenden Sie die Konstruktion „estar + gerundio".

7. Verwenden Sie den Imperativ der gegebenen Verben:

(Llamar, vosotros) . . . a Jacinto.
(Dar, tú, a ella) . . . el bolígrafo.
(Pagar) . . . Vds. en la caja.
(Pensar, tú) . . . en comprar el periódico.
(Escuchar, tú) . . . este disco.
(Buscar, nosotros) . . . a Pedro.
(Volver) . . . Vds. mañana.
(Poner, tú) .. el disco.
(Enviar, vosotros) . . . la carta pronto.
¡(Levantarse, vosotros) . . . de la cama!

8. Antworten Sie auf die folgenden Fragen:

1. ¿Cuándo se ha dado cuenta Jacinto de que el coche no funciona bien?
2. ¿Cómo encuentra el piso de Elena?
3. ¿Quién pone el disco?
4. ¿Quién pone la mesa?
5. ¿Está lejos la plaza de España de la casa de Elena?

9. Expresiones:

Hoy no me he dejado ver en la clase de español. He hecho novillos.
Pero ¿cómo puedes darte este lujo? ¡Si estás pez de gramática!
¡Bah! La gramática me importa un bledo. Además, nuestro profesor hace siempre la vista gorda.

dejarse ver — *sich blicken lassen*
hacer novillos — *schwänzen*
poder darse un lujo — *sich leisten können*
estar pez (de gramática, matemáticas etc.) — *keine Ahnung haben*
importar un bledo — *einem vollkommen schnurz sein*
hacer la vista gorda — *ein Auge zudrücken*

10. Ejercicio Comunicativo:

Man möchte ein Zimmer mieten. Sicher können der Mieter und der Vermieter sich über den Preis einigen. Versuchen Sie es!

¿Como es tu habitacion (o vivienda)?

la habitación	la ventana	el recibidor
el cuarto	la pared	la sala de estar
la casa	el balcón	el cuarto de baño
la vivienda	la terraza	el lavabo
el piso	la cocina	el mueble
el edificio	el comedor	
la puerta	el pasillo	

la habitación es:
espaciosa, grande / pequeña
clara / oscura
bonita / fea

la casa:
vieja / nueva
está bien / mal conservada
está bien / mal situada

la situación:
está en el centro
está en las afueras
está cerca de
está lejos de
está junto a

**PISOS NUEVOS
DE 19.000 PTAS.
EN ALQUILER**
CON PLAZA DE GARAJE INCLUIDA
Y PISCINA CON JARDIN
**ZONA RESIDENCIAL PREMIA DE MAR
VALLPREMIA**

INFORMACION VALLEHERMOSO
J. Verdaguer, 147. T. 7515051 (Premiá de Mar)
Córcega, 289-291. T. 2281200 (BARCELONA)

Para alquilar una habitacion (o vivenda):
¿Cómo es la vivienda?
¿Cuánto hay que pagar?
¿Cuánto cuesta el alquiler?
¿Cuántas habitaciones tiene?
¿Es una vivienda amueblada?
¿Hay calefacción? ¿De qué tipo?
¿Hay ascensor?
¿Cuántos m. (metros cuadrados) tiene?
¿Tiene teléfono?
¿Hay ducha?
¿Hay agua caliente?

Pisos:
principal, el sótano
primer(o)
segundo
tercer(o)
cuarto
quinto
sexto
séptimo
octavo
noveno
décimo
ático

alquilar, el alquiler, el inquilino
arrendar, el arrendador
el contrato
el vecino, el vecindario
mudarse, la mudanza
cambiar de piso

pagar a fin de mes
pagar a principios de mes
pagar por adelantado

Vivo en el primero, segunda. (En el primer piso, segunda puerta.)

13.4 Andalucía

Andalucía es una région española con una fuerte personalidad.
    La influenca árabe se manifiesta constantemente a través de su arte y de su gente. Se dice que Granada es una de las ciudades más bellas de España. No obstante, Sevilla y Córdoba no se quedan atrás. En Andalucía se habla el anda-
5 luz. El andaluz es un dialecto del castellano.
    En gran parte de Andalucía la tierra es pobre y llueve poco. Se cultivan olivos, viñas y trigo. Actualmente el turismo es un recurso económico importante para Andalucía.

El paro obrero es uno de los mayores problemas que tiene la región andalu-
10 za. El latifundio en la agricultura y la escasa industrialización de Andalucía
son las principales causas del paro. Esto origina la emigración hacia otras regiones españolas o al extranjero.

De Grananda es Federico García Lorca (1899 – 1936). García Lorca es uno
de los poetas españoles más importantes del siglo actual. La poesía de García
15 Lorca refleja constantemente el mundo popular andaluz. Una de sus obras
más conocidas es el „Romancero Gitano" (1928). En ella Lorca nos da una in-
terpretación lírica del fondo misterioso y trágico del pueblo andaluz.

DESPEDIDA (Federico García Lorca)

Si muero,
dejad el balcón abierto.

El niño come naranjas.
(Desde mi balcón lo veo.)

El segador siega el trigo.
(Desde mi balcón lo siento.)

Si muero,
dejad el balcón abierto.

Antworten Sie auf die folgenden Fragen:

1. ¿Qué se habla en Andalucía?
2. ¿Qué se cultiva en Andalucía?
3. ¿Cuál es uno de los mayores problemas de Andalucía?
4. ¿Cuál es la causa de la emigración en Andalucía?
5. ¿De dónde es García Lorca?

14

14.1 ¿Vamos al concierto?

Felipe está leyendo el periódico en su habitación. Tiene puesto el tocadiscos. Ricardo entra en la habitación.

	Ricardo:	¿Qué estás oyendo?
5	Felipe:	"El sombrero de tres picos".
	Ricardo:	Es de Falla, ¿verdad?
	Felipe:	Sí. ¿Conoces la música de Falla?
	Ricardo:	No demasiado. De él sólo conozco el „Amor Brujo".
	Felipe:	Esta obra es quizá la más conocida de él.
10	Ricardo:	A mí me gusta más Albéniz o Granados. Ellos han compuesto sobre todo para piano.
	Felipe:	Sí, Falla, en cambio, para orquesta. Por cierto, ¿sabes que mañana tocará Alicia de Larrocha en el Ateneo?
	Ricardo:	Sí, lo he leído esta mañana en el diario. Interpretará obras de Granados.
15		
	Felipe:	¿Piensas ir al concierto?
	Ricardo:	¡Claro! Esto no me lo pierdo nunca. Mañana compraré la entrada.
	Felipe:	Precisamente hoy tengo que ir a casa de Marcos. Él vive cerca del Ateneo. Si quieres puedo sacar una entrada para ti, tengo que comprarla para mí también. Es mejor adquirirla hoy, ya sabes que cuando toca Alicia las entradas se agotan rápidamente.
20		
	Ricardo:	Te lo agradezco mucho pero no es necesario. He reservado la mía esta mañana por teléfono.
	Felipe:	¿Quiere ir Antonia también al concierto?
25	Ricardo:	Sí, irá conmigo. También he reservado una entrada para ella. ¿Tomarás el coche para ir al Ateneo?
	Felipe:	Sí, a esta hora el metro está siempre muy lleno.
	Ricardo:	En este caso Antonia y yo iremos contigo. ¿A qué hora podemos pasar por tu casa?
30	Felipe:	A las siete. ¿Te parece bien?
	Ricardo:	De acuerdo, a las siete estaremos en tu casa.

La pianista Alicia de Larrocha es una de las mejores intérpretes de Granados y
35 Albéniz. Muy conocidos son también los guitarristas Narciso Yepes Andrés Segovia, el arpista Nicanor Zabaleta y las cantantes de ópera Montserrat Caballé y Victoria de los Angeles.

14.2 Gramática

1. Das Futur (El futuro)

hablar	comer	vivir
hablaré *ich werde sprechen*	comeré *ich werde essen*	viviré *ich werde wohnen*
hablarás	comerás	vivirás
hablará	comerá	vivirá
hablaremos	comeremos	viviremos
hablaréis	comeréis	viviréis
hablarán	comerán	vivirán

Das Futur II (futuro perfecto) wird mit dem Futur des Hilfsverbs „haber" (unregelmäßig) und dem Partizip des Hauptverbs gebildet.

Mañana habré llegado ya a Zaragoza. — *Morgen werde ich schon in Zaragoza angekommen sein.*

Die Verben, die unregelmäßiges Futur haben, sind:

caber: cabré (cabrás usw.) querer: querré (querrás usw.)
decir: diré (dirás usw.) saber: sabré (sabrás usw.)
haber: habré (habrás usw.) salir: saldré (saldrás usw.)
hacer: haré (harás usw.) tener: tendré (tendrás usw.)
poder: podré (podrás usw.) valer: valdré (valdrás usw.)
poner: pondré (pondrás usw.) venir: vendré (vendrás usw.)

2. Gruppe der unregelmäßigen Verben -zc-

conocer — *kennen, kennenlernen*

Präsens	Imperativ
conozco	-
conoces	conoce
conocemos	conozcamos
conocéis	conoced
conocen	conozcan

Solche Verben haben diese Unregelmäßigkeit (-zc-) im Präsens des Indikativs und Konjunktivs sowie im Imperativ.
Im grammatikalischen Anhang finden sich die wichtigsten Verben dieser Gruppe.

3. Das Personalpronomen nach einer Präposition

Die Pronomen „yo" und „tú" werden nach einer Präposition durch „mí" und „tí" ersetzt. Die anderen Pronomen bleiben gleich.

El libro es para ti. — *Das Buch ist für dich.*
Han hablado sobre mí. — *Sie haben über mich gesprochen.*

Ausnahmen: Nach den Präpositionen „entre" (=*zusammen*), „menos" (=*außer*) und „excepto" (=*außer*) werden die Formen „yo" und „tú" verwendet.

Nach der Präposition „con" haben die 1. und 2. Person Singular eigene Formen: conmigo, contigo.
    Hacemos la cena entre tú y yo. — *Wir beide zusammen machen das Abendessen.*
    ¿Deseas venir conmigo? — *Möchtest du mit mir kommen?*

4. Besonderheiten

le**y**endo, o**y**endo: Unbetontes „i" wird zwischen Vokalen als „y" geschrieben.
    tiene puesto el tocadiscos = el tocadiscos está funcionando.
componer: wird konjugiert wie „poner".
    perder — *verlieren*
    perder (se) — *verpassen, versäumen*
    ¿Te parece bien? = ¿Estás de acuerdo?

14.3 Ejercicios

1. Setzen Sie folgende Sätze ins Futur:

    Compro el periódico. — . . .
    Cenamos a las 9. — . . .
    ¿Visitas a tu familia? — . . .
    Pensamos en vosotros. — . . .
    Fuman un cigarillo. — . . .
    Leéis la novela. — . . .
    Se llevan la cámara. — . . .
    Alquilan una habitación.
    Cojo flores. — . . .
    Escuchas a menudo la radio. — . . .

2. Ergänzen Sie folgende Sätze mit den angegebenen Verben und setzen Sie diese gleichzeitig ins Futur:

    ¿Qué (hacer, vosotros) . . . mañana?
    ¿Cuándo (tener, tú) . . . el coche nuevo?
    ¿ (Detenerse, vosotros) . . . en Barcelona?
    En Madrid (querer, ellos) . . . ir de compras.
    ¿Qué (decir, tú) . . . a Jaime?
    No (poder, yo) . . . llegar a tiempo.
    En el cine (haber) . . . mucha gente.
    Ella no (saber) . . . la dirección de Jorge.
    ¿Cuándo (venir, vosotros) . . . ?
    En unos años, la casa (valer) . . . mucho más.

3. Ergänzen Sie folgende Sätze mit dem Präsens oder Imperativ der angegebenen Verben:

No (conocer, yo) . . . el camino.
Me (apetecer) . . . tomar un refresco.
Os (agredecer, nosotros) . . . la invitación.
Ya (amanecer) . . .
No (merecerse, yo) . . . tanto.
¡Niño, (obedecer) . . . a tu madre!
En invierno (oscurecer) . . . muy temprano.
¿(Conocer, tú) . . . a esta mujer?
(Reconocer, Vd.) ¡ . . . que tengo razón!
La hierba (crecer) . . . mucho.

4. Ergänzen Sie folgende Sätze mit den Verben „ser" oder „estar":

Fritz pasa por casa de Barbara

Fritz: ¡Hola!
Barbara: ¡Hola! ¿Cómo . . . ?
Fritz: Bien, ¿qué haces?
Barbara: . . . preparando la clase de español. . . . necesario preparar un texto con las diferencias entre „ser" y „estar". . . . un texto muy difícil. . . . un poco preocupado porque no lo entiendo bien.
Fritz: . . . importante dominar bien estos verbos. Pero no . . . aquí para hablar de esto. He pensado que podemos ir juntos a tomar unos vasos de vino. Esto . . . más interesante.
Barbara: . . . de acuerdo, ya . . . harta de romperme la cabeza* con estos verbos. Además, ahora ya . . . demasiado tarde para eso. Ya . . . las ocho. Podemos ir a „Apex".
Fritz: Naturalmente. ¿Vamos en tu coche?
Barbara: No. No . . . posible. El coche . . . en el taller; . . . averiado. Podemos ir a pie. El local no . . . demasiado lejos.
Fritz: En „Apex" . . . seguramente Felipe.
Barbara: ¿Felipe? ¿Quién . . . Felipe?
Fritz: . . . un amigo mío. Felipe . . . peruano; con él podrás hablar de tus problemas sobre el „ser" y el „estar".
Barbara: ¡De acuerdo! . . . una buena idea. Aprender español de esta manera . . . más agradable que romperse la cabeza con los libros.
Fritz: Y con un poco de vino, esto . . . incluso más fácil. ¿ . . . lista?
Barbara: Sí, ¡vamos!

* romperse la cabeza — *sich den Kopf zerbrechen*

5. Ergänzen Sie folgende Sätze mit den angegebenen Verben:

¿A qué hora habéis (almorzar) . . . ?
¿Cuándo (empezar) . . . la función?
(Sentarse, yo) . . . siempre al lado de Laura.

¿Qué nos (contar, vosotros) . . . de nuevo?
No, (conocer, yo) . . . este libro.
Ha (sonar) . . . el timbre.
¿Todavía (soñar, tú) . . . con este viaje?
¡(Cerrar, tú) . . . bien la ventana!
¿Me (entender) . . . Vds. cuando hablo?
¡(Despertar, tú, a mí) . . . a las seis!
¿Qué (pensar, tú) . . . ?
¡(Sentarse, Vd.) . . . !

6. Ergänzen Sie folgende Sätze:

Carmen necesita dinero; . . . eso trabaja mucho.
Tengo . . . visitar . . . mis amigos.
¿Tienes un poco . . . sal?
A pesar . . . sus problemas, es un hombre feliz.
Vendré . . . eso de las siete.
Déme medio Kg. . . . carne.
Valencia está . . . unos 300 km. de Barcelona.
De vez . . . cuando hacemos paella.
Nos quedamos en casa . . . al mal tiempo.
La biblioteca está junto . . . la escuela.

7. Ergänzen Sie die Sätze; verwenden Sie dabei die Personalpronomina:

Ejemplo: Me acuerdo de Montserrat. — Me acuerdo de ella.
Juan me ha traído un disco. — Es un disco para . . .
Andrés y yo hemos venido juntos. — Andrés ha venido con . . .
Pienso mucho en Ana y Pepe. — Pienso mucho en . . .
Te he comprado un regalo. — Es una regalo para . . .
Necesitáis mi ayuda. — Hago esto por . . .
Mis padres no me entienden. — Están siempre contra . . .
Alfonso no quiere ir a México. — Pienso viajar sin . . .
Juan y yo trabajamos juntos. — Entre . . . y . . . haremos el trabajo.
¿Vas al cine? — Quiero ir . . .

8. Antworten Sie auf die folgenden Fragen:

1. ¿Qué está haciendo Felipe cuando Ricardo entra en su habitación?
2. ¿Conoce Ricardo la música de Falla?
3. ¿Qué ha leído Ricardo en el periódico?
4. ¿Tiene ya Ricardo la entrada para el concierto?
5. ¿Con quién irá Antonia al concierto?

9. Qué hacemos esta noche?

EL PAÍS, martes 21 de febrero de 1989 — AGENDA / 35

—Actuaciones diarias con Raquel Ramírez, Raúl Alcover, H. H. Farnox, Noel Soto. Pases, desde 21 horas.
Segundo Jazz. ☎ 254 94 37 / Comandante Zorita, 8 / Local climatizado.
—Abierto de 8 tarde a madrugada. Todas las noches, Jayme Marques y su grupo como el mejor músico brasileño y de jazz. Pases: 23.30 y 1.00 horas. Entrada libre.
Societat Guitarrística de Cata-
☎ 93 / 231 88 17.
—Organiza recital [...]
rra clásica [...]
etcétera [...]
sal del [...]
Precio: [...]
Tolderia. [...]
del viaduc[...]
—O. Berruti [...]
con Tino y [...]
xicano y N[...]
Whisky Jazz
León, 7.
—Todas las n[...]
Martes: Can[...]
rrado.
Ya'sta. ☎ 531 3[...]
—Abierto, laboral[...]
vjueves, sáb[...]
madrugada; lune[...]
la 1.00 horas; [...]
vivo, a las 22.30 hor[...]

TEATROS

Alcázar. ☎ 532 06 16 / Alcalá, 20; [...] Metro y aparcamiento: Sevilla.
—**Ahora sí puedo, cariño,** de Ray C[...] Vuelve Pedro Osinaga con *Ahora sí cariño*, de Ray Conney. Adaptación José Arteche. Dirección: Juanjo M[...] Con Rosa Valenty y Jesús Enguit[...] bert, Pilar Alonso y Gabi Martín[...] reirá tanto! Funciones: martes a sábados, 7 tarde y 10.30 noche; domingos, 7 tarde. Lunes, descanso.
Alfil. ☎ 521 64 54, 521 42 96 / Pez, 10; Centro / Metro Noviciado y Callao / Aparcamiento: Tudescos.
—**Sin palabras.** Pepe Rubianes presenta en Madrid su nuevo espectáculo *Sin pal[...]* Puesta en escena: Joan Ll. B[...] mujer me dio un beso [...] desabroch[...] martes [...] noche [...] descan[...] ta y [...]
Calderón. [...]
Centro [...]
—**Carmen** [...]
noche. U[...]
nada por [...]
co es [...]
Gala. Músic[...]
ría Sánchez [...]
Juan Carlos [...]
mentel, Rory [...]
Ignacio Gijón, [...]
Arnold Tarabor[...]
Maya. Diseño ves[...]
minotecnia: José [...]
Milán Acústica. D[...]
za. Subvencionad[...]
de Cultura) y la C[...]
Madrid. Se ruega [...]
menzado el espectác[...]
de a las localidades [...]

fino. Un espectáculo dirigido por José Luis Gómez, premio nacional de Teatro 1988. Horario funciones: lunes, miércoles y jueves, 7.30 tarde; viernes y sábados, 7 y 10.45 mingo, 7.30 tarde; martes, desc[...] de localidades con 15 [...] 11.30 a 1.30 [...] Se [...]

TEATROS MUNICIPALES

Centro Cultural de la Villa. Sala 1 / ☎ 275 60 80 / Plaza de Colón, s/n / Metro Colón y Serrano / Director: Emilio Hernández.
—**Neville 90.** Actos conmemorativos del 90° aniversario del nacimiento de Edgar Neville. Miércoles 22, a las 20.30 horas, inauguración de la exposición. Jueves 23, a las 20 horas, proyección de la película *El baile*. Viernes 24, a las 19.30 horas, mesa redonda, en la que intervendrán, entre otros, Conchita [...]tes, José Luis López Vázquez, Rafael [...] José Luis Coll y Mingote. Sábado [...] a 20 horas, proyección de la película [...] Entrada libre previa retirada de in[...]illa.

[...]iento de Madrid / [...] / Metro Sevilla /
[...]del Festival). Próxima[...] de Teatro de Ma-[...] Komatsubara. *La reina anda-[...]tro Andaluz del Teatro. Así [...]o años, de Federico García [...] por Miguel Narros. exposición *La iluminación eléc-[...]pectáculo*. De martes a domin-1.30 horas.

TEATROS NACIONALES

Compañía Nacional de Teatro Clásico. Teatro de la Comedia. (2) / ☎ 521 49 31 / Príncipe, 14; Centro / Metro Sevilla. Aparcamiento: plaza de Santa Ana / Director:

s/n / Metro Norte. Autobuses 75 y 41 / Teatro concertado con el INAEM.
—**Pinocho.** Teatro para niños. Días 25 y 26, sin programación. Próximamente: *Pinocho*, de Collodi, en versión de Julio Fischtel y dirección de Juan Pedro de Aguilar. Vuelve el éxito infantil de 1988 a partir del 4 de marzo. Sábados y domingos, 18 horas. Además, de lunes a viernes: VI Campaña de Teatro para [...]legios, a las 10.30 horas.

—Venta anticipada a partir del día 25, en taquilla, de 11.30 a 13.30 y de 17.30 horas en adelante. Precio: de 700 a 1.000 pesetas.

CINES

SESIÓN NUMERADA

Alcalá Palace. ☎ 435 46 08 / Alcalá, 90 / Madrid / Sonido estereofónico.
—**Siete huellas.** Una producción Elías Querejeta realizada por siete jóvenes cineastas. Todos los públicos. 4.30 y 8. Entrada, 200 pesetas.
Alucha. ☎ 218 56 28 / Maqueda, 30 / Metro Campamento.
—Sala 1. **El vuelo de la paloma.** La última película de Ana Belén. Dirigida por J. L. García Sánchez. Para todos los públicos. Pases: 4.35, 7.20 y 10.20.
—Sala 2. **Amor y pasión.** No recomendada a menores de 13 años. 4.35, 7.20 y 10.20.
—Sala 3. **Gorilas en la niebla.** Ganadora de dos Globos de Oro. Para todos los públicos. 4.30, 7.15 y 10.15. Nominada para 5 oscars.
—Sala 4. **Cocoon el retorno.** Para todos los públicos. 4.30, 7.15 y 10.15.
Amaya. (2) / ☎ 448 41 69 / General Martínez Campos, 9; Chamberí / Metro Iglesia.
—**El vuelo de la paloma.** La última película de Ana Belén. Dirigida por J. L. García Sánchez. Para todos los públicos. Pases: 4.45, 7.15 y 10.15.
Arlequín. (4) / ☎ 247 31 73 / San Bernardo, 5 (semiesquina a Gran Vía); Centro / Metro Santo Domingo.
—**El oso.** Después de *En busca del fuego* y *El nombre de la rosa* llega la última película de Jean Jacques Annaud. Autorizada para todos los públicos. Todos los días: 5, 7.30 y 10.
Avenida. (2) / ☎ 521 75 71 / Gran Vía, 37; Centro / Metro Callao.
—**Gorilas en la niebla.** Con Sigourney Weaver y Bryan Brown. Dirigida por Michael Apted. Ganadora de dos Globos de Oro a la mejor actriz y mejor partitura musical. Nominada para cinco Oscar. Pases, 4.15, 7 y 10.15. Para todos los públicos.
Avenida. ☎ 654 33 88 / Constitución, 15. Alcobendas.
—**El guía del desfiladero.** Laborables: 7 y 9. Viernes y sábado: 7 y 10.30. Festivos: 4.30, 7 [...] 10.30.

99

10. Crucigrama

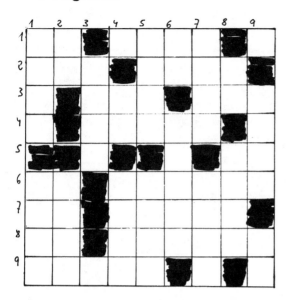

Horizontales:
1. Pronombre posesivo. Mucha gente en fila. Conjunción.
2. Metal amarillo. Nombre de varón.
3. Inicial de la capital de Italia. La hermana de mi padre. Organización separatista Vasca.
4. Conjunción. Se compra en las librerías. Consonante.
5. Preposición. Letra redonda. Pronombre reflexivo.
6. (Él) entrega, regala. Medio de transporte (plural).
7. (Al revés:) pronombre reflexivo. Se dice al marcharse.
8. Pronombre posesivo. Mueble (plural).
9. Ana y Carmen. Preposición que indica dirección. Inicial de un país de habla inglesa.

Verticales:
1. Procedente del norte de Africa. Tráigame (traer).
2. Lo contrario de „volver". (Al revés:) capital de Perú.
3. Lo contrario de bajo (al revés). Consonante.
4. Inicial de un país sudamericano (capital: Bogotá). „2" en números romanos. Sitio para vivir.
5. Lo contrario de alto (al revés). Participio de „ser" (al revés).
6. Pronombre de acusativo. Bebida alcohólica (al revés).
7. Limpieza. Palabra de saludo.
8. Pronombre reflexivo (al revés). Mueble.
9. Inicial de la capital de Noruega. Se encuentra en los sitios húmedos del bosque (al revés). Afirmación.

(Solución en la página 256)

11. Ejercicio Comunicativo:

Was möchten Sie kaufen? Sie können auch die Strukturen, die schon gelernt worden sind (Lektion 10), verwenden.

¿Qué se puede comprar en el mercado?

FRUTERÍA
la cereza
la fresa
la manzana
la naranja
la mandarina
el plátano
la pera
el melocotón
la sandía
el higo
el melón

LEGUMBRES
el garbanzo
la lenteja
la judía

CHARCUTERÍA
la galleta
la conserva
la mantequilla
el chocolate
la fruta seca:
la avellana
la almendra
la nuez
el cacahuete
la harina
el azúcar
el aceite
el vinagre

VERDULERÍA
la lechuga
la col
la patata
el tomate
el pepino
la espinaca
la coliflor
la zanahoria
el pimiento

TOCINERÍA
carne de cerdo
el embutido
la manteca

CARNICERÍA
carne de buey
carne de vaca
carne de ternera
carne de cordero

PESCADERÍA
la pescadilla
la merluza
el bacalao
la sardina
el atún
el marisco

POLLERÍA
el pollo
la gallina
el huevo
el conejo

14.4 ¿Se habla solamente castellano en España?

Conocer bien el Estado español no es un asunto fácil. Entre los diferentes países que lo forman existen muchas diferencias, tanto en el aspecto geográfico como en el cultural y humano. Las influencias del océano Atlántico y del mar Mediterráneo determinan paisajes muy diferentes entre sí. En el norte llueve mucho, mientras que en el sur y centro de España se padece sequía con frecuencia.

La península, debido a su posición geográfica, ha sido siempre „tierra de paso", y por ella han pasado y se han establecido iberos, celtas, fenicios, griegos, cartagineses, romanos, germanos y árabes. A partir de la Reconquista se han formado las diferentes naciones que hoy componen el Estado español. Las diferencias, pues, entre los habitantes de la península son notables; tanto culturales como raciales. En Galicia, por ejemplo, se encuentran todavía reminiscencias celtas, mientras que en Andalucía la influencia árabe ha sido muy importante.

En el sur de España se habla el andaluz, dialecto del castellano. En el norte, en los verdes prados del País Vasco, se habla el vasco o euskera, lengua también hablada en la parte vasco-francesa. Es la única lengua de la península que no es románica. En la parte oriental del Estado español se habla el catalán, lengua muy parecida al provenzal. El catalán se habla también en el pequeño Estado de Andorra (como lengua oficial), en la Cataluña Norte (Francia) y en la ciudad sarda l'Alguer (Alghero). El catalán tiene una literatura muy rica. En el noroeste se encuentra Galicia donde se habla el gallego, lengua relacionada con el idioma portugués. En Asturias, junto a Galicia, se ha hablado también el bable, lengua que desgraciadamente está hoy casi extinguida. El catalán, el vasco y el gallego son – junto con el español – las lenguas oficiales de sus respectivas comunidades autónomas.

1. Besonderheiten:

    entre sí — *untereinander*

„sí" ist das selbständige Reflexivpronomen der 3. Person (Sg. u. Pl.): *sich*. Mit der Präposition „con" bildet es die Zusammensetzung „consigo".

    tierra de paso - *Durchgangsland*

la Reconquista: Rückeroberung der von den Mauren besetzten Gebiete Spaniens (718–1492)

    por ejemplo — *zum Beispiel*

„pasar" hat verschiedene Bedeutungen; einige davon sind:
    durchqueren: Pasar por la calle.
    vorbeigehen: He pasado por casa de Juan.
    vergehen: El tiempo pasa.
    sich ereignen, vorgehen: ¿Qué ha pasado?

2. Antworten Sie auf die folgenden Fragen:

1. ¿Se habla solamente español en España?
2. ¿Dónde se encuentran reminiscencias celtas?
3. ¿Se habla vasco solamente en el Estado español?
4. ¿Es el gallego un dialecto del castellano?
5. ¿Dónde se encuentra l'Alguer?

3. Expresiones:

A mi fiesta vendrá la flor y nata de la ciudad.
¡Fantástico! Darás el golpe.
¡Qué va! La fiesta será un rollo. A mí todo esto no me va.

la flor y nata — *die Creme, das Beste*
dar el golpe — *Furore machen*
ser un rollo — *stinklangweilig sein*
esto no me (te, le etc.) va — *das sagt mir (dir, ihm etc.) nicht zu*

15.1 Jaime quiere ir al cine

JAIME: (Al teléfono) ¡Hola! Soy Jaime, querria hablar un momento con Pilar.
ELISA: ¿Pilar? Bien, ahora se pone.
PILAR: ¿Dígame?
JAIME: Pilar, soy Jaime. ¿Qué tal?
5 PILAR: ¡Hola, Jaime! bien, ¿qué hay?
JAIME: Te llamo para decirte que hoy hacen una película de Buñuel en el cine central. ¿Quiéres venir conmigo?
PILAR: Me gustaría muchísimo, pero no puedo.
JAIME: ¿Por que?
10 PILAR: Esta noche tengo que cuidar a los niños.
JAIME: ¿Pero, tú tienes niños?
PILAR: ¡No, tonto! Acabo de recibir una llamada de la señora Hernández. Quiere salir con su marido esta noche y necesita una persona para ciudar a sus hijos. Ya he trabajado otras veces para ellos. Tú también
15 los conoces.
JAIME: Piénsatelo bien. Yo en tu lugar iría al cine. Ver una película, sentado cómodamente, es más agradable que aguantar a un par de niños mal educados. Yo hablaría con los padres otra vez y les daría cualquier excusa.
20 PILAR: No, no es posible; prefiero hacer el trabajo. Así ganaré un poco de dinero.
JAIME: ¿Cuánto te pagan?
PILAR: 210 pts. a la hora. No es mucho, pero es algo.
JAIME: ¡Qué lástima! Ahora mismo acabo de comprar las entradas. Hoy es el
25 último día que dan esta película.
PILAR: ¿No podrías devolver mi entrada?
JAIME: Sí, claro; esto sería posible ... pero prefiero ir acompañado.
PILAR: Lo siento mucho, Jaime; esta vez tendrás que ir sin mí.
JAIME: Bueno, lo diré a Matilde; seguramente querrá venir.
30 PILAR: ¿A Matilde?
JAIME: Sí, las películas de Buñuel le gustan mucho.
PILAR: ... Mira Jaime, acabo de pensármelo mejor. Llamaré a los señores Hernández y les diré que no puedo ir ... Por cierto, ¿sabes tú si Matilde tendría interés en hacer el trabajo? Dile que a pesar de que no está
35 muy bien pagado es bastante descansado. Sólo hay que cuidar a dos niños, y mientras están en la cama ella puede leer, escuchar música o incluso dormir.
JAIME: ¡Claro! Se lo diré con mucho gusto. Además, seguro que acepta; le encantan los niños.
40 PILAR: ¿También los niños mal educados? Te advierto que los de la familia Hernández son un caso especial ...
JAIME: Bueno, esto no se lo diré ... ¿A qué hora quedamos?

PILAR: Ahora mismo si te parece bien; así todavía podremos tomar algo antes de ir al cine.
45 JAIME: ¡Estupendo! Paso en seguida a recogerte.

15.2 Gramática

1. Der Konditonal (El potencial)

hablar	comer	vivir
hablaría *ich würde sprechen*	comería *ich würde essen*	viviría *ich würde wohnen*
hablarías	comerías	vivirías
hablaría	comería	viviría
hablaríamos	comeríamos	viviríamos
hablaríais	comeríais	viviríais
hablarían	comerían	vivirían

Der Konditional drückt Handlungen aus, die stattfinden könnten. Er wird auch gebraucht für höfliche Wunsch- oder Meinungsäußerungen.
  Me gustaría viajar en avión. — *Ich würde gerne fliegen.*
  Querría (unregelmäßig) un Kg. de manzanas. — *Ich hätte gerne ein kg Äpfel.*

Dieselben Verben, die das Futur unregelmäßig bilden, bilden auch den Konditonal unregelmäßig:
  caber: cabría (cabrías usw.)   poder: podría (podrías usw.)
  decir: diría (dirías usw.)   poner: pondría (pondrías usw.)
  haber: habría (habrías usw.)   querer: querría (querrías usw.)
  hacer: haría (harías usw.)   saber: sabría (sabrías usw.)

salir: saldría (saldrías usw.) valer: valdría (valdrías usw.)
tener: tendría (tendrías usw.) venir: vendría (vendrías usw.)

Der Konditonal II (potencial compuesto) wird mit dem Konditional des Hilfsverbs „haber" und dem Partizip des Hauptverbs gebildet. Er drückt Handlungen aus, die in der Vergangenheit hätten stattfinden können.
¿Qué le habrías dicho a Jaime? — *Was würdest du Jaime gesagt haben?*

2. Unregelmäßige Verben der Gruppe „sentir"

sentir — *fühlen*

Präsens	**Imperativ**	**Gerundium**: sintiendo
siento	-	
sientes	siente	
siente	sienta	
sentimos	sintamos	
sentís	sentid	
sienten	sientan	

Zu dieser Gruppe gehören alle Verben, die auf -entir, -erir oder -ertir enden. Diese Verben bilden außerdem die Zeiten des Konjunktivs und die Historische Vergangenheit unregelmäßig.

3. acabar + de + Infinitiv

Drückt eine soeben vollbrachte Handlung aus.
Acabo de comprar las entradas. — *Ich habe gerade die Eintrittskarten gekauft.*

4. Umschreibung von „se" (man)

Mit unpersönlicher Bedeutung wird auch die 3. Person Plural des Verbs verwendet.
Dan una película. = Se da una película. — *Man zeigt einen Film.*

5. Besonderheiten

    ponerse al teléfono — *den Hörer abnehmen*
    en tu lugar — *an deiner Stelle*

otra vez: im Spanischen wird „otro (-a, -os, -as)" im Gegensatz zum Deutschen ohne den unbestimmten Artikel verwendet.
suponer wird wie „poner" konjugiert.
    ¡Qué lastima! — *Wie schade!*
    dar una película — *einen Film zeigen*
    con mucho gusto = gustosamente — *gerne*
    ¿A qué hora quedamos? — *Um wieviel Uhr treffen wir uns?*
    lo siento — *es tut mir leid*
    piénsatelo bien — *denk gut darüber nach*

dormir: dieses unregelmäßige Verb wird in Lektion 21 behandelt.

6. Expresiones:

¡Qué sombrero más horroroso te has puesto hoy!
¿No te gusta? ¡Si me sienta la mar de bien!
¡Hombre! Si eso ya ha pasado de moda. No ienes ni pizca de buen gusto.
¡Bah! A la corta o a la larga este modelo será otra vez el último grito de la temporada.

sentar (hier) — *passen*
la mar de — *sehr, viel, außerordentlich*
pasar de moda — *aus der Mode kommen*
ni pizca — *nicht im geringsten etwas haben*
el último grito — *der letzte Schrei* (Mode)

15.3 Ejercicios

1. Sie würden das Gegenteil tun:

Ejemplo: Carmen va a Sevilla en coche. — Yo no iría en coche.
Pedro viene siempre tarde. — Yo . . .
No podrá hacerlo. — Yo . . .
Ella deseará visitar el museo. — Yo . . .
María esperará la llegada de Luis. — Yo . . .
Él ha comprado un tocadiscos. — Yo . . .
Tomáis mucho café. — Yo . . .
No has visitado a Enrique. — Yo . . .
Se casarán antes de terminar sus estudios. — Yo . . .

2. Ergänzen Sie:

Lo (sentir, yo) . . . mucho.
Él (invertir) . . . su dinero en acciones.
No te he (mentir) . . . .
¿Cómo (sentirse, tú) . . . ?
Ana . . . ha (herirse) . . . con el cuchillo.
El agua está (hervir) . . . . (= el agua hierve)
Nosotros (divertirse) . . . mucho.
¿Qué (preferir, vosotros) . . . hacer?

3. Ergänzen Sie:

Fernando . . . de llegar de Málaga.
Ellos van . . . otro cine.
¿Qué película . . . en el cine Central?
Nosotros . . . de leer la noticia.
María, ¿puedes . . . - te al teléfono?

¿A . . . hora quedamos?
A . . . de que no tengo mucho tiempo, voy al cine.
Pasaré . . . recogerte a eso de las nueve.
. . . señora Hernández quiere salir esta noche.

4. Setzen Sie die passende Form von „otro" ein:

Ejemplo: Juan ve esta película. — Yo deseo ver otra película.
Elena viaja a Suiza. — Nosotros deseamos viajar a . . . país.
Pedro y Luis son amigos de Pepe. — Yo tengo . . . amigos.
Ellas van hoy al teatro. — Nosotros iremos . . . día.
No hemos hablado del problema de Juan. — Hemos tratado . . . problemas.
No he leído El Quijote. — He leído . . . . libros de Cervantes.
Esta marca de café no me gusta. — Quiero comprar . . . marca.
Estas revistas ya las he leído. ¿No tienes . . . revistas?

5. Verwenden Sie den Imperativ der gegebenen Verben:

(Encender, tú) . . . la luz.
(Pensar, Vd.) . . . la respuesta.
Niños, ¡(Obeceder) . . . a vuestros padres!
(Despertar, Vd., a mí) . . . a las seis.
(Reconocer, Vds.) . . . . que se han equivocado.
(Recomendar, tú, a mí) . . . un buen libro.
(Jugar, tú) . . . con los niños.
(Probar, Vd.) . . . este vino.
(Acordarse, tú) . . . de traerme los libros.
(Cerrar, Vd.) . . . bien la puerta.

6. Bilden Sie Sätze:

esta mañana	ahora	mañana
Ejemplo:		
He hablado con Ana.	Hablo con Ana.	**Hablaré** con Ana.
. . .	Abro la puerta.	. . .
. . .	Veo la televisión.	. . .
. . .	Voy a la escuela.	. . .
. . .	Puedo hacer el trabajo.	. . .
. . .	No digo nada.	. . .
. . .	Hago el encargo.	. . .
. . .	Tengo que ir al médico.	. . .
. . .	Escribo la carta.	. . .
. . .	Visito a mi familia.	. . .
. . .	Me pongo el abrigo.	. . .

7. Schildern Sie die Bildergeschichte:

8. Antworten Sie auf die folgenden Fragen:

1. Cuando Jaime llama, ¿quién se pone al teléfono?
2. ¿Qué quiere hacer la Sr. Hernández esta noche?
3. ¿Ha comprado Jaime ya las entradas para el cine?
4. ¿Qué aconseja Jaime a Pilar?
5. ¿Con quién va Jaime finalmente al cine?

9. Ejercicio Comunicativo

Sie haben einen Film gesehen. Erzählen Sie darüber.

¿Qué película has visto?

¿Qué película has visto últimamente?
¿Cómo se llama?
¿Qué título tiene?   en color
                       en blanco y negro
¿Qué te parece?   muda / sonora
¿Qué tal es?
¿Te ha gustado?
¿Cómo es?   buena / mala
              interesante / sin interés
              divertida / aburrida

emocionante

¿De qué se trata?
¿De qué va?   la localidad
¿Cuál es el tema?   el acomodador
¿Quién la interpreta? la taquilla

¿Dónde la has visto?
¿Dónde la dan? dar una película
¿Dónde la ponen? poner una película
el cine
el cine de estreno, el estreno
la reposición
la sala de arte y ensayo

HOY, TARDE
ESTRENO

LA DOLCE VITA
de FEDERICO FELLINI
VEALA EN
REX
Borrás
V. O.   16 AÑOS

la película
el film, filmar
el largometraje
el cortometraje   el título   policíaca
el intérprete, interpretar el tema   de ciencia ficción
el artista   el argumento   cómica
el protagonista, protagonizar la versión   del oeste (western)
la estrella   la versión original   de dibujos animados
el director, dirigir   la versión subtitulada de divulgación
la dirección   la versión doblada, doblar de suspense
la nacionalidad   el doblaje   histórica
el productor, producir (irr.) la fotografía   la comedia
la producción   la música   el drama

15.4 Buenos Aires

Junto al Río de la Plata se alza la gigantesca ciudad de Buenos Aires. Esta ciudad tiene más de 8 milliones de habitantes; es pues la mayor ciudad hispanoamericana después de Ciudad de México. Alrededor de un tercio de la población argentina vive en la capital. Buenos Aires es el centro cultural, político y
5 económico de la nación.
   Se dice que el porteño (así se llama a los habitantes de Buenos Aires) es un gran amante de la música. El porteño está orgulloso de su Teatro Colón, una de las salas de ópera más famosas del mundo. Buenos Aires es también la ciudad del tango.
10 La Argentina ha acogido a emigrantes de los más variados países, pero predominantemente a italianos y españoles; por eso la ciudad de Buenos Aires tiene un marcado carácter europeo (la población india en la Argentina es escasa).
   En Buenos Aires, como en otras grandes capitales, existe el serio problema
15 del barraquismo. Estas zonas de la ciudad, habitadas por las clases más pobres de la población, se llaman en la Argentina „villas miserias".
   En los últimos años, las dificultades económicas y la represión política del gobierno han motivado la emigración de muchos argentinos al extranjero.

Antworten Sie auf die folgenden Fragen:

1. ¿Cuál es la mayor ciudad hispanoamericana?
2. ¿Qué nombre reciben los habitantes de Buenos Aires?
3. ¿Qué son las „villas miserias"?
4. ¿Qué ha favorecido la emigración de muchos argentinos?

16

16.1 A Nuria le gusta viajar

A Nuria le gusta mucho viajar. Durante el pasado verano visitó Galicia. Nuria viajó por todo el país gallego, a veces en tren, a veces en auto-stop. El paisaje le gustó muchísimo. En Galicia, el campo está siempre verde, y la costa gallega es – para Nuria – la más bonita de España. Pero a Nuria no le interesó única-
5 mente el paisaje. A ella le interesaron también las costumbres, formas de vida y problemas de la población gallega.

Galicia es un país con tradiciones muy antiguas. Nuria conoció algunas de ellas gracias a las fiestas populares. En Santiago de Compostela, un simpático estudiante le enseñó la ciudad; Nuria descubrió las pequeñas calles llenas de
10 historia de la población y la simpatía de sus habitantes. Los dos visitaron también la catedral y pasaron mucho tiempo en las tabernas de la ciudad. Nuria bebió allí Ribeiro y comió empanada gallega pero también preguntó y se enteró de muchas cosas de Galicia. Ahora Nuria sabe que el campo es rico pero que está poco desarrollado, que muchos gallegos viven de la pesca pero que
15 no todos pueden encontrar trabajo, pues hay poca industria; entonces hay que emigrar.

Nuria y Teresa no se han visto desde hace mucho tiempo. Quieren ir juntas a ver una obra de teatro. Han comprado las entradas con antelación y, como todavía les queda tiempo, toman asiento en la terraza de un bar cercano al teatro.

5
| Nuria: | No nos hemos visto desde aquel día que celebramos el cumpleaños de Vicente. |
| Teresa: | Sí, hace seis meses por lo menos. ¿Qué hiciste durante el verano? ¿Fuiste de vacaciones? |
10 | Nuria: | Sí, Javier y yo viajamos a Galicia. |
| Teresa: | ¿Os gustó? |
| Nuria: | Sí, muchísimo. Fuimos a la Coruña en tren. Allí permanecimos una semana. Visitamos la ciudad y sus alrededores. También comimos mucho marisco. Ya sabes que allí el marisco es muy bueno. Después
15 fuimos a dedo hasta Santiago de Compostela. |
| Teresa: | ¿Tuvisteis suerte? |
| Nuria: | Sí, nos fue muy bien. Una pareja de León nos llevó directamente a Santiago. Santiago es la ciudad que más nos gustó. ¿La conoces? |
| Teresa: | Sí, estuve allí hace dos años con Ricardo y Jorge. Jorge se compró en
20 esta ciudad una gaita. |
| Nuria: | ¿Una gaita? ¿Sabe tocar Jorge la gaita? |
| Teresa: | ¡Qué va! No tiene ni idea. Desde que la compró apenas la ha tocado, por suerte para nosotros. Cuando la toca, tenemos que salir todos a pasear; es horrible. |

25	NURIA:	En algunas fiestas gallegas vi tocar también la gaita. A mí me gustó mucho.
	TERESA:	Es natural. A mí también me gusta, pero una cosa es tocar la gaita de verdad y otra como la toca Jorge.
30	NURIA:	En aquellas fiestas probé también el vino de Ribeiro. Es muy diferente a los vinos de las otras partes de España.
	TERESA:	Piensa que en Galicia hace poco sol y esto se nota también en el vino.
	NURIA:	Sí claro, esto pensé cuando lo bebí por primera vez.
	TERESA:	Y luego, ¿qué más visitasteis?
35	NURIA:	De Santiago fuimos a Vigo, también a dedo. Esta vez no tuvimos tanta suerte. Nos colocamos en la salida de la población y esperamos allí más de dos horas. Desde las nueve de la mañana hasta las once, más o menos. Finalmente nos cogieron unos estudiantes de Santiago. Desgraciadamente nos dejaron en Villagarcía de Arosa; está a unos 40 Km. de Santiago. Allí almorzamos y paseamos un poco por la ciudad. Después, para llegar a Vigo todavía tardamos cuatro horas, ¡imagínate! En Vigo nos quedamos unos días y luego tomamos el tren para volver.
	TERESA:	Así todo fue bien, ¿verdad?
45	NURIA:	Sí, tengo muchas ganas de volver.
	TERESA:	Yo también. Ya hace tiempo que quiero ir a Santiago para visitar a unos amigos. El próximo verano pordríamos ir juntas allí. ¿De acuerdo?
	NURIA:	¡De acuerdo!

16.2 Gramática

1. Die Historische Vergangenheit (El pretérito indefinido)

hablar	comer	vivir
hablé	comí	viví
hablaste	comiste	viviste
habló	comió	vivió
hablamos	comimos	vivimos
hablasteis	comisteis	vivisteis
hablaron	comieron	vivieron

Die Historische Vergangenheit bezeichnet eine Handlung, deren Beginn und Ende in der Vergangenheit liegen.

Ayer comí con Margarita. — *Gestern aß ich mit Margarita.*

Der Unterschied zwischen dieser Vergangenheit und dem Perfekt besteht darin, daß das letzte in einem Zeitraum stattfindet, der noch nicht ganz vergangen ist.

Hoy (este mes, año etc.) he visitado a Jorge. — *Heute (in diesem Monat, Jahr etc.) habe ich Jorge besucht.*

Ayer (el mes pasado, el año pasado etc.) visité a Jorge. — *Gestern (im letzten Monat, Jahr etc.) besuchte (habe) ich Jorge (besucht).*

Eine strenge Differenzierung zwischen den beiden Vergangenheiten wird dennoch in manchen Sprachgebieten des Spanischen nicht immer gemacht.

2. Zusätzliches Pronomen zum Dativ- und Akkusativobjekt

Wenn das Objekt (Akkusativ bzw. Dativ) am Anfang des Satzes steht, wird es durch das entsprechende Personalpronomen wieder aufgenommen.
El libro no lo compramos. — *Das Buch kaufen wir nicht.*

Wenn die Dativpronomina „le", „les" (*ihm, ihr, ihnen, Ihnen*) nicht deutlich ausdrücken, um wen es sich handelt, muß zusätzlich das selbststständige Personalpronomen verwendet werden. Es wird hervorgehoben durch die Präposition „a" + Pronomen oder auch durch „a" + Substantiv. Diese zusätzlichen Personalpronomen können ebenfalls für andere Personen verwendet werden, wenn man sie betonen will.
A ella esto no le gusta. — *Ihr gefällt es nicht.*
A mí me gusta la ciudad. — *Mir gefällt die Stadt.*

3. Besonderheiten:

gracias a — *dank*   Ribeiro: vino gallego

Ponemos en escena el mejor avión europeo.

Ponemos el Aerobus A300 B-4.
Nacido de la colaboración de varios países europeos. Entre ellos, España.
Para usted significa más espacio para estirar las piernas. Amplios asientos para descansar su cuerpo. Y una cabina sin ruidos, para hacer más agradable su vuelo.

La próxima vez que vuele, recuerde que Iberia pone en escena el mejor avión europeo. Para que haga un buen viaje.

DESTINOS
Londres • Frankfurt • París • Roma • Madrid Málaga • Barcelona • Islas Canarias

IBERIA Aerobus A300

4. Zeitliche Ausdrücke (expresiones temporales)

desde hace: seit + Zeitraum   desde hace muchos días — *seit vielen Tagen*
hace ... que: seit + Zeitraum   hace muchos días que trabajo — *ich arbeite seit vielen Tagen*

desde:	seit + Zeitpunkt	desde el sábado — *seit Samstag*
antes de:	vor + Zeitpunkt	antes de la salida — *vor der Abfahrt*
hace:	vor + Zeitraum	hace una hora — *vor einer Stunde*

5. Historische Vergangenheit von:

estar	ser/ir	tener	hacer
estuve	fui	tuve	hice
estuviste	fuiste	tuviste	hiciste
estuvo	fue	tuvo	hizo
estuvimos	fuimos	tuvimos	hicimos
estuvisteis	fuisteis	tuvisteis	hicisteis
estuvieron	fueron	tuvieron	hicieron

6. Besonderheiten

con antelación — *im voraus*
tomar asiento — *Platz nehmen*
como (hier) — *da* (Grund)
por lo menos — *wenigstens, mindestens*

por suerte — *zum Glück*
hace poco sol — *es gibt wenig Sonne*
¡imagínate! — *stell dir vor!*

7. Expresiones

¿Dónde estuviste metido ayer?
Fui de tascas.
Empinaste el codo ¿eh?
Bueno, hacerlo de vez en cuando no es tan malo; lo malo es que hoy tengo la cabeza hecha un bombo.

estar metido — *stecken (wo hast du gesteckt?)*
ir de tascas — *eine Kneipenrunde machen*
empinar el codo — *gern einen heben, zuviel trinken*
lo malo es que — *das Unangenehme ist, daß*
tener la cabeza hecha un bombo — *der Kopf dröhnt*

16.3 Ejercicos

1. Bilden Sie Sätze mit der Historischen Vergangenheit:

Ejemplo: Viajo a Finlandia. — El año pasado **viajé** a Finlandia.
Mañana compraré el billete. — Ayer . . .
Comemos en el restaurante griego. — Anteayer . . .
He saludado a Eustaquio. — Ayer por la mañana . . .
Escuchamos la radio. — Ayer . . .
Hemos recibido la postal de Ana. — La semana pasada . . .
Reparten la propaganda electoral. — El mes pasado . . .

No te creo. — La última vez . . .
Os presta el libro. — El año pasado . . .
La película no me gusta. — La primera vez que vi esta película . . .

2. Ergänzen Sie folgende Sätze. Verwenden Sie dabei die Historische Vergangenheit:

Ayer (ir, yo) . . . al cine.
¿(Estar, Vd.) . . . en Toledo?
Fernando el Católico (ser) . . . un rey español.
¿Por qué (tener, vosotros) . . . que ir al médico?
Ayer no (ver, yo) . . . a García en la oficina.
No (acordarse, tú) . . . de decírselo.
¿Cuándo (empezar, él) . . . a trabajar?
¿Por qué no (estar, tú) . . . con ellos?
Ayer (almorzar, nosotros) . . . juntos.
El año pasado ella no (ir) . . . de vacaciones.
No (hacer, él) . . . nada durante todo el día.
Anteayer (cerrar, ellos) . . . la oficina antes de las seis.

3. Ergänzen Sie die Sätze mit „hace", „antes de", „desde hace" oder „desde":

Llegué . . . tres semanas.
Estoy en la ciudad . . . medio año.
Están aqui . . . el año pasado.
LLegaron . . . empezar la sesión.
. . . mucho tiempo que no he ido al campo.
Han preguntado por ti . . . media hora.
. . . ya un año que trabajo en esta empresa.
. . . ir a comprar debemos telefonear a Rita.
Vivo en Zaragoza . . . un año.

4. Ergänzen Sie die Sätze:

Ejemplo: Escucho música; **a mí** me gusta la música.
Ella come pescado; . . . le gusta comer pescado.
Viajamos en tren; . . . nos gusta viajar en tren.
Leéis novelas; . . . os gusta leer novelas.
Miras la televisión; . . . te gusta la televisión.
No van al cine; . . . no les gusta ir al cine.
Toco la guitarra; . . . me gusta tocar la guitarra.
Vd. baila el tango; . . . le gusta bailar el tango.
María canta; . . . le gusta cantar.
Vds. caminan por el bosque; . . . les gusta caminar por el bosque.
Él no habla nunca con Pérez; . . . no le gusta hablar con Pérez.

5. Ergänzen Sie folgende Sätze mit den angegebenen Verben (presente):

quedar (se):	Este fin de semana no quiero . . . en casa.
	Sólo me . . . un billete de cien pesetas.
poner (se):	A pesar del frío, no desea . . . el abrigo.
	Queremos . . . un disco.
llamar (se):	He . . . a Juan por teléfono.
	¿Cómo . . . Vd.? — . . . Francisco Arrieta.
despertar (se):	Deseo . . . a las seis.
	Los niños están todavía en la cama; ya puedes . . . .
levantar (se):	La maleta es muy pesada; no puedo . . . .
	Tengo que . . . a las ocho de la mañana.

6. Bilden Sie Sätze nach dem Modell (estar + gerundio):

¿Qué haces?	leer — **Estoy leyendo.**
	escuchar música —
	divertirse —
	poner la mesa —
	preparar la clase —
	escribir a máquina* —
	telefonear —
	ver una película —
	hablar con Petra —
	pasear —

*escribir a máquina — *maschineschreiben, tippen*

7. Antworten Sie auf die folgenden Fragen:

1. ¿Qué hizo Nuria durante el verano?
2. ¿Cómo fueron Nuria y Javier de la Coruña a Santiago de Compostela?
3. ¿Qué hicieron Nuria y Javier en Villagarcía de Arosa?
4. ¿Qué piensan hacer Nuria y Teresa el próximo verano?
5. ¿Ha estado Teresa en Santiago de Compostela?

8. Ejercicio Comunicativo:

Wohin sind Sie gereist? Sicher gibt es etwas zu erzählen.

¿Adónde has viajado?

He ido a Guadalajara.
He viajado en coche.
He pasado por Sevilla.
He pasado unos días en Cádiz.

He estado en Cádiz.
He visto la catedral de Sevilla.
He visitado a mis amigos.
He tenido buen tiempo.

EL CAMPO

el paisaje	verde / seco	la playa
	rocoso, desértico, abrupto	la costa
la montaña	alta / baja	la cala
la cordillera		la hacienda
el pico		la granja
el lago		
el río		
el mantantial		
la vegetación	exuberante, rica / pobre	

LA CIUDAD

la capital		la calle	el edificio
la villa	rural	la plaza	el ayuntamiento
el pueblo	industrial	el barrio	la iglesia
la aldea	turístico	el mercado	la catedral
la población		el comercio	el monasterio
			el museo
el estilo:	antiguo clásico	barroco	el monumento
	moderno románico	neoclásico	la ruina, en ruinas
	gótico	modernista	

LA GENTE

el joven	árabe	
el viejo	renacentista	
el niño	el religioso	
el hombre	el policía	rico/pobre
la mujer	el vendedor	trabajador/gandul
la familia	el vendedor ambulante	simpático/antipático
el militar	el nivel de vida: alto/bajo	acogedor, hospitalario
el sacerdote	las condiciones de vida: buenas/malas	abierto/cerrado

EL VIAJE

ir en coche	ir en bicicleta	descansado / cansado	el extranjero
ir en tren	ir a pie	largo / corto	la frontera
ir en barco	ir a caballo	caro / barato	la aduana, declarar
ir en barca		interesante / sin interés,	el control
ir en autobús		aburrido	el pasaporte

16.4 Galicia

Galicia se encuentra en el extremo noroeste de la península. Es una de las regiones más bellas de España. Numerosos prados y bosques de robles, eucaliptos y pinos configuran el paisaje gallego. Sus rías, brazos de mar que penetran tierra adentro, como fiordos, dan al viajero una impresión inolvidable.

5 El país gallego es esencialmente rural, aunque la pesca y la industria pesquera son también muy importantes.

En Santiago de Compostela, según la tradición, se hallan los restos mortales del apóstol Santiago. En la Edad Media, numerosos peregrinos de toda europa se pusieron en camino para venerar al apóstol. Santiago de Compostela se
10 convirtió en uno de los principales destinos de peregrinación cristiana. La cultura española se benefició mucho del llamado Camino de Santiago.

En Galicia se habla el gallego, lengua suave y melodiosa estrechamente relacionada con el idioma portugués. Los poetas medievales de la corte castellana utilizaron a menudo esta lengua.

15 En los pueblos gallegos se celebran numerosas fiestas o romerías dedicadas al Santo Patrón de cada comarca. Son fiestas campesinas de gran belleza y autenticidad en las que bajo el amparo de viejas ermitas y santuarios se aúnan festivamente el paisaje y tradición gallegos; en ellas, al son de la gaita y el tamboril, se baila la muñeira, danza popular gallega.

20 Rosalía de Castro es uno de los principales exponentes de la lírica gallega. De ella son estos versos:

Airiños, airiños aires,
airiños, de miña terra;
airiños, airiños aires
airiños, leváime a ela.

Antworten Sie auf die folgenden Fragen:

1. ¿Dónde se encuentra Galicia?
2. ¿Qué son las rías?
3. ¿Qué se habla en Galicia?
4. ¿Cuáles son los principales recursos económicos del país gallego?
5. ¿Qué es la muñeira?

17

17.1 La Guerra Civil española

El 18 de julio de 1936 empezó la llamada Guerra Civil española. Algunos oficiales del ejército español, entre ellos los generales Franco, Sanjurjo y Mola, se sublevaron contra la república. El alzamiento fue simultáneo en casi toda España, pero en las ciudades más importantes se consiguió dominar la sublevación gracias a la resitencia que ofreció la población. El alzamiento tuvo éxito en Castilla la Vieja, gran parte de Andalucía, Galicia y Navarra, así como en las colonias africanas. Este hecho dividió a España en dos partes: la zona republicana y la zona llamada nacional. Esto provocó el enfrentamiento armado entre ambas.

Una de las principales causas del conflicto fue el descontento de la burguesía española y del ejército frente a la política de la república. La guerra tuvo también mucha resonancia internacional. La tensión europea provocada por las diferentes ideologías políticas conoció sus primeros campos de batalla en la península ibérica. Esto fue solamente el preámbulo de lo que después sería la Segunda Guerra Mundial. De esta manera, el general Franco obtuvo apoyo, principalmente, de las dictaduras alemana e italiana. Por la causa republicana lucharon también muchos extranjeros (Brigadas Internacionales), entre ellos disidentes alemanes e italianos que vieron en la guerra española una oportunidad para combatir los sistemas totalitarios de sus países. Rusia y México ofrecieron también su ayuda a la república, aunque en realidad no fue tan eficiente como la ayuda de los países del Eje a Franco.

La guerra duró tres años. En ella, los nacionales llevaron casi siempre la iniciativa militar que finalmente les conduciría a la victoria. Las causas de esto fueron, en primer lugar, la mejor preparación de su ejército, tanto en la calidad del material bélico como en la capacitación de sus dirigentes (los militares españoles más relevantes lucharon en la zona nacional). No debe olividarse tampoco la importante ayuda alemana e italiana. En segundo lugar, la situación interna de la república. Los enfrentamientos internos de tipo político, sobre todo entre anarquistas y comunistas, impidieron al débil gobierno republicano presentar durante la guerra un frente sólido.

El primero de abril del año 1939 se publicó el conocido parte de la España nacional: „Hoy, desarmado y cautivo el ejército rojo, nuestras tropas victoriosas han alcanzado sus últimos objetivos. La guerra ha terminado." Los acontecimientos que después de la guerra se sucedieron pondrían en duda esta aseveración. La „paz española" vendría caracterizada por la anulación de la libertad de expresión y la represión a las clases trabajadoras y a nacionalistas vascos y catalanes. Muchos españoles siguieron el doloroso camino del exilio. Hay quien opina que el abismo que separó a las dos Españas durante la Guerra Civil no se ha superado todavía.

Propaganda antifascista
(Texto en catalán)

17.2 Gramática

1. Der Konditional als Zukunft in der Vergangenheit

Durch den Konditional wird das Futur der Vergangenheit ausgedrückt.
 Él me aseguró que vendría. — *Er versicherte mir, daß er kommen würde.*
 Juan me ha dicho que telefonearía. — *Juan hat mir gesagt, daß er anrufen würde.*

2. Unregelmäßige Verben der Gruppe „pedir"

pedir — *bitten*

Präsens	Historische Vergangenheit	Imperativ	Gerundium
pido	pedí	-	pidiendo
pides	pediste	pide	
pide	pidió	pida	
pedimos	pedimos	pidamos	
pedís	pedisteis	pedid	
piden	pidieron	pidan	

Außerdem bilden diese Verben auf unregelmäßige Weise die Zeiten des Konjunktivs. Im grammatikalischen Anhang finden sich die wichtigsten Verben dieser Gruppe.

3. Die Adverbien auf -mente

Aus der weiblichen Form des Adjektivs kann durch Anhängen von -mente ein Adverb gebildet werden.

z.B.
sola	solamente
rápida	rápidamente
principal	principalmente
natural	naturalmente

Diese Adverbien tragen nur dann einen Akzent, wenn auch das Adjektiv ihn trägt.

4. Besonderheiten

 la llamada — *die sogenannte*
 ofrecer resistencia — *Widerstand leisten*
 en realidad — *in Wirklichkeit*
 el Eje — *die Achsenmächte*
 llevar la iniciativa — *die Inititative ergreifen*
 en primer lugar / en segundo lugar — *erstens / zweitens*

e italiana: Die Konjunktion „y" vor einem Wort, das mit „i" oder „hi" anfängt, wird „e". Auch die Konjunktion „o" wird durch „u" ersetzt, wenn das folgende Wort mit „o" oder „ho" anfängt.

 presentar el frente — *die Front bilden*
 el parte — *der Heeresbericht*
 la parte — *Teil*   hay quien opina — *es gibt welche, die meinen*
 poner en duda — *in Frage stellen*   de **lo que** después ... — *dessen, was später ...*

17.3 Ejercicios

1. Verwenden Sie die in Klammern angegebenen Verben (im Präsens, Imperativ oder Gerundium):

Los trabajadores (pedir) . . . aumento de sueldo.
Él no (conseguir) . . . nunca lo que quiere.
¡Oiga guardia! Aquel joven me está (seguir) . . . .
¿Qué les (servir, yo) . . . ?
(Vestir, él) . . . muy elegantemente.
Por favor, (repetir, tú) . . . lo que has dicho.
¡(Despedirse, tú) . . . de tus abuelos!
¿Qué solución (elegir, vosotros) . . . ?
¿Quién (competir) . . . con él?

2. Ergänzen Sie folgende Sätze mit den angegebenen Verben; verwenden Sie dabei die Historische Vergangenheit:

¿Dónde (estar) . . . tus hermanos?
(Ser, él) . . . una buena persona durante toda su vida.
¿Quién (ir) . . . a ver la película?
Las clases (empezar) . . . el lunes.
¿A quién (pedir, tú) . . . permiso?
¿Cuándo (irse, vosotros) . . . a casa?
¿Con quién (almorzar, ellos) . . . ?
¿Qué (conseguir) . . . Alfonso con su conducta?
Él (cerrar) . . . la puerta con llave.
¿Qué os (servir, ellos) . . . en el restaurante?
No (entender, ellos) . . . la obra de teatro.
Ayer no (pensar, yo) . . . en esta posibilidad.
¿A quién (elegir, ellos) . . . como candidato?
Ella (encontrarse) . . . con sus amigos en el bar.

3. Bilden Sie Sätze mit dem Konditional:

Ejemplo: Juan irá al cine. — Carlos ha dicho que Juan **iría** al cine mañana.
Mañana habrá huelga de correos. — Carlos ha dicho . . .
El año próximo viajarán a México. — Carlos me escribió . . .
El próximo fin de semana será caluroso. — Por la radio anunciaron . . .
Ana comprará las cebollas. — Carlos ha dicho . . .
Podrán reparar el coche en el taller. — El mecánico me aseguró . . .
Tomaremos el tren a las once. — He dicho a Carlos . . .
La película os gustará. — Carlos ha dicho . . .
Mañana enviaré la carta. — Aseguré a Juan . . .
La semana que viene telefonearé a Luis. — He dicho a Luis . . .

4. Ergänzen Sie:

Hay . . . opina que es necesario tener coche.
El 18 . . . julio de 1936 empezó la Guerra Civil española.
La guerra . . . tres años.
La ayuda alemana . . . italiana fue importante.
El primero de abril . . . año 1939.
. . . quien siempre llega tarde.
Carlos estudia literatura . . . historia.
¿Quién . . . en duda la respuesta de Jorge?
¿Qué ciudad prefieres, Hamburgo . . . Oslo?
Juan no es . . . eficiente como Pedro.

5. Antworten Sie auf die folgenden Fragen (acabar de):

Ejemplo: ¿Has comprado las entradas? — Sí, acabo de comprarlas.
¿Habéis visto a Felipe? — . . .
¿Has telefoneado a Jaime? — . . .
¿Ha enviado Vd. la postal? — . . .
¿Ha entregado Ana el trabajo? — . . .
¿Habéis felicitado a Marisa? — . . .
¿Has leído el periódico? — . . .

6. Ergänzen Sie die Sätze (a pesar de, a pesar de que, a pesar de esto):

. . . es millonario, trabaja mucho.
. . . su mala salud, va de excursión.
. . . llueve, no nos quedamos en casa.
Está lloviendo; . . . saldremos de excursión.
Le escribo . . . no sé si recibirá mi carta.
Está contento . . . su mala suerte.
Juan está de vacaciones; . . . trabaja en su casa.
. . . son buenos amigos, discuten mucho.

7. Antworten Sie auf die folgenden Fragen:

1. ¿Cuándo empezó la Guerra Civil española?
2. ¿Cuántos años duró la guerra?
3. ¿Consiguió dominar la república completamente la sublevación?
4. ¿Qué países ayudaron a la república?
5. ¿Cuándo terminó oficialmente la guerra?

8. Expresiones

Ahí viene Ricardo, ¿lo conoces?
No muy bien. Solo lo conozco de vista.
Está como un cencerro. Se pasa el día tocando el violín.

¿Qué tal lo hace?
El violín se le da bien. Pero eso a sus vecinos no les hace tanta gracia.

ahí viene Ricardo — *da kommt Ricardo*
conocer de vista — *vom Sehen kennen*
estar como un cencerro — *total verrückt sein*
¿qué tal lo hace? ¿cómo lo hace?
dársele bien — *gut können;* el violín se le da bien — *die Geige liegt ihm*
hacer gracia — *gefallen*

9. Ejercicio Comunicativo

> Tema de discusión: **La Guerra Civil española**
> ¿Qué sabe Vd. sobre la Guerra Civil española?
> ¿Qué se sabe/enseña en su país sobre este tema?
> ¿Ha leído Vd. algo sobre la guerra?
> ¿Ha hablado con españoles sobre la guerra?
> ¿Qué consecuencias, según su opinión, tuvo la Guerra Civil para España?

GUERRA

Le vejez de los pueblos.
El corazón sin dueño.
El amor sin objeto.
La hierba, el polvo, el cuervo.
¿Y la juventud?

En el ataúd.

El árbol solo y seco.
La mujer como un leño,
de viudez sobre el lecho.
El odio sin remedio.
¿ Y la juventud?

En el ataúd.

TRISTES GUERRAS

Tristes guerras
si no es amor la empresa.
Tristes, tristes.

Tristes armas
si no son las palabras.
Tristes, tristes.

Tristes hombres
si no mueren de amores.
Tristes, tristes.

Miguel Hernández
Cancionero y romancero de ausencias.

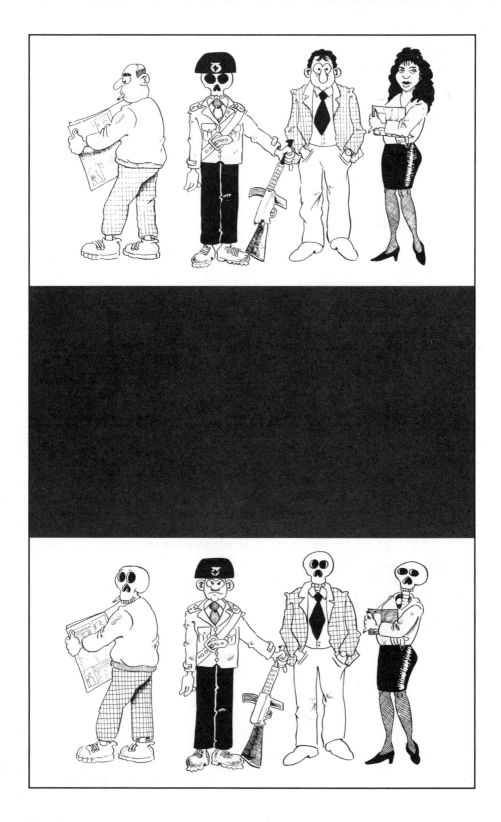

17.4 El drama de Batuco

Batuco es un pueblo chileno situado a unos 25 Km. de Santiago. La tierra es rica. En sus campos se cultivan verduras y árboles frutales. No obstante, la cosecha no se queda en el pueblo: la cosecha es para la exportación. A través de unas cuantas empresas exportadoras, las cebollas – por miles de toneladas –
5 se van al extranjero. Las fábricas conserveras compran los tomates. Los porotos se van a la capital, a Santiago de Chile. La mejor fruta se exporta así mismo al extranjero. Comprar, pues, un kilo de porotos en Batuco resulta más caro que comprarlo en Santiago; y esto sucede, en general, con todos los productos agrícolas y de primera necesidad.
10
Los trabajadores del campo son – en su mayoría – temporeros. Si trabajan duro, pueden ganar unos 800 pesos semanales. Pero el trabajo es sólo temporal; cuando se acaba, hay que buscarlo en otro sitio, y si no se encuentra, el dinero no alcanza para mucho. Además, en invierno, las posibilidades de en-
15 contrar trabajo son realmente escasas. Se trabaja sin contrato, sin seguro social y por poco dinero. Si se protesta, se pierde el trabajo; siempre hay quien está dispuesto a cobrar menos.

Las cebollas y tomates de Batuco viajarán a los Estados Unidos, Alemania, Brasil... Y junto con las cebollas y tomates el trabajo y la angustia de los habitantes de Batuco. Y Batuco no es, por cierto, un caso único.

1. Besonderheiten:

así mismo (=asimismo) — *auch, ebenfalls*
en general — *im allgemeinen*
por cierto — *übrigens*

2. Antworten Sie auf die folgenden Fragen:

1. ¿Qué se cultiva en Batuco?
2. ¿Qué significa „trabajador temporero"?
3. ¿Cómo es la situación del trabajador temporero?
4. ¿Qué sucede si el trabajador protesta por sus males condiciones laborales?

18

18.1 Infancia

De niño vivía en un pequeño pueblo rural. Estaba bastante lejos de la ciudad, a unas cinco o seis horas. Naturalmente, entonces había muy pocos coches, y cuando teníamos que ir a la ciudad lo hacíamos a pie o en mula. Mi tío tenía un carro que utilizábamos a veces, especialmente, cuando se celebraban fiestas en la ciudad. La vida entonces era muy diferente. Cuando no había escuela, me pasaba los días jugando con otros chicos o ayudaba a mi madre en los trabajos de casa. A mí lo que más me gustaba era ir con mi padre al campo. Me llevaba muy pocas veces. Decía que mientras trabajaba no podía estar vigilándome. Pero esto no era necesario pues cuando yo iba con él, no me movía apenas de su lado. No me cansaba nunca de contemplar el lento caminar de la mula arando la tierra. De vez en cuando mi padre dejaba el arado y me pedía la bota que teníamos a la sombra de los chopos. Yo la iba a buscar corriendo y se la daba sin esperar las gracias. Estos humildes encargos que él me daba me hacían muy feliz. Al ponerse el sol dejaba mi padre el trabajo y nos sentábamos junto al arroyo. Era un hombre muy retraído y normalmente hablaba poco. No obstante, a estas horas de la tarde, terminado ya el trabajo, mi padre hablaba sin parar. Conversábamos tan solo en estas ocasiones, ignoro el motivo. En casa él nunca lo hacía. En todo caso, estos momentos son los más felices de mi vida.

   A eso de las siete recogíamos los bártulos y los cargábamos en la mula. Lentamente volvíamos al pueblo caminando por un tortuoso camino. En sus márgenes crecían castaños y de vez en cuando se podía ver alguna higuera. En otoño me llenaba siempre los bolsillos de higos y también de castañas que andando encontraba por el suelo. Al llegar a casa, cenábamos y antes de ir a la cama, me entretenía un buen rato jugando con el gato. Mientras, mi padre, sentado junto al fuego se sumergía en su mutismo habitual.

18.2 Gramática

1. Das Imperfekt (El pretérito imperfecto)

hablar	comer	vivir
hablaba	comía	vivía
hablabas	comías	vivías
hablaba	comía	vivía
hablábamos	comíamos	vivíamos
hablabais	comíais	vivíais
hablaban	comían	vivían

Das Imperfekt wird gebraucht, um eine Handlung, einen Zustand oder Vorgang in der Vergangenheit zu beschreiben oder zu erzählen, ohne Beginn und Ende zu kennzeichnen. Wiederholte Handlungen oder Gewohnheiten werden meistens durch das Imperfekt ausgedrückt.

El pueblo estaba cerca de Barcelona. — *Das Dorf lag in der Nähe Barcelonas.*
Él comía en el restaurante. — *Er aß (gewohnheitsmäßig) im Restaurant.*

Das Imperfekt ist immer regelmäßig, außer bei den Verben:

ser	ir	ver
era	iba	veía
eras	ibas	veías
era	iba	veía
éramos	íbamos	veíamos
erais	ibais	veíais
eran	iban	veían

2. Das Gerundium als Verkürzung von Nebensätzen

Das Gerundium bezeichnet eine Handlung, die gleichzeitig mit der des Hauptsatzes verläuft.

Tomando el café, hablaremos del asunto. — *Wir werden über die Angelegenheit sprechen, während wir Kaffee trinken.*
Preparo la cena escuchando las noticias. — *Ich bereite das Abendessen vor und höre dabei die Nachrichten.*

3. Besonderheiten

de niño — *als Kind*

lo haciamos „lo" (Akkusativ) ersetzt einen Satzinhalt.

ir a buscar — *abholen*
a la sombra — *im Schatten*
ponerse (el sol) — *untergehen (die Sonne)*
tan solo = solamente — *nur*
en todo caso — *auf jeden Fall*

4. Expresiones

No tengo ningún lápiz a mano. ¿Me pasas el tuyo?
No faltaba más, ahí va.

tener a mano — *zur Hand haben*
pasar (hier) — *reichen*
no faltaba más — *selbstverständlich*
ahí va — *da ist*

18.3 Ejercicios

1. Ergänzen Sie folgende Sätze mit den angegebenen Verben; verwenden Sie dabei das Imperfekt:

Reunirse, estar, hacer, salir, encontrar, levantarse, comprar, administrar, durar, tomarse, comentar, ser, necesitar, pasar, tener, jugar. *

La señora Enriqueta . . . cada día lo mismo. . . . a las 7, después de lavarse . . . un vaso de leche y . . . para oír misa. La iglesia no . . . lejos de su casa. Allí . . . a no más de cinco personas. Siempre . . . las mismas. La misa . . . escasamente media hora.
Saliendo de la iglesia, . . . lo que . . . para el día. No demasiado, pues . . . de costumbres austeras. No . . . mucho dinero, lo justo para ir tirando**. No obstante . . . tan bien sus escasos ingresos que nadie la . . . por una mujer necesitada.
Por la tarde . . . a veces con algunas amigas de su misma edad. . . . al dominó o . . . los últimos acontecimientos del pueblo, entre traguito y traguito de anís. Así, rezumando monotonía, . . . los días, los meses, los años . . .

*tener por — *halten für*
**ir tirando — *gerade auskommen*

2. Bilden Sie Sätze:

Ejemplo: Jugamos al dominó. Tomamos café. — Jugando al dominó, tomamos café.
Espero el autobús. Leo el periódico. — . . .
Se trabaja mucho. Se gana dinero. — . . .
Cenan. Miran la televisión. — . . .
He hecho cola en la taquilla. He visto a Teresa. — . . .
Viajáis a menudo. Conocéis muchos países. — . . .
Escribo la carta. Escucho un disco. — . . .
Se tiene tiempo. Se puede leer mucho. — . . .
Hemos preparado la cena. Hemos escuchado las noticias. — . . .
Almorzaremos todos juntos. Hablaremos del asunto. — . . .

3. Ergänzen Sie die folgenden Sätze; verwenden Sie dabei a, de, al, pone, eso, en, solo:

. . . niño iba a la escuela.
Estamos sentados . . . la sombra de los árboles.
Juan no conoce ninguna lengua extranjera; habla tan . . . español.
He encargado los libros; tengo que ir . . . buscarlos mañana.
El pueblo estaba . . . cinco horas de la ciudad.
Voy al campo de vez . . . cuando.
El sol se . . . a las siete de la tarde.
Comeremos a . . . de las dos.
. . . llegar a casa, saludamos a nuestra madre.
Antes . . . ir al cine, pasaremos por casa de Lolita.

4. Sie sitzen sehr bequem auf der Terrasse eines Cafes. Was würden Sie dem Kellner sagen?

(Traer) . . . una cerveza bien fría.
(Dar) . . . un vaso de vino tinto.
¿Cuánto le (deber) . . . ?
Camarero, la cuenta . . . favor.
Sírvame un café . . . leche.
¿Cuál es el plato . . . día?
(Quedarse) . . . con la vuelta.
¿Podría traerme un poco . . . azúcar?

5. Antworten Sie auf die folgenden Fragen:

1. ¿Cómo se iba normalmente a la ciudad?
2. ¿Qué hacía el protagonista de la narración cuando no había escuela?
3. ¿Cuándo terminaba su padre el trabajo?
4. ¿Era su padre un hombre hablador?
5. ¿Qué hacía el protagonista de la narración antes de ir a la cama.

6. Exercicio comunicativo:

Welche Hobbys haben Sie?

¿Qué aficiones tienes?

LA MÚSICA

oír	el jazz	tocar	el piano
	el rock		el órgano
escuchar	la música clásica		el violín
	la música de cámara		el violoncelo
	la música sinfónica		la viola
	la música folklórica		el contrabajo
	la ópera		la batería
	la zarzuela		la trompeta
			el clarinete
poner /	el tocadiscos, el disco		el saxofón
apagar,	la radio		la guitarra
quitar	el magnetofón, la cinta		la trompa
			la flauta
la orquesta			la flauta travesera, de pico
la banda			las castañuelas
el grupo musical			el acordeón
el conjunto			la armónica
el concierto, la sala de conciertos
la audición
el recital

EL DEPORTE

			jugar -ue- a:
hacer,	la natación	nadar	
practicar	la equitation	montar a caballo	(el) fútbol
	el ciclismo	ir en bicicleta	(el) baloncesto
	el alpinismo	escalar	(el) golf
	el atletismo		(el) tenis
	el patinaje	patinar, el patín	(el) tenis de mesa
	la navegación a vela	navegar	(el) ajedrez
	el esquí	esquiar	
cazar	la caza	el cazador	
pescar	la pesca	el pescador	la pesca con caña

LA FOTOGRAFÍA
fotografiar,   la cámara fotográfica   el positivo
hacer fotografías   la máquina de fotografiar   el negativo
                      la filmadora   la copia
                      la fotografía   el carrete   en blanco y negro
                      la película   el rollo   en color
                      el revelado   revelar   la diapositiva
                                                     la ampliadora

EL COLECCIONISMO
coleccionar   la coleccíon   el coleccionista   el sello
                                                                 la moneda
EL JUEGO   el mineral
jugar a   (el) ajedrez   la afición, aficionarse
                      (el) dominó   ser aficionado a
                      (las) damas   tener inerés por
                      (las) cartas   interesarse por
                      (el) billar   estar interesado por

18.4 Uruguay

Uruguay se encuentra en Sudamérica. Es un país rico, con una red fluvial muy densa y abundante lluvia. Es uno de los países más desarrollados de Sudamérica y la mayor parte de la población es de origen europeo.
   En Montevideo, la capital, vive un tercio de la población del país. El 81% de
5 los uruguayos vive en núcleos urbanos. Uruguay ha sido el país latinoamericano con más estabilidad política y económica. La ganadería ha sido hasta el momento su principal recurso económico. No obstante, el descenso de las exportaciones de carne y cuero, sufrido por el país durante los últimos treinta años, ha causado graves problemas económicos, políticos y sociales. A partir
10 del año 1962 se agudizó la crisis económica. La inflación y la falta progresiva de trabajo afectó notablemente el nivel de vida de las clases trabajadoras. Al producirse disturbios, el gobierno respondió con una política marcadamente represiva. La población reaccionó creando la guerrilla urbana mejor organizada de Latinoamérica: los Tupamaros. Últimamente, al aumentar trágica-
15 mente la represión del gobierno, la población uruguaya emigra en masa del país.

1. Besonderheiten:
a partir de — *ab*
en masa — *massenweise*

2. Antworten Sie auf die folgenden Fragen:
1. ¿Cúal es el principal recurso económico uruguayo?
2. ¿Cómo reaccionó la población ante la represión del gobierno?
3. ¿Qué ha significado para Uruguay el descenso de las exportaciones de carne y cuero?

19.1 Doña Miseria
(Cuento popular)

Érase una vez una mujer llamada doña Miseria. Vivía en una pequeña choza y poseía solamente una cabra, un huerto y un peral.
La pobre mujer se alimentaba de la leche de su cabra; las peras se las comían los muchachos del pueblo, y ella se enojaba continuamente por ello.
5 Un buen día llegó un anciano a la cabaña. Quería pasar allí la noche y pidió además un poco de comida. La vieja le dijo:
– ¿Qué puedo darte si sólo tengo una mala cama y un poco de leche?
Pero el anciano insistió tanto en su demanda que finalmente doña Miseria le invitó a pasar diciéndole:
10 – ¡Pasa buen hombre! Compartiré contigo la leche, la cama y mi única manta.
A la mañana siguiente, al despedirse, dijo el anciano a la vieja:
– Quiero recompensarte por todo lo que has hecho. ¿Qué deseo puedo concederte?
Doña Miseria le contestó:
15 – Estoy contenta con lo que tengo. Sólo deseo que al robarme los muchachos las peras, no puedan* bajar del árbol sin mi permiso.
El anciano, que era San Pedro, le concedió el deseo y se despidió. Al día siguiente subieron los mozos, como de costumbre, al peral, pero no pudieron bajar del árbol hasta que la vieja lo quiso.
20 A partir de aquel día los muchachos no molestaron más a Doña Miseria. Los

*puedan: presente de subjuntivo del verbo „poder"

años pasaban tranquilos y felices para ella hasta que un buen día llegó la Muerte a la cabaña de la vieja y le dijo:
– Buena mujer ¡prepárate! Vengo a buscarte.
Doña Miseria le contestó:
25 – Está bien, yo ya soy vieja. Voy a preparar las provisiones para el camino. Toma mientras, si quieres, algunas peras. Para ello sólo tienes que encaramarte a mi peral.
La Muerte, como tenía hambre, aceptó la proposición de la vieja. Se subió al árbol y comió algunas peras; pero cuando quiso bajar, vio que no podía. Doña
30 Miseria no le dejó bajar, y la Muerte tuvo que quedarse en el árbol.
Así pasaron muchos años. Un día se reunieron todos los viejos que deseaban morir. Dijeron a la vieja:
– Nosotros somos ya demasiado viejos y deseamos morir. Deja bajar a la Muerte de tu árbol ...
35 Doña Miseria contestó:
– Si la Muerte me asegura por escrito que me olvidará para siempre, le permitiré bajar del peral.
La Muerte firmó su promesa y dejó a la vieja en paz. Y este es el motivo por el que doña Miseria vive todavía hoy.

19.2 Gramática

1. Die Historische Vergangenheit / das Imperfekt

Die Historische Vergangenheit drückt eine begrenzte und abgeschlossene Handlung aus.
   Juan entró, saludó y se sentó a la mesa. — *Juan trat ein, grüßte und setzte sich an den Tisch.*

Beim Imperfekt interessiert uns weder der Beginn noch das Ende.
   El coche no funcionaba. — *Das Auto funktionierte nicht.*

Vergleichen Sie:
   Juan habló mucho: einmalig, z.B. gestern auf dem Fest.
   Juan hablaba mucho: gewohnheitsmäßig, er war ein geschwätziger Mensch.

Das Imperfekt bezeichnet von zwei zusammentreffenden Handlungen diejenige, die schon im Gange war, als die andere, durch die Historische Vergangenheit ausgedrückt, einsetzte.
   Cuando volvía del trabajo, encontré a Maite. — *Als ich von der Arbeit zurückkam, traf ich Maite.*

Vergleichen Sie:
   Cuando volví del trabajo, encontré a Maite. — *Als ich von der Arbeit zurückgekommen war, traf ich Maite.*
Hier handelt es sich um zwei vollendete Handlungen, eine nach der anderen.

2. Historische Vergangenheit von:

dar	poder	querer	decir	poner
di	pude	quise	dije	puse
diste	pudiste	quisiste	dijiste	pusiste
dio	pudo	quiso	dijo	puso
dimos	pudimos	quisimos	dijimos	pusimos
disteis	pudisteis	quisisteis	dijisteis	pusisteis
dieron	pudieron	quisieron	dijeron	pusieron

3. Besonderheiten

érase una vez — *es war einmal*
ello: Neben „él" und „ella" gibt es das Neutrum „ello" *(es)*.
„Ello" steht für einen Satzinhalt und kommt oft in Verbindung mit Präpositionen vor. Der Akkusativ von „ello" ist „lo".
despedir (se): wird wie „pedir" konjugiert
lo que has hecho — ***was** du gemacht hast*
como de costumbre — *wie gewöhnlich*

„dejar" hat viele Bedeutungen; einige davon sind:
liegenlassen: Deja el dinero en la mesa.
erlauben: Mis padres me dejan ir al cine.
lassen: Dejó a la vieja en paz.
leihen: ¿Puedes dejarme el libro?
verlassen: Dejó a su familia.
dejar de — *aufhören* ¡Deje Vd. de fumar!
a partir de — *ab*

morir: dieses unregelmäßige Verb wird in der Lektion 21 behandelt.

19.3 Ejercicios

1. Ergänzen Sie folgende Sätze mit den angegebenen Verben; verwenden Sie dabei das Imperfekt oder die Historische Vergangenheit:

Ayer (estar, yo) . . . sentado toda la tarde en la terraza de un café. (Ser) . . . muy entretenido observar a las personas que (pasar) . . . por la calle. (Haber) . . . gente de todo tipo. (Dividir, yo) . . . a los transeúntes en dos grupos. Al primero (pertenecer) . . . aquellos que (caminar) . . . sin prisa. Al segundo, los que con cara seria (apresurarse) . . . para ir a cualquier lugar.
A eso de las seis se me (acercarse) . . . un tipo con gruesos bigotes y me (decir, él) . . . si (poder, él) . . . sentarse a mi mesa. Esto me (extrañar) . . . un poco ya que (haber) . . . todavía mesas libres, pero, naturalmente, no (negarse, yo) . . . a ello. Le (ofrecer, yo) . . . un cigarrillo, pero lo (rechazar, él) . . . amablemente diciendo que tan solo (fumar, él) . . . en pipa. La (sacar, él) . . . de su bolsillo y

me la (enseñar, él) . . . . Según él, (ser) . . . una pipa de una calidad estupenda que sólo (poder) . . . encontrarse en determinados comercios de la capital. Así (estar, nosotros) . . . charlando hasta que (encender, ellos) . . . los faroles de la calle. Él (vivir) . . . desde (hacer) . . . tiempo en aquel pueblo, y me (explicar, él) . . . muchos pormenores de la población y sus habitantes, cosa que le (agradecer, yo) . . . mucho. Sin apenas darme cuenta, (quedar) . . . la calle desierta. Sólo los gatos y algún transeúnte esporádico nos (hacer, ellos) . . . compañía. Finalmente se nos (acercarse, él) . . . el camarero y nos (decir, él) . . . que desgraciadamente (tener) . . . que cerrar el local. De esta manera, el hombre de los bigotes y yo (despedirse, nosotros) . . . , no sin antes prometernos que cualquier otro día nos volveríamos a encontrar para vaciar juntos una nueva botella de vino de la región.

2. Ergänzen Sie folgende Sätze; verwenden Sie dabei die Historische Vergangenheit der angegebenen Verben:

(Querer, yo) . . . ir al teatro.
No (poder, él) . . . avisarte a tiempo.
(Empezar, nosotros) . . . a las siete en punto.
(Dar, yo) . . . el libro a Margarita.
¿Adónde (ir, ellos) . . . ?
¿Dónde (estar, vosotros) . . . ?
(Esperar, ellos) . . . el autobús hasta las ocho.
¿Qué le (decir, tú) . . . ?
(Ser, yo) . . . su mejor amigo.
¿A qué hora se (cerrar) . . . ?
Ella no (hacer) . . . nada durante todo el día.
La sirena (sonar) . . . a las nueve.

3. Ergänzen Sie folgende Sätze; verwenden Sie dabei den Konditional:

Ella no (hablar) . . . nunca con Fernando.
Ellos (viajar) . . . a Venezuela.
(Querer, yo) . . . medio kg. de plátanos.
Ella no (hacer) . . . esta comida.
Yo no le (contar) . . . nada.
Nosotros (poder) . . . hacerlo.
¿Qué le (decir) . . . tú?
¿Dónde (poner, vosotros) . . . esta mesa?
(Empezar, yo) . . . siempre puntualmente.
Con Carmen (ser) . . . diferente.

4. Ergänzen Sie:

Tengo que ir . . . buscar los libros.
. . . realidad no tengo ganas de ir al cine.

En clase hay alemanes, franceses . . . italianos.
No pongo nunca . . . duda lo que dice Juan.
Hay . . . dice que tendremos problemas.
Antes . . . ir a comer pasaremos por casa de Pepita.
Me he equivocado; . . . siento muchísimo.
¿A . . . hora quedamos?
Hemos encontrado una habitación gracias . . . Eulalia.

5. Antworten Sie auf die folgenden Fragen:

1. ¿Quién era el anciano que llegó a la cabaña?
2. ¿Quién se comía las peras de doña Miseria?
3. ¿Qué dijeron los viejos que deseaban morir a la vieja?
4. ¿Aceptó la Muerte la propuesta de subirse al árbol? ¿Por qué?
5. ¿Por qué vive doña Miseria todavía hoy?

6. Expresiones

Hoy he pedido la mano por segunda vez a Patricia. Le he hablado sin rodeos.
¿Y qué te ha dicho?
Me ha dado calabazas otra vez.
Inténtalo de nuevo; a la tercera va la vencida.

pedir la mano — *um die Hand bitten*
hablar sin rodeos — *ohne Umschweife sprechen*
dar calabazas — *einen Korb geben*
de nuevo — *von neuem, nochmals*
a la tercera va la vencida — *beim dritten Mal klappt's*

7. Ejercicio comunicativo

Versuchen Sie, ein Märchen zu erzählen. Hier wird man gut sehen, ob Sie den Unterschied zwischen dem Imperfekt und der Historischen Vergangenheit wirklich beherrschen.

Para contar un cuento

Para empezar:	el hada (f.)	el rey
Érase una vez . . .	el mago, la magia	la reina
Había una vez . . .	el demonio	el príncipe
En un país muy lejano vivía . . .	el diablo	la princesa
Érase un pobre hombre que tenía . . .	el reino	el caballero
	el castillo	el gnom
Para acabar:	el palacio	el enano, el enanito
. . . y si no han muerto viven todavía.	la cárcel	la bruja
. . . colorín colorado este cuento	el infierno / el cielo	el leñador
se ha acabado.		el campesino
		el dragón

el cuento, contar -ue-
la historia
la leyenda
la narración, narrar
la fábula

LA CAPERUCITA ROJA
La caperucita Roja
el lobo
la abuela, la abuelita
la madre
el cazador
el leñador

la casa, la casita
el bosque
el camino
el sendero
la cesta

8. Crucigrama

Verticales:

1. Recipiente. Verbo español muy difícil para los alemanes. Inicial de un Estado europeo.
2. Instrumento para atrapar peces (al revés). „1.000". Contracción de „a" y „el".
3. Cuarta letra del abecedario español. „1.000.000".
4. El hermano de mi madre (al revés). Árbol frutal (al revés).
5. Consonante común que tienen las capitales de La Argentina y España. Capital de Italia. Pasión.
6. Inicial de un país sudamericano. Forma del verbo „ser". Ni líquido ni sólido.
7. Local para ver una película (plural). Bebida. Última letra de la capital de Colombia.
8. Afirmación (al revés). Producto del cerdo. Letra común de los números „2" y „10".
9. Vocal. Verbo español sinónimo de „suceder", „atravesar" . . . Pronombre de acusativo.
10. Personaje bíblico. Flor (plural).

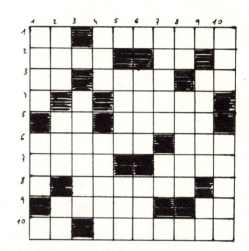

Horizontales:

1. Abreviatura de „usted". Conjunto de palabras.
2. Resultado de pensar (al revés). Afirmación (al revés). Inicial de un punto cardinal.
3. Abreviatura de „señor". Medio de transporte. Nombre de una consonante.
4. Conjunción. „1.000" en números romanos. Parte de la cabeza.
5. Pronombre posesivo. Mueble (plural).
6. Sirve para sentarse (plural). Medio natural de los peces.
7. Pronombre femenino. Animal con cuernos.
8. Letra común en todos los infinitivos. Principo. Inicial de una ciudad andaluza.
9. Elemento que se encuentra en la playa (al revés). Artículo femenino.
10. Artículo masculino. Pretéritos.

(Solución en la página 256)

19.4 Los aztecas

Los aztecas aparecieron en el valle de México hacia la segunda mitad del siglo XII; se establecieron en el altiplano central de México. Hacia el año 1325, los aztecas fundaron la ciudad de Tenochtitlan, capital del imperio (Tenochtitlan llegaría a ser, con el tiempo, la actual Ciudad de México).
5 A causa de su extraordinaria organización militar, dominaron en poco tiempo a los pueblos vecinos, estableciendo un vasto imperio que abarcó el territorio comprendido entre Michoacán y el istmo de Tehuantepec. En poco tiempo los aztecas asimilaron la cultura de sus predecesores, los toltecas, y desarollaron una importante civilización. Se destacaron en la agricultura, la
10 metalurgia y la artesanía. Tuvieron también una arquitectura muy desarrollada, y sus elevados conocimientos matemáticos les permitió hacer un calendario solar de gran exactitud. Éste se componía de 365 días agrupados en 18 mesas de 20 días y un mes sobrante de 5 días que los aztecas consideraban nefastos. En el campo de la medicina lograron así mismo muy buenos resulta-
15 dos, distinguiéndose por el uso de las plantas medicinales.

La religión de los aztecas era politeísta y estaba íntimamente ligada a la naturaleza. Huitzilopochtli era el dios de la guerra, Tezcatlipoca el dios de la vida y Tlaloc el dios de la lluvia. Practicaban los sacrificios humanos.

Durante el reinado de Moctezuma II (1502-1525), Hernán Cortés desembarcó en Veracruz y, ayudado por otros pueblos indígenas sometidos a los aztecas, consiguió desmembrar el imperio en muy poco tiempo. Al entrar los españoles en Tenochtitlan (1521), encontraron una cultura superior en algunos aspectos a la europea de su tiempo.

La lengua de los aztecas era el nahua. Esta lengua se habla hoy todavía en México y en algunos puntos de la América Central.

Los rumbos del universo y sus divinidades (Codex Fejérváry Mayer)

1. Besonderheiten:

llegar a ser — *werden*

2. Antworten Sie auf die folgenden Fragen:

1. ¿Por qué pudieron dominar los aztecas a los pueblos vecinos en poco tiempo?
2. ¿Cuál fue el origen de la Ciudad de México?
3. ¿De cuántos meses se componía el calendario azteca?
4. ¿Qué lengua hablaban los antiguos aztecas?

20

20.1 Peter llega a Barcelona

JORGE: Mañana llegará Peter a Barcelona.
ALFONSO: ¿Este amigo tuyo del cual me hablaste ayer?
JORGE: Sí, ayer no estaba todavía seguro de su venida, pero hoy me lo han confirmado sus amigos alemanes de Barcelona. Los que tú ya conoces.
ALFONSO: ¿Los que viven en la calle Valencia?
JORGE: Sí, son aquellos en cuya casa celebramos un día el cumpleaños de Rita.
ALFONSO: Qué quiere hacer Peter en Barcelona?
JORGE: En principio visitar a sus amigos, por lo que no le quedará mucho tiempo para otras cosas.
ALFONSO: Cuando lo conocí en Bremen estaba muy interesado por la pintura.
JORGE: Sí, todavía lo está. Cuando me escribió me dijo que quería venir a Barcelona para visitar los museos de Picasso y Miró, por los que tiene mucho interés.
ALFONSO: Dile que no debe perderse tampoco el Museo de Arte Románico ni el que Dalí inauguró en Figueres. Precisamente la semana pasada fuí a Figueres para ver el museo, de lo cual tenía muchas ganas hace ya tiempo. Desgraciadamente cuando llegué, estaba ya cerrado, por lo que no he estado nunca allí.
JORGE: Yo estuve un par de veces con los compañeros con los que estudiaba Historia del Arte el año pasado y me gustó mucho. No obstante voy a ir otra vez con Peter. Puedes venir con nosotros. También irán los compañeros en cuyo coche vendrá Peter de Bremen.
ALFONSO: ¿Son también alemanes?
JORGE: No, italianos, por lo que no tendrás ninguna dificultad para entenderte con ellos. ¿Vas a venir pues?
ALFONSO: ¿Cuándo iréis al museo?
JORGE: Posiblemente el próximo fin de semana.
ALFONSO: El domingo quería hacer una excursión con Julia que estamos planeando desde hace tiempo, pero no importa, creo que iré con vosotros. Se lo diré también a Julia.
JORGE: Perfecto, cuantos más, mejor. Ya te llamaré para ponernos de acuerdo en la hora.
ALFONSO: De acuerdo, hasta entonces.

20.2 Gramática

1. Das Relativpronomen (El pronombre relativo)

Die Relativpronomina sind:
 que
 cual, cuales
 quien, quienes
 cuyo, cuya, cuyos, cuyas

Einige Adverbien übernehmen die Funktion eines Relativpronomens:
 donde
 como
 cuando

a) „que" bezieht sich auf Sachen oder Personen, Singular oder Plural. Nominativ und Akkusativ sind gleich.
 Un libro que cuesta 200 pts. — *Ein Buch, das 200 pts. kostet.*
 Es un inglés que habla español. — *Es ist ein Engländer, der Spanisch spricht.*
 El amigo que he visitado. — *Der Freund, den ich besucht habe.*

In Verbindung mit Präpositionen werden folgende Formen gebraucht:
 el que   oder   el cual
 la que   oder   la cual
 los que oder   los cuales
 las que oder   las cuales
 El hombre con el que (cual) viajamos. — *Der Mann, mit dem wir reisen.*
 Las francesas de las que (cuales) hablamos. — *Die Französinnen, von denen wir sprechen.*

In Verbindung mit kurzen Präpositionen (a, en, con) wird auch „que" verwendet.
 El coche en que viajamos. Aber auch: El coche en el que (cual) viajamos. — *Der Wagen, mit dem wir reisen.*

Für Personen wird auch „quien" (quienes) verwendet.
 El señor a quien saludo.— *Der Herr, den ich begrüße.*

In Bezug auf den Inhalt einer vorangehenden Aussage, wird „lo que" oder „lo cual" verwendet.
 Quería ir al cine de lo que (cual) tenía muchas ganas. — *Ich wollte ins Kino gehen, wozu ich große Lust hatte.*

Die Formen „el (la usw.) que" sowie „quien (quienes usw.)" können auch verwendet werden, ohne daß ein Wort oder eine Aussage vorausgehen, auf die sie sich beziehen.
 Los que estudian español deben tener un diccionario. — *Diejenigen, die Spanisch lernen, müssen ein Wörterbuch haben.*
 Hay quien opina ... — *Es gibt einige, die meinen...*

b) „cuyo" hat zwei Funktionen: als Relativ- und als Possessivpronomen. Es richtet sich in seiner Endung nach dem zugehörigen Substantiv.

Vivo con un amigo cuyo padre es alemán. — *Ich wohne mit einem Freund, dessen Vater Deutscher ist.*
Te presento a Juan cuyas experiencias ya conocemos. — *Ich stelle dir Juan vor, dessen Erfahrungen wir schon kennen.*

c) „donde" bezieht sich auf eine lokale Aussage.
La casa donde viví. — *Das Haus, in dem ich wohnte.*

d) „como" ersetzt ein Substantiv, das die Art und Weise ausdrückt.
Hemos hablado del modo como hay que trabajar. — *Wir haben über die Art und Weise, wie man arbeiten muß, gesprochen.*

e) „cuando" wird zeitlich verwendet.
Recuerdo cuando éramos amigos. — *Ich erinnere mich an die Zeit, als wir Freunde waren.*

2. Besonderheiten

en principio — *grundsätzlich*
ponerse de acuerdo — *sich einigen*

20.3 Ejercicios

1. Schließen Sie jeweils den zweiten Hauptsatz als Relativsatz an:

Ejemplo: Ayer conocí a un francés. Su amiga es española. — Ayer conocí a un francés cuya amiga es española.
He comido con la familia López. Sus hijos están en Sevilla. —
Viajé con el padre de Luis. Su coche consumía mucho. —
Estuvimos en casa de Felipe. En su casa había otros invitados. —
Hablé con un compositor joven. Su música es horrible. —
Estuvimos en el hotel „Europa". Su servicio es excelente. —
Saludaré al escritor. Su artículo apareció en el diario de ayer. —
Me despedí de aquella mujer. Intenté solucionar sus problemas. —
Visitaré a un amigo. Sus padres están separados. —
Compraron el libro. Les hablé de su autor. —

2. Ergänzen Sie:

El disco . . . he comprado es magnífico.
El señor del . . . te hablé, ya no está en la ciudad.
Fernando, . . . padre está en Madrid, me ha invitado.
Queremos salir a las seis por . . . que tendremos que levantarnos temprano.
Deseaba ir a Francia de lo . . . tenía muchas ganas.
El coche en . . . viajasteis era muy viejo.
Es una mujer . . . habla mucho.
Los amigos a los . . . he visitado son extranjeros.

Las personas con . . . cuales trabajamos son muy agradables.
La mujer para . . . trabajo es la tía de Jorge.

3. Ergänzen Sie folgende Sätze; verwenden Sie dabei das Imperfekt oder die Historische Vergangenheit:

Mi mujer y yo . . . ir de vacaciones pero no . . . suficiente dinero; por eso (yo) . . . horas extraordinarias en la oficina. (Yo) . . . mucho durante un mes, y finalmente . . . la cantidad necesaria para el viaje. Pero cuando . . . pocos días para la partida, mi mujer . . . enferma y no (nosotros) . . . salir de viaje. En lugar de alquilar una habitación en un hotel de Mallorca, (nosotros) . . . que „alquilar" una habitación en la clínica de la ciudad.

Verben, die Sie verwenden können: querer, tener, hacer, trabajar, reunir, faltar, ponerse (— *werden*), poder.

4. Ergänzen Sie:

Lo he (sentir) . . . mucho.
Ayer (divertirse, tú) . . . .
Siempre (conseguir, vosotros) . . . lo que os proponéis.
La semana pasada (despedirse, ellos) . . . de Petra.
Normalmente (preferir, yo) . . . ir al cine.
El próximo año (pedir, nosotros) . . . aumento de sueldo.
El agua ya (hervir) . . . .
Mañana se (repetir) . . . la sesión.
¡(Servir, Vd., a mí) . . . una naranjada!
El año pasado (elegir, vosotros) .. a Fernández como candidato.

5. Schildern Sie die Bilder:

Estaciones del año:
la primavera
el verano
el otoño
el invierno

6. Bilden Sie Sätze:

Ejemplo: Cuando escucho música, no me gusta leer. — **Escuchando música**, no me gusta leer.

Cuando hablo de mi pueblo, siento nostalgia. — ...
Al hacer cola, se pierde el tiempo. — ...
Cuando toca el piano, se divierte. — ...
Cuando camino por la calle, encuentro a conocidos. — ...
Cuando se viaja por el extranjero, se aprende mucho. — ...
Al hablar en público*, se pone nervioso. — ...
Cuando llueve, no apetece salir. — ...
Cuando duermen, no se dan cuenta de nada. — ...
Al mirar las fotos, recordamos los tiempos pasados. — ...
Cuando nos enfadamos, no arreglamos nada. — ...

*en público — *öffentlich, vor aller Welt*

7. Antworten Sie auf die folgenden Fragen:

1. ¿Quién ha confirmado a Jorge la llegada de Peter?
2. ¿Qué desea hacer Peter en Barcelona?
3. ¿Ha visitado Alfonso el museo de Dalí?
4. ¿Qué dijo Peter cuando escribió a Jorge?
5. ¿Dónde está el museo de Dalí?

8. Expresiones

Hoy he matado el tiempo en el teatro.
¿Ha estado bien?
Había la mar de gente, pero la función no ha sido nada del otro jueves.

matar el tiempo — *die Zeit totschlagen*
la mar de — *viel*
no ser nada del otro jueves — *nichts Weltbewegendes sein.*

Barcelona: Catedral

9. Ejercicio Comunicativo

Tja, manchmal bleibt uns nichts anderes übrig, als über das Wetter zu sprechen. Dies soll man auch auf Spanisch machen können.

El tiempo

¿Qué tiempo hace? buen/mal tiempo
¿Cómo es el tiempo?
¿Hace calor/frío?
¿A cuántos grados estamos?
Estamos a cinco grados
Estamos a cinco grados bajo cero

el sol	hacer sol	soleado
la lluvia	llover -ue-	lluvioso
el viento	hacer viento	ventoso
la nieve	nevar -ie-	
el granizo	granizar	
la helada	helar -ie-	
el relámpago	relampaguear	
el rayo		
el trueno	tronar -ue-	
la tormenta		
la tempestad		

el sol sale a las seis
el sol se pone a las ocho

tengo calor/frío
el cielo está:
claro, despejado/cubierto,
nublado, gris

el clima es:
seco	la sequedad
	la sequía
húmedo	la humedad
cálido, caluroso	el calor
templado	
frío	el frío
lluvioso	la lluvia
bochornoso	el bochorno
tropical	

la nube
la sombra
la niebla
el arco iris
el rocío
la escarcha
la temperatura
la presión
el termómetro
el barómetro
el parte meteorológico

sudar, el sudor
titiritar de frío
la insolación

el paraguas
el chubasquero
el impermeable

EL TIEMPO

EL PAÍS, martes 21 de febrero de 1989

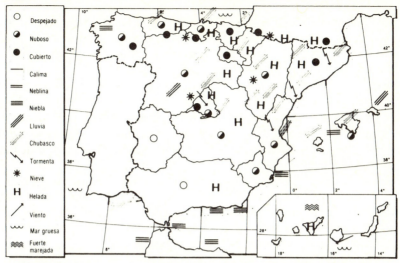

Descenso de las temperaturas

J. L. RON

Tenemos una borrasca débil al norte de Baleares y el extremo de un frente frío, desde el Pirineo hasta el Sistema Central, desplazándose lentamente hacia el Este, para llegar al Mediterráneo a mediodía. Presiones relativamente bajas sobre esa vertiente y un anticiclón en Azores, con una cuña de altas presiones por el noroeste de Galicia, canal de la Mancha y extendiéndose a Canarias. En altura, una vaguada en el centro de la Península. Esta situación traerá una notable mejoría para Canarias y descenso térmico en la Península y Baleares, y precipitaciones dispersas por la mitad norte, con alguna tormenta por el Noreste, aunque durante el día irá mejorando por el Noroeste.

ANDALUCÍA. Parcialmente nuboso en la mitad este y casi despejado en el resto. Nieblas en la costa. Máximas de 21° y mínimas de 2°. Hielo en Sierra Nevada a 1.900 metros.

ARAGÓN, NAVARRA Y LA RIOJA. Muy nuboso, con alguna nevada en Pirineo e Ibérico a 1.500 metros. Nuboso, con intervalos muy nubosos y algún chubasco. Máximas de 17° y mínimas de 0°.

BALEARES. Nuboso a muy nuboso, con nieblas y lloviznas. Máximas de 18° y mínimas de 3°.

CANARIAS. Parcialmente nuboso, con intervalos nubosos en el norte de las islas. Hielo en el Teide a 2.800 metros. Máximas de 21° y mínimas de 16°. Cesarán las calimas.

CANTÁBRICO Y GALICIA. Muy nuboso a primeras horas en Galicia, con alguna lluvia, mejorando, y con nieblas en la costa. Nuboso en el Cantábrico, con alguna lluvia, mejorando por el oeste de Asturias. Cubierto en la cordillera, con alguna nevada al este de los Picos de Europa. Máximas de 16° y mínimas de 3°. Hielo en la madrugada próxima a 1.500 metros.

CASTILLA Y LEÓN. Muy nuboso en el Sistema Central, con alguna precipitación de nieve en las cumbres. Nuboso en el resto, con alguna lluvia por el Este. Máximas de 14° y mínimas de 0°.

CASTILLA-LA MANCHA Y EXTREMADURA. Nubosidad variable, disminuyendo en Extremadura, donde será escasa por la tarde. Máximas de 17° y mínimas de 1°.

CATALUÑA. Muy nuboso, con precipitaciones, que serán de nieve en el Pirineo en altitudes superiores a 1.700 metros. Tormentas dispersas. Máximas de 17° y mínimas de 2°. Hielo a 1.700 metros en el Pirineo.

ÁREA DE MADRID. Muy nuboso en la sierra, con alguna precipitación, que será de nieve por encima de 1.700 metros, y hielo a ese nivel. Nubosidad variable en el resto de la comunidad. Máximas de 15° y mínimas de 4°. Tormentas por la tarde en la sierra.

MURCIA Y VALENCIA. Nubosidad variable, más abundante en Valencia, con algún chubasco tormentoso en Castellón y Valencia. Nieblas en las costas. Máximas de 19° y mínimas de 6°.

Carreteras. Para mayor información, llámese al siguiente teléfono de Madrid: 91 / 441 72 22.

ESPAÑA	MÁX.	MÍN.		MÁX.	MÍN.	EXTRANJERO	MÁX.	MÍN.
Albacete D	18	5	Madrid Q	17	4	Amsterdam Q	8	7
Alicante D	21	8	Mahón D	21	8	Atenas D	13	5
Almería D	20	9	Málaga D	23	8	Berlín Q	11	7
Ávila Q	15	5	Melilla D	19	11	Bonn P	11	10
Badajoz D	18	8	Murcia D	21	5	Bruselas P	10	8
Barcelona D	19	9	Orense D	19	9	Buenos Aires * Q	35	23
Bilbao D	20	9	Oviedo P	17	12	Cairo, El Q	19	11
Burgos D	17	3	Palencia D	17	5	Caracas * Q	27	19
Cáceres D	18	7	Palma D	23	4	Copenhague Q	7	4
Cádiz D	22	15	Palmas, Las P	21	15	Dublín P	7	2
Castellón D	19	8	Pamplona Q	17	3	Estocolmo V	4	2
Ceuta D	17	12	Pontevedra D	18	12	Francfort D	13	12
Ciudad Real D	17	6	Salamanca Q	18	6	Ginebra Q	12	4
Córdoba D	18	9	San Sebastián D	19	16	Hamburgo P	9	6
Coruña, La Q	19	14	S. C. Tenerife P	21	16	Lisboa P	17	11
Cuenca D	15	3	Santander D	18	13	Londres P	10	7
Gerona D	19	5	Santiago de C. Q	17	10	México Q	24	8
Gijón P	18	10	Segovia D	16	8	Miami * Q	25	21
Granada D	20	4	Sevilla D	18	10	Moscú N	-5	-7
Guadalajara Q	17	3	Soria D	17	4	Múnich P	12	10
Huelva D	23	15	Tarragona D	20	6	Nueva York * Q	5	-4
Huesca D	18	9	Teruel D	14	-2	Oslo P	8	2
Ibiza D	18	8	Toledo D	18	5	París Q	15	6
Jaén D	18	13	Valencia D	20	9	Rabat D	19	14
Lanzarote P	21	16	Valladolid D	17	7	R. de Janeiro * Q	35	21
León P	14	7	Vigo D	18	13	Roma D	15	2
Lérida D	14	2	Vitoria D	17	4	Tokio * Q	13	5
Logroño D	20	4	Zamora D	17	6	Viena D	16	12
Lugo P	19	10	Zaragoza D	18	6	Zúrich D	14	10

A, agradable / C, mucho calor / c, calor / D, despejado / F, mucho frío / f, frío /H, heladas / N, nevadas / P, lluvioso / Q, cubierto / S, tormentas / T, templado / V, vientos fuertes.
* Datos del día anterior.

20.4 Cuba

Cuba es la mayor isla del archipiélago antillano. Dos momentos históricos han sido decisivos para este país. El primero la Guerra de Independencia (1895-1898); el segundo la instauración de la república socialista (1959).

José Martí (1853-1895) es quizás el poeta más representativo del pueblo
5 cubano. Desde su juventud luchó arduamente para independizar a la isla del gobierno español. Las ideas del poeta cubano han tenido gran influencia no sólo en Cuba sino también en otros muchos países latinoamericanos. Él advirtió ya entonces del peligro que representaba el imperialismo estadounidense para los países latinoamericanos. José Martí murió en el campo de batalla lu-
10 chando contra los españoles.

Antes de la revolución socialista, la situación del campesino cubano no podía ser peor. Los grandes terratenientes (1% de los proprietarios) y los monopolios extranjeros disponían de más de la mitad de la tierra cultivable. El capital extranjero dominaba totalmente la economía cubana cuya infrae-
15 structura estaba determinada por la exportación de azúcar, tabaco y café. Tras la caída del dictador Batista y la toma del poder por Fidel Castro, la isla experimentó un gran cambio positivo. Cuba, hoy día, sin ser tampoco un paraíso, es un modelo válido para muchos países que, bajo gobiernos dictatoriales, luchan por su libración.

Cultivo una rosa blanca
en julio como en enero
para el amigo sincero
que me da su mano franca.

Y para el cruel que me arranca
el corazón con que vivo,
cardos ni ortigas cultivo.
Cultivo una rosa blanca.

José Martí (versos sencillos)

1. Besonderheiten:

hoy día — *heutzutage*

2. Antworten sie auf die folgenden Fragen:

1. ¿Cuáles han sido los momentos históricos decisivos para Cuba?
2. ¿De qué peligro advirtió José Martí a los pueblos latinoamericanos?
3. ¿En Cuba, ¿quién tomó el poder tras la caída del dictador Batista?

21

21.1 En la mina

Antonio Flores es un joven asturiano de Mieres. Lo conocí hace dos años durante mi estancia en Oviedo. Mieres es uno de los centros mineros más importantes de Asturias. Yo quería conocer la realidad del minero asturiano y Antonio me ofreció esta oportunidad. Él no era minero; no había querido ser-
5 lo precisamente porque conocía bien la profesión. Su abuelo y su padre habían trabajado en la mina. Su abuelo había muerto hacía ya seis años y su padre estaba retirado. Además un buen amigo de Antonio murió a causa de un accidente laboral. Este ocurrió en uno de los pozos de Mieres.

En la mina se pagaban muy buenos sueldos. Esto lo sabían muy bien aque-
10 llos mineros que antes habían trabajado en cualquier otro lugar. Por eso, a pesar de la dureza del trabajo, muchos jóvenes de Mieres trabajaban en las minas. La tentación era demasiado poderosa para poder resistirla. Lo peor era empezar, me decía Antonio. Muchos querían trabajar solamente durante un tiempo limitado. Habían decidido trabajar en la mina justo el tiempo necesa-
15 rio para comprarse el piso y casarse. Pero una vez que habían empezado a trabajar y habían cobrado las primeras mensualidades les era muy difícil reunicar al dinero que recibían a fin de mes. Los sueldos en la mina oscilaban entre las 80.000 y las 100.000 pesetas mensuales. En otro trabajo difícilmente podrían conseguir más de 40.000.

20 Unos conocidos de Antonio me ofrecieron la oportunidad de visitar una mina. Yo no había estado nunca en el interior de una mina y naturalmente acepté la propuesta. Era una mina de carbón que se encontraba en las inmediaciones de Mieres. Antes de entrar me dieron casco, mono, botas e incluso ropa interior. Al principio esto último me pareció ridículo. Más tarde lo com-
25 prendí. Después de mis cuatro horas de estancia en la mina, a pesar de que sólo me había paseado por ella, los calcetines, calzoncillos y camiseta estaban casi tan negros como el mismo carbón.

La visita a la mina me impresionó mucho, a pesar de que me la había imaginado de manera parecida. Recuerdo que el capataz que nos acompañó tenía
30 un fuerte acento asturiano. Mientras recorríamos las galerías nos explicaba el funcionamiento de la mina. Cada minero tenía una tarea determinada. El picador extraía el carbón, el estibador era el encargado de colocar las vigas de madera en las galerías, el barrenero ponía los barrenos ... Muchos de ellos trabajaban a destajo. Si tenían suerte trabajaban en equipo; vi muchos trabajando
35 solos en cualquier perdido rincón de la mina. A veces las galerías tenían escasamente un metro y medio de altura. Realmente se necesitaba valor para trabajar allí.

Lo peor era lo que ellos llamaban „el mal de mina", la silicosis. El padre de Antonio padecía esta enfermedad. Por eso había dejado de trabajar. La mayo-
40 ría de los mineros a los 40 años de edad tenían ya su salud arruinada. Por una parte los pulmones deshechos por la silicosis. Por otra parte el hígado destro-

zado por la cirrosis, pues el alcohol parecía ser el mejor remedio para olvidarse del trabajo durante los ratos de ocio.

No, decididamente Antonio no quería ser minero. Había conocido ya la profesión sin tener que bajar diariamente al pozo.

21.2 Gramática

1. Das Plusquamperfekt (El pretérito pluscuamperfecto)

Es wird mit dem Imperfekt des Hilfsverbs „haber" und dem Partizip des Hauptverbs gebildet.

Cuando llegué, ya te habías ido.— *Als ich ankam, warst du schon weggegangen.*
Ella había trabajado mucho. — *Sie hatte viel gearbeitet.*

2. Unregelmäßige Verben der Gruppe „dormir-morir"

dormir

Präsens	Historische Vergangenheit	Imperativ	Gerundium
duermo	dormí	-	durmiendo
duermes	dormiste	duerme	
duerme	durmió	duerma	
dormimos	dormimos	durmamos	
dormís	dormisteis	dormid	
duermen	durmieron	duerman	

Einige Verben, darunter „morir", bilden außerdem das Partizip auf unregelmäßige Weise: muerto.
Die Zeiten des Konjunktivs sind ebenfalls unregelmäßig.
Im grammatikalischen Anhang finden sich die wichtigsten Verben dieser Gruppe.

3. Besonderheiten

lo peor — *das Schlimmste*   dejar de — *aufhören*
a destajo — *Akkordarbeit*

4. Expresiones

¿Has podido conciliar el sueño?
Sí, he dormido como un tronco toda la noche.
Yo, en cambio, no he podido pegar un ojo.

conciliar el sueño — *Schlaf finden, einschlafen können*
dormir como un tronco — *schlafen wie ein Sack*
pegar los ojos — *die Augen zutun*

21.3 Ejercicios

1. Ergänzen Sie die folgenden Sätze mit den Verben „dormir", „dormirse" oder „morir":

(Él) ha . . . estupendamente.
Cuando le oigo hablar, ...
Ayer (yo) . . . en casa de Carmen.
Ella . . . en la función de anoche.
Sus padres . . . hace dos años.
No lo puedo evitar, en clase (yo) . . . siempre.
Entrad a la habitación sin despertarlo; está . . . .
El perro ha . . . atropellado por el coche.
La semana que viene (nosotros) . . . ya en nuestra nueva vivienda.
Juan . . . mucho.

2. Ergänzen Sie; verwenden Sie dabei das Plusquamperfekt:

Cuando Ferndando llegó, Elena ya (marcharse) . . . .
La exposición nos gustó mucho. No (ver, nosotros) . . . nunca nada parecido.
Ayer llamé a Teresa, pero no estaba en casa. Ya (salir, ella) . . . .
Nunca (trabajar, yo) . . . tanto como ayer.
Cuando le (lo) telefoneé, ya (escribir, él) . . . la carta.
Ayer fui a ver el Museo de Arte Moderno; nunca (estar, yo) . . . allí.
Anteayer vi a Felipe. Me dijo que (estar, él) . . . enfermo la semana pasada.
Cuando Ana le comunicó la noticia, él ya la (leer) . . . en el periódico.
Ayer llovió mucho; hasta ayer (hacer) . . . buen tiempo.
En la fiesta, Carmen y Eustaquio tocaron una pieza para piano y flauta; la (preparar, ellos) . . . muy bien.

3. Ergänzen Sie:

Conocí a Antonio . . . mi estancia en Oviedo.
El cine Central es uno . . . los más grandes de la ciudad.
Su padre murió . . . dos años.
Muchos jóvenes trabajan en la mina a . . . de la dureza del trabajo.
Él . . . había estado nunca en Sevilla.
Ahora no tengo hambre; comeré . . . tarde.
Juan vio la película; . . . impresionó mucho.
Antes . . . comprar el libro, debes preguntar el precio.

4. Ergänzen Sie folgende Sätze; verwenden Sie dabei das Imperfekt:

Él (estar) . . . siempre de buen humor.
Nosotros (ir) .. a menudo a la discoteca.
(Trabajar, ella) . . . demasiado.

Juan (ser) . . . siempre puntual.
Vosotros (ver) . . . siempre las mismas películas.
Ellos no (saber) . . . nunca la respuesta.
Cuando partimos, (llover) . . . .
Cuando yo (ir) . . . , él venir.
(Hacer, tú) . . . siempre bien tu trabajo.
Me (contar, ella) . . . siempre las mismas historias.

5. Ergänzen Sie folgende Sätze; verwenden Sie dabei die Historische Vergangenheit:

Nosotros (hablar) . . . con tus padres.
Ellos no me (decir) . . . nada.
¿Qué (hacer, vosotros) . . . ayer?
¿Dónde (poner, tú) . . . mis libros?
Ellos (ser) . . . buenos amigos.
¿A qué hora (llegar, ellos) . . . a Bilbao?
¿Por qué no (querer, tú) . . . ir con López?
¿(Poder, vosotros) . . . acabar el trabajo?
Ayer no (llover) . . . .
Ellas (estar) . . . en casa de Rosa.
A eso de las siete (comenzar) . . . a nevar.

6. Ergänzen Sie:

Cuando llegué, ellos ya . . . salido.
Estoy en esta escuela desde . . . un año.
Me acaban . . . dar la noticia.
Viven en Sevilla . . . el año pasado.
Empecé el trabajo . . . un mes.
Es la mujer de . . . hijos te hablé.
Cuando empezó la sesión, él no . . . llegado todavía.
Yo . . . de comprar el periódico (= he comprado el periódico hace unos minutos).
A mí no . . . gusta hablar del asunto.
Hace ya una hora . . . hablamos del mismo asunto.

7. Antworten Sie auf die folgenden Fragen:

1. ¿Trabaja el padre de Antonio en la mina?
2. ¿Por qué trabajan muchos jóvenes en la mina?
3. ¿Qué significa trabajar „a destajo"?
4. ¿Qué enfermedad padece el padre de Antonio?
5. ¿Por qué no quiere Antonio ser minero?

8. Exercicio comunicativo

Sie möchten ein Zimmer in einem Hotel bestellen. Wissen sie schon, was man hier sagen muß?

Para pasar la noche

¿Tienen habitaciones libres?
¿Tienen camas libres?
¿Cuánto cuesta una habitación sencilla?
¿Podría darme la llave de mi habitación?
¿A qué hora se sirve el desayuno?
¿Está incluido el desayuno en el precio?
¿Podría despertarme a las siete?
¿Podría darme la cuenta?

pasar la noche
acostarse
dormir (irr.), dormirse
despertar -ie-, el despertador
despertarse -ie-
levantarse
reservar la habitación, la reserva

el vigilante nocturno
el sereno

el hotel (de una, dos estrellas etc.)
el motel
la pensión
la casa de huéspedes
el albergue (juvenil)
el camping

la cama   el colchón
                la sábana
                el cubrecama
                la manta
                el cojín
la cama de matrimonio
hacer la cama
la litera

la recepción
el recepcionista
el comedor
el aseo

el saco de dormir
la tienda (de campaña)
acampar

la habitación   la habitación con vista al mar
la habitación sencilla la habitación da al mar
la habitación doble   la media pensión
la habitación con aseo la pensión completa

21.4 Asturias

Según un dicho asturiano, „España es Asturias, todo lo demás es terreno conquistado". Los asturianos están orgullosos de su historia, pues los orígenes de la Reconquista se hallan principalmente en este principado. Asturias es una región aislada del resto de España por los abruptos y bellos montes Cantábricos.

En estas montañas crecen los prados y hay numerosos bosques. Esto es un recurso económico muy importante para la economía asturiana. Pero lo más importante son sus minas de carbón. En Asturias hay muchos centros mineros que ocupan a un gran número de trabajadores. El minero asturiano ha tenido siempre un papel muy importante en la lucha por las reivindicaciones sociales del trabajador. De ello se ha beneficiado no sólo Asturias sino España entera.

El paisaje asturiano es muy pintoresco, tanto el marítimo como el del interior. El hórreo, construcción popular asturiana, forma ya parte del paisaje. Asturias pertenece a la llamada „España verde". Llueve mucho y por término medio no hay más de 40 días de sol al año. La capital del principado es Oviedo. Esta antigua ciudad tiene interesantes ejemplos de los estilos arquitectónicos prerománico y gótico. Gijón, al norte de Oviedo, es una ciudad importante por su puerto y su industria pesquera. Avilés es una ciudad industrial. El castellano que se habla en estas ciudades tiene numerosas influencias del bable, lengua también románica. El bable se habla hoy día solamente en algunas zonas rurales del principado.

En los pueblos asturianos se celebran muchas fiestas populares, sobre todo en verano. En ellas se canta y se baila siendo la gaita un elemento indispensable. La sidra asturiana es muy famosa. En Asturias es la bebida más popular. Se dice que para saber lo que es la sidra hay que beberla precisamente en Asturias.

A MI ME GUSTA LA GAITA
(Canción popular asturiana)

A mí me gusta la gaita,
¡viva la gaita!
¡viva el gaitero!
A mí me gusta la gaita
que tenga el fuelle
de terciopelo.

A mí me gusta lo blanco,
¡viva lo blanco!
¡muera lo negro!
Que lo negro es cosa triste,
yo soy alegre
y no lo quiero.

Antworten Sie auf die folgenden Fragen:

1. ¿Dónde se originó la Reconquista?
2. ¿Qué es el hórreo?
3. ¿Cuáles son las principales ciudades asturianas?
4. ¿Qué es el bable?
5. ¿Cuál es la bebida más popular en Asturias?

22

22.1 Una receta culinaria

Eino es un chico finlandés que pasa una temporada en casa de Javier y Carmen.

JAVIER: Eino, hoy Carmen y yo deseamos que comas algo típico español.
5 CARMEN: Vamos a prepararte una tortilla de patatas estupenda.
EINO: ¡Fantástico! Pero yo también colaboro. No quiero que la hagáis sin mí. Además de esta manera aprenderé algo nuevo. ¿Ya habéis comprado todo lo necesario?
JAVIER: No necesitamos muchas cosas: huevos, patatas ...
10 CARMEN: ¡Y cebollas! Para mí lo más importante son las cebollas.
JAVIER: ¡No exageres mujer! Creo que las cebollas son también importantes pero no tanto como los huevos ... ¿Dónde has visto tú una tortilla sin huevos?
EINO: ¡Venga, venga! No discutamos y hagamos la comida. Ya empiezo a
15 tener hambre. ¿Qué puedo hacer?
JAVIER: Mirar.
CARMEN: No seas tonto Javier, él quiere hacer algo también. (A Eino) Puedes pelar las patatas, pero no cojas demasiadas.

20 Mientras Eino pela las patatas, Javier pone la sartén en el fuego. Las patatas se fríen con bastante aceite.

JAVIER: Ahora las patatas se cortan a trocitos.
CARMEN: ¡Eh Javier! Antes de cortarlas hay que limpiarlas.
25 JAVIER: Ah sí, se me olvidaba.
EINO: Las patatas ya están cortadas, ¿dónde las pongo?
CARMEN: En la sartén, pero vigila bien, no quiero que se quemen.

Javier acaba de pelar las cebollas.
30
CARMEN: Javier, ¡no llores tanto! (A Eino) Cuando Javier pela cebollas es un verdadero drama.
JAVIER: (Riendo y secándose las lágrimas de los ojos) Bueno, la cebolla ya está lista.
35 EINO: ¿Hay que ponerla con las patatas?
JAVIER: Sí, se puede freír junto con las patatas, pero hay que ponerla en la sartén más tarde que las patatas. La cebolla se fríe más deprisa. No obstante ahora ya se puede poner. Hazlo tú mismo; mientras, prepararé la ensalada.
40 EINO: ¿Utilizáis siempre aceite para freír?
CARMEN: Algunas cosas las frío con manteca, pero la mayoría de las veces utilizamos aceite. Es lo normal en España.

Javier:		Lo malo es que en los últimos años el aceite ha subido mucho de precio.
45	Carmen:	Ya he batido los huevos. (A Eino) Puedes sacar el aceite de la sartén. Pero no lo saques todo, se tiene que dejar un poquito.
	Javier:	Ahora se ponen los huevos batidos en la sartén, con las patatas y la cebolla.
	Carmen:	No te olvides de la sal.
50	Javier:	Ya lo sé. No quiero que Eino tenga que comer la primera tortilla española de su vida sosa. Ya la he puesto. (A Eino) ¿Ves? Cuando una parte de la tortilla ya está hecha se le da la vuelta.
	Carmen:	Bueno, la tortilla ya está lista. Javier, ¿has comprado el vino?
	Javier:	¡Por supuesto! Ha traído un vino que he comprado en el pueblo de
55		Carlos. Es muy bueno. Quiero que lo probéis.
	Eino:	¡Empecemos a comer!
	Carmen y Javier:	¡Pues claro!
	Eino:	¡Que aproveche!

22.2 Gramática

1. Der Konjunktiv (El modo subjuntivo)

Konjunktiv I (Presente del subjuntivo)

hablar	comer	vivir
hable	coma	viva
hables	comas	vivas
hable	coma	viva
hablemos	comamos	vivamos
habléis	comáis	viváis
hablen	coman	vivan

Bei den meisten unregelmäßigen Verben wird der Stamm der 1. Person Singular Indikativ-Präsens zum Stamm des Kunjunktiv I:
 hacer: hago › haga usw.
 poner: pongo › ponga usw.
 decir: digo › diga usw.

2. Der Konjunktiv als Imperativ

Bei verneintem Imperativ wird der Konjunktiv I verwendet.
 ¡No hables! — *Sprich nicht!*
 ¡No comáis todavía! — *Eßt noch nicht!*

3. Der Konjunktiv im daß-Satz als Ausdruck der Willensäußerung

Nach Verben, die einen Wunsch oder Befehl ausdrücken, steht „que" + Konjunktiv.
    Deseo que trabajéis mejor. — *Ich möchte, daß ihr besser arbeitet.*
    Quiero que vengan pronto. — *Ich will, daß sie bald kommen.*

Anmerkung: Wenn das Subjekt des Haupt- und Nebensatzes dasselbe ist, steht das Verb des Nebensatzes, wie schon gesehen worden ist, im Infinitiv.
    Deseo ir al cine. — *Ich möchte ins Kino gehen.*

4. Das Konjunktiv-Perfekt (El pretérito perfecto de subjuntivo)

Das Konjunktiv-Perfekt wird mit dem Konjunktiv I des Hilfsverbs „haber" und dem Partizip des Hauptverbs gebildet.
    haber (Konjunktiv I)
    haya
    hayas
    haya
    hayamos
    hayáis
    hayan
    Deseo que haya llegado la carta. — *Ich möchte, daß der Brief schon eingetroffen ist.*

5. Unregelmäßige Verben der Gruppe „reír"

reír — *lachen*
Indikativ:

Präsens	Historische Vergangenheit	Imperativ	Konjunktiv I	Gerundium
río	reí	-	ría	riendo
ríes	reíste	ríe	rías	
ríe	rió	ría	ría	
reímos	reímos	riamos	riamos	
reís	reísteis	reid	riáis	
ríen	rieron	rían	rían	

Der Konjunktiv II ist ebenfalls unregelmäßig.
Im grammatikalischen Anhang finden sich die wichtigsten Verben dieser Gruppe.

6. Substantivierung des Adjektivs

Die Adjektive werden mit dem neutralen Artikel „lo" substantiviert.
    No conocéis todavía lo divertido de la historia. — *Ihr kennt noch nicht das Lustige an der Geschichte.*
    No veo lo interesante de este libro. — *Ich sehe nicht das Interessante an diesem Buch.*

7. Besonderheiten

¡venga! — *los! Mensch!*
poquito: Diminutiv von „poco"
trocito: Diminutiv von „trozo"

la mayoría de las veces — *meistens*
dar la vuelta — *(um)drehen, wenden*
por supuesto — *selbstverständlich*
¡que aproveche! — *guten Appetit!*

22.3 Ejercicios

1. Bilden Sie die Negativ-Form:

Ejemplo: ¡Escribe la carta! — ¡No la escribas!
¡Come las patatas! — . . .
¡Comprad los billetes! — . . .
¡Ponga la radio! — . . .
¡Habla con Andrés! — . . .
¡Llamen por teléfono! — . . .
¡Coja las maletas! — . . .
¡Quítate el sombrero! — . . .
¡Utilice el ascensor! — . . .
¡Tocad el timbre! — . . .

2. Ergänzen Sie folgende Sätze mit den angegebenen Verben:

Quiero que me (esperar, vosotros) . . . .
Deseamos que (volver, ellos) . . . pronto.
Os ordeno que (trabajar, vosotros) . . . mejor.
Te mando que me (decir, tú) . . . toda la verdad.
Le prohíbo que (tomar, Vd.) . . . el coche.
Le ruego que me (traer, Vd.) . . . un café.
Os pido que me (dar, vosotros) . . . vuestra opinión.
¡Digo que (quitarse, Vds.) . . . los zapatos!
No toleramos que (llegar, vosotros) . . . tan tarde.
Te aconsejo que (trabajar, tú) . . . más.

3. Ergänzen Sie folgende Sätze mit den angegebenen Verben:

¿Por qué (reír, tú) . . . ?
¿Cómo se (freír) la carne . . . ?
Son unas chicas que siempre (sonreír) . . . .
Ayer Pedrito se enojó porque sus amigos (reírse) . . . de él.
Cuando la miré me (sonreír, ella) . . . .
Anoche (reírse, nosotros) . . . mucho.
¿Cómo quieres que (freír, yo) . . . las berenjenas?
No tolero que (reírse, vosotros) . . . el pescado.
¡(Sonreír, Vd.) . . . por favor!
Estamos (freír) . . . el pescado.

4. Ergänzen Sie:

Yo también colaboro; de . . . manera aprenderé algo nuevo.
¿Ya han comprado todo . . . necesario?
Los huevos no son . . . caros como la carne.
Las patatas ya están cortadas; ¿dónde . . . pongo?
La tortilla . . . lista.
Siempre freímos con aceite; es . . . normal en España.
¿Has comprado vino? — ¡ . . . supuesto!
Empiezo . . . tener hambre.
. . . Carmen hace la tortilla, Javier prepara la ensalada.
Cuando una parte de la tortilla está hecha, se le . . . la vuelta.

5. Ergänzen Sie die folgenden Sätze; verwenden Sie dabei das Imperfekt oder die Historische Vergangenheit:

Ayer, paseando por las calles de Oviedo, (encontrar, yo) . . . a Manolo. (Hacer) . . . tiempo que no le (ver, yo) . . . y, naturalmente, (alegrarse, yo) . . . mucho. (Tener, él) . . . el mismo rostro jovial de siempre. (Entrar, nosotros) . . . en una tasca y (encargar, nosotros) . . . una botella de sidra. Manolo me (decir) . . . que (ganarse, él) . . . la vida tocando en la Filarmónica de Oviedo. Cuando (conocerse, nosotros) . . . , (estudiar, él) . . . violín en el conservatorio. Me (comentar, él) . . . que su trabajo le (gustar) . . . mucho. Me (dar, él) . . . también un par de entradas para un concierto. (Estar, nosotros) . . . charlando más de tres horas; no sé exactamente cuántas botellas de sidra (vaciar, nosotros) . . . .

6. Bilden Sie Sätze:

Ejemplo: Trabajaremos juntos. Nos conoceremos. — **Trabajando juntos**, nos conoceremos.

Estudian mucho. Aprobarán el examen. — . . .
Iré al concierto. Pasaré por casa de Fermín. — . . .
Viajamos en auto-stop. Conocemos a mucha gente. — . . .
Hacen teatro. Recorren todo el mundo. — . . .
Se hacía cola. Se perdía mucho tiempo. — . . .
Está enfermo. No puede trabajar. — . . .
Bailaron. Disfrutaron mucho.— . . .
Se lee. Se aprende mucho. — . . .
Hará deporte. Se mantendrá en forma. — . . .
Uno se enoja. No se consigue nada. — . . .

7. Antworten Sie auf die folgenden Fragen:

1. ¿Cuál es la nacionalidad de Eino?
2. ¿Cuáles son los ingredientes de la tortilla de patatas?
3. ¿Con qué se fríe normalmente en España?
4. ¿Qué hace Javier mientras Eino pela las patatas?
5. ¿Quién prepara la ensalada?

8. Expresiones

¡Eh usted! ¡No se cuele! ¡Pues claro! No se haga el sueco.
¿Quién? ¿Yo? Ah, perdón . . . .

colarse -ue- — *sich vordrängeln, sich einschleichen*
hacerse el sueco — *sich taub stellen*

9. Ejercicio comunicativo:

Daß Sie ein Lieblingsgericht haben, bedeutet nicht unbedingt, daß Sie es auch kochen können. Könnten Sie versuchen, es uns zu erzählen?

¿Como se hace?

cocinar, la cocina, el cocinero freír (irr.) hacer a la brasa
hacer la parilla, la parrillada sofreír (irr.), el sofrito cocer (irr.)
 guisar, el guiso preparar
 asar, el asado

calentar -ie-
enfriar
hervir (irr.)

poner
sazonar
condimentar, el condimento
pelar, la piel
cortar
batir, la batidora
remover
amasar, la masa
rebozar, el rebozado
rayar, el rayador
hacer un pastel
hacer una salsa
poner a fuego lento
macerar

la cocina eléctrica
la cocina a gas
la cocina de carbón
la cocina de leña

la olla
la sartén
la cazuela
el pote
el cucharón
el colador, pasar por el colador
el cubierto: la cuchara
　　　　　　el tenedor
　　　　　　el cuchillo
　　　　　　la cucharilla
la cafetera
el molinillo, moler -ue-
la tostadora, la tostada
tostar -ue-

la receta
el ingrediente

el horno, poner al horno
el frigorífico
la nevera
el congelador

22.4 Venezuela

Venezuela significa pequeña Venecia. El florentino Américo Vespucio dió al país este nombre, pues un pequeño poblado indígena, edificado junto al agua, le recordó la bella ciudad del Adriático.

A causa de las grandes diferencias climáticas, la vegetación de Venezuela es muy variada. Existen grandes bosques y por eso su riqueza forestal es enorme. El río Orinoco atraviesa Venezuela. Es uno de los mayores ríos sudamericanos y es navegable en más de 1.125 kilómetros.

El subsuelo de Venezuela es muy rico, aunque está poco explotado. En él se encuentra, principalmente, gas natural, hierro, diamantes y cobre. Pero la primordial riqueza del país es -sin duda alguna- su petróleo. Venezuela dispone de grandes reservas petrolíferas y es uno de los más importantes exportadores de petróleo. Debido a estas exportaciones, la renta nacional de Venezuela es muy alta; pero, por otra parte, está muy mal repartida. El capital está en manos de unos pocos y, a menudo, de compañías comerciales extranjeras.

La población está concentrada en el norte del país y es principalmente urbana. En Venezuela hay unos 35.000 indios que se integran progresivamente al sistema de vida mayoritario. La población venezolana se compone principalmente de mestizos, mulatos, blancos y negros. El analfabetismo, la falta de trabajo y los latifundios y minifundios en la agricultura representan para el país graves problemas.

1. Besonderheiten:

a causa de — *wegen*
sin duda alguna — *zweifelsohne, unstreitig*
disponer wird wie „poner" konjugiert
por otra parte — *andererseits*

2. Antworten Sie auf die folgenden Fragen:

1. ¿De dónde proviene el nombre de Venezuela?
2. ¿Cómo es la vegetación en Venezuela?
3. ¿Cuál es el principal recurso económico del país?
4. ¿Vive la mayoría de la población en el campo?

23.1 En la consulta del médico

Paciente: Buenos días doctor.
Médico: Pase y siéntese. ¿Qué le pasa?
Paciente: Me duele la cabeza.
Médico: ¿Le duele muy a menudo?
5 Paciente: Sí, bastante a menudo. Especialmente después de ver la televisión.
Médico: Le recetaré unas pastillas; no es necesario que se alarme, es un mal de nuestro tiempo. ¿Esto es todo?
Paciente: No, tengo también un dolor en el pecho ...
Médico: ¿Fuma usted?
10 Paciente: Sí.
Médico: Es importante que deje de fumar. ¿Bebe?
Paciente: ¡Hombre, claro! ¿Usted no?
Médico: No me ha entendido. Me refiero a bebidas alcohólicas.
Paciente: Hombre, por la noche un par de copitas ... Los fines de semana algo
15 más quizás.
Médico: Le recomiendo que beba menos. De todas maneras le recetaré unas pastillas muy efectivas para dejar de fumar.
Paciente: Bien doctor ... Otra cosa, tengo un poco de dolor en el dedo pequeño del pie izquierdo.
20 Médico: ¿Cuándo siente usted este dolor?
Paciente: Sobre todo después de pasear.
Médico: ¿Tiene coche?
Paciente: Sí.
Médico: Pues utilícelo también para ir a pasear. Además tómese una tableta
25 de „Dolidón" al sentir algo de dolor. No obstante temo que el medicamento le cause efectos secundarios. Para eliminarlos es necesario que se tome también dos tabletas de „Ginycol" por día.
Paciente: Doctor, cuando subo y bajo las escaleras me mareo un poco.
Médico: ¿Ve usted estrellitas?
30 Paciente: ¿Estrellitas? ... Creo que no ...
Médico: Me sorprende que no vea estrellitas. Son el síntoma de que usted está bajo de presión. Fíjese y las verá. Se lo aseguro.
Paciente: Y, ¿qué me receta usted esta vez?
Médico: En primer lugar utilice el ascensor. En segundo lugar tómese tres
35 tazas de café diarias.
Paciente: Oiga doctor ... me extraña que en esta ocasión no me recete pastillas ...
Médico: ¿No le he recetado nada?
Paciente: Creo que no ... Acaba de decirme que es necesario que tome el ascensor
40 y beba café ...
Médico: ¡Qué despistado soy! Las he olvidado. Tómese también media tableta diaria de „Cocahcol".

PACIENTE: Oiga, francamente hablando, no me gusta que me recete tantas pastillas. Creo que esto no es demasiado bueno para el cuerpo ...
MÉDICO: Pues, ¿qué quiere que le recete?
PACIENTE: Hombre, espero que no le moleste lo que le digo ... ¿No sería posible tomar algo diferente? Fruta, determinadas verduras, baños de sol ...
MÉDICO: Mire usted, lamento mucho que todo esto no le guste, pero usted es el paciente, y yo soy el médico; yo receto pastillas y usted se las toma. ¿Para qué cree que me he pasado más de diez años en la universidad?
PACIENTE: Bien doctor.
MÉDICO: Aunque pensándolo mejor creo que en parte tiene usted razón. Le he recetado muchas pastillas ... Por eso es imprescindible que se tome una pastilla de „Liacón" cada noche antes de acostarse. Sólo de esta manera se evitarán posibles interferencias entre los efectos de cada medicamento.
PACIENTE: Encantado de conocerle, doctor.
MÉDICO: Adiós, hasta la próxima.

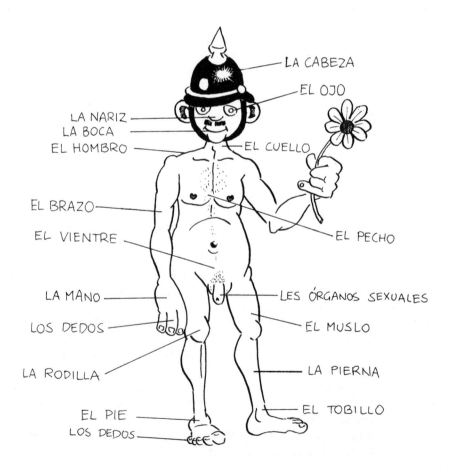

23.2 Gramática

1. Der Konjunktiv im daß-Satz nach unpersönlichen Ausdrücken

Nach unpersönlichen Ausdrücken steht „que" + Konjunktiv.
    Es necesario que estudies. — *Es ist nötig, daß du studierst.*
    Es bueno que lo visitéis. — *Es ist gut, daß ihr ihn besucht.*
    Es lógico que sea caro. — *Es ist logisch, daß es teuer ist.*
    Es importante que le llaméis. — *Es ist wichtig, daß ihr ihn anruft.*

Anmerkung: Es gibt einige unpersönliche Ausdrücke, die im Nebensatz den Indikativ verlangen. Sie sind bloße Feststellungen:
    es evidente — *es ist offensichtlich*
    es verdad — *es ist wahr*
    ocurre — *es kommt vor*
    sucede — *es kommt vor*
    und ähnliche Ausdrücke.

2. Der Konjunktiv im daß-Satz nach Verben, die Gefühle ausdrücken

Wenn das Hauptverb Gefühle, Emotionen oder Reaktionen des Subjekts ausdrückt, steht das Verb des Nebensatzes im Konjunktiv.

Bedauern: Siento que Ana no esté con nosotros. — *Ich bedaure, daß Ana nicht bei uns ist.*
Erstaunen: Me extraña que no llueva. — *Ich wundere mich, daß es nicht regnet.*
Hoffnung: Espero que Margarita venga. — *Ich hoffe, daß Margarita kommt.*
Ärger: Le enoja que lleguéis tan tarde. — *Es ärgert ihn, daß ihr so spät kommt.*
Dankbarkeit: Te agradezco que me hayas escrito. — *Ich danke dir, daß du mir geschrieben hast.*
Freude: Les gusta que los visitéis. — *Es gefällt ihnen, daß ihr sie besucht.*
Furcht: Tememos que el disco no le guste. — *Wir fürchten, daß die Platte ihm nicht gefällt.*

3. Besonderheiten

    de todas maneras — *auf jeden Fall*
    en parte — *zum Teil, teils*
  estrellita: Diminutiv von „estrella"

4. Expresiones

    ¿Hablas español de corrido?
    De corrido no, pero me defiendo. Antes me expresaba bastante bien en español, pero como lo hablo poco, he perdido la práctica.
    No te desanimes. Si estudias un poco no te será difícil recuperar lo perdido. Tú tienes facilidad para los idiomas.

hablar de corrido — *fließend sprechen*
defenderse (hier:) — *sich durchschlagen*
perder la práctica — *aus der Übung kommen*
tener facilidad — *Begabung haben (hier: sprachbegabt sein)*

23.3 Ejercicios

1. Bilden Sie Sätze:

Ejemplo: Debes dejar de fumar. — **Es importante que dejes de fumar.**
Tiene que ser puntual. — Es importante . . .
Tenéis que estudiar más. — Es imprescindible . . .
Él no vendrá. — Es improbable . . .
Tengo que llamar a Juan antes del sábado. — Es necesario . . .
Los gobiernos deben esforzarse para conservar el medio ambiente. — Es importante . . .
Los precios suben mucho. — No es lógico . . .
Tienen que salir a las seis. — Es preciso . . .
Ella quiere cambiar de trabajo. — Es mejor . . .
Ha llegado puntualmente. — Es normal . . .
En Enero hace frío. — Es natural . . .

2. Ergänzen Sie folgende Sätze mit den angegebenen Verben:

Me gusta que (ponerse, tú) . . . el vestido azul.
Me enoja que (trabajar, ellos) . . . mal.
Siento que (tener, yo) . . . que decirte esto.
Me extraña que ellos no (haber) . . . venido.
Me disgusta que (comportarse, vosotros) . . . de esta manera.
Lamento que (hacer) . . . mal tiempo.
Le desagrada que (poner, tú) . . . discos por la noche.
Espero que (venir, ella) . . . pronto.
Me fastidia que no me (dar, ellos) . . . vacaciones.
Me sorprende que no la (haber, vosotros) . . . visto.

3. Ergänzen Sie folgende Sätze; verwenden Sie den Konjunktiv, falls erforderlich:

Noto que no (disfrutar, vosotros) . . . de la vida.
A Elena le gusta que le (escribir, ellos) . . . postales.
Veo que (estar) . . . lloviendo.
Creo que hoy (retransmitir, ellos) . . . un concierto por la radio.
A ellos les encanta que les (visitar, tú) . . . .
Es mejor que (comprar, tú) . . . las entradas con antelación.
No me gusta que me (gritar, Vd.) . . . cuando habla.

Él opina que sus padres (deber, ellos) . . . dejar de trabajar.
Ellos dicen que hoy por la noche no (venir, ellos) . . . .
Me he dado cuenta de que la radio no (funcionar) . . . bien.

4. Ergänzen Sie:

Hoy no me encuentro bien; ` . . . duele la cabeza.
No . . . necesario que se alarme.
Usted no debe fumar; es importante que . . . de fumar.
Tómese una tableta . . . sentir dolores.
. . . necesario tomar el autobús.
Espero que no le desagrade lo . . . le digo.
. . . parte tiene Vd. razón.
Tómese una pastilla cada noche . . . de acostarse.
. . . imprescindible que vengáis temprano.
Acabo . . . decirle que se tome sus pastillas.

5. Ergänzen Sie folgende Sätze; verwenden Sie dabei das Imperfekt oder die Historische Vergangenheit:

El año pasado (ir, yo) . . . a España. (Visitar, yo) . . . una pequeña ciudad que (estar) . . . a unos cincuenta kilómetros de Barcelona; (llamarse, ella) . . . Vic. Cuando (llegar, yo) . . . , la ciudad (estar) . . . en fiestas. (Ser) . . . una sorpresa agradable, pues cuando (decidir, yo) . . . ir a Vic, no (saber, yo) . . . que casualmente entonces celebraba sus fiestas. Ya que la ciudad me gustó mucho, (quedarse, yo) . . . dos semanas.

6. Antworten Sie auf die folgenden Fragen:

1. ¿Cuándo se marea el paciente?
2. ¿Por qué debe tomar el paciente „Ginycol"?
3. ¿Para qué debe tomar el paciente tres tazas de café diarias?
4. ¿Qué propone el paciente al médico?
5. ¿Cuánto tiempo ha estudiado el médico en la universidad?

7. Ejercicio comunicativo

Fühlen Sie sich nicht wohl?

En la consulata del médico

doler -ue-	me duele la cabeza
	el dolor
	la dolencia grave/leve
	el dolor de cabeza
sentir (irr.)	no me siento bien
tener fiebre	la fiebre
	estar a 40 de fiebre

ponerse enfermo, enfermar		el médico
sanar	la sanidad	el doctor
	la salud, sano	el enfermo, la enfermedad
prevenir	la prevención	la (el) enfermera(o)
toser	la tos	el hospital
estornudar	el estornudo	la clínica
romperse (un hueso, un brazo etc.)		el consultorio
tomar la temperatura	el termómetro	la medicina
tomar la presión		el medicamento
hacer una radiografía		la inyección
ingresar en la clinica	el ingreso	la vacuna, vacunar
		la tableta
el malestar		la pastilla
el resfriado	resfriarse	la píldora
el constipado	constiparse	las gotas
la gripe		el jarabe
la diarrea	dar de alta	el calmante
la migraña	dar de baja	la operación quirúrgica, operar
el sarampión	la revisión médica	
el asma (f.)		los rayos X

la mano	los órganos genitales	la cabeza
el dedo (de la mano)	el muslo	el cabello
el codo	la pierna	el ojo
el estómago	la rodilla	la nariz
el vientre	el pie	la oreja
el ombligo	el dedo (del pie)	la boca
		el diente, el dentista
		la muela (sacar la muela)
		el cuello
		el hombro
		el pecho
		la espalda
		el brazo

23.4 El indio, hoy

La cultura india está hoy día vigorosamente representada en Latinoamérica. Desde el centro de México hasta Chile, se extiende sin interrupción una Zona de territorios habitados casi exclusivamente por indios. Se calcula que en Latinoamérica hay aproximadamente unos 40 milliones de personas de cultura
5 india. Colombia, Ecuador, Perú y Bolivia son los países con mayor porcentaje indio.
    A pesar de las aberraciones y crueldades de la Conquista, en muy pocas ocasiones persiguió la política colonizadora castellana el sistemático exterminio de la población india (la colonización de las Antillas es la excepción más im-
10 portante). A través de una política asimilatoria, se intentó integrar al indio a los nuevos modelos sociales que no por ser nuevos o técnicamente superiores tenían que ser mejores. El matrimonio inter-racial fue muy frecuente. En Hispanoamérica hay las llamadas culturas mestizas. Su lengua es la española y conservan escasos elementos de su antigua cultura. En cambio, la mayo-
15 ría de los miembros de las actuales culturas indias hablan poco español. Así, se habla el quechua en Bolivia, Perú y Ecuador; el chibcha en Nicaragua, Panamá y Colombia; el nahua y el maya en México y el Salvador; el aymara en Bolivia y Perú; y el guaraní en Paraguay y Bolivia. Las modernas culturas indias han sufrido la influencia de la cultura europea, pero el caso inverso es también
20 cierto; la lengua y las formas de vida de los descendientes de los colonizadores muestran claramente la influencia indígena.
    Hoy día, el indio „asimilado" tiene teóricamente acceso a la vida social y política de los modernos estados latinoamericanos. Los dos más grandes presidentes mexicanos, por ejemplo, tenían sangre zapoteca. Pero esto no es siem-
25 pre así. De hecho, la población india, sobre todo si permanece fiel a su cultura, es objeto de discriminación. En el Paraguay se persigue incluso „legalmente" al indio no integrado internándole en reservas que bien podrían denominarse campos de concentración. Muchos indios tienen la dolorosa sensación de sentirse extraños en su propio país.

Antworten Sie auf die folgenden Fragen:

1. ¿Qué lengua hablan predominantemente las culturas mestizas?
2. ¿Dónde se habla el quechua?
3. ¿Tiene el indio los mismos derechos que el resto de la población?

24

24.1 ¿Se construye, o se destruye?

Hans acaba de llegar de Hamburgo. Ha venido a Barcelona para pasar unos días con sus amigos. En la estación se encuentra con Jorge que le estaba esperando.

JORGE: ¡Hola Hans! Bienvenido a Barcelona. ¿Has tenido una buen viaje?
HANS: Sí, ha sido muy agradable.
JORGE: Supongo que estarás cansado.
HANS: Oh, no demasiado. He podido dormir un par de horas.
JORGE: Vamos pues para casa.
HANS: ¿Está muy lejos de la estación?
JORGE: Un poco. Si no hubiera tanto tráfico tomaríamos un autobús, pero a estas horas es mejor tomar el metro. Llegaremos antes.
HANS: ¿Crees que me gustará la ciudad?
JORGE: Pues sinceramente no lo sé. Si no fuera por los arrabales, diría que Barcelona es una ciudad muy bonita. La periferia es horrible. En los últimos años se ha construido mucho y mal. La gente vive en impersonales bloques de cemento. Estos barrios son deprimentes. Si tuviera que vivir allí no lo soportaría por mucho tiempo.
HANS: Esto sucede en todas las grandes ciudades.
JORGE: Sí, es posible que sea así, pero esto no es ninguna excusa. Hace treinta años la Barcelona de entonces era muy diferente, mucho más humana y bonita. Toma por ejemplo Sants, el barrio donde yo nací. Sants había sido originariamente un pueblo. Desde principios de siglo forma parte de Barcelona; ahora es un barrio más. No obstante, hasta hace algunos años conservaba su antigua estructura: casas bajitas, muchas de ellas con patios interiores, calles tranquilas; la gente se conocía ... Ahora las inmobiliarias lo están destruyendo. Es deprimente. Si no fuera por esto viviría todavía allí.
HANS: Desgraciadamente estas aberraciones urbanísticas no se ven sólo en la ciudad. He visto algunas fotografías de la Costa Brava. Aquello es horrible.
JORGE: Sí, si no se edificara tan incontroladamente, aquellas playas tendrían todavía su primitivo encanto. No comprendo a la gente que pasa allí sus vacaciones.
HANS: Para mí no es tan difícil entenderlo. Ya sabes que muchos de los turistas que pasan allí sus vacaciones son de mi país. En el fondo viajan a España no con el fin de conocer el país sino solamente para romper la monotonía de sus vidas cotidianas. Si yo trabajara como ellos ocho horas diarias durante once meses el año, haría quizas también lo mismo. Además las agencias de viajes lo tienen todo muy bien montado. ¡Es tan fácil dejarse persuadir por ellas! De hecho es siempre lo mismo. Hoy día pretenden vendértelo todo. Desde el desodorante milagroso

hasta fascinantes experiencias en un país extranjero. No sé adónde iremos a parar.

24.2 Gramática

1. Der Konjunktiv II (El pretérito imperfecto de subjuntivo)

hablar	comer	vivir
hablara oder hablase	comiera oder comiese	viviera oder viviese
hablaras oder hablases	comieras oder comieses	vivieras oder vivieses
hablara oder hablase	comiera oder comiese	viviera oder viviese
habláramos oder hablásemos	comiéramos oder comiésemos	viviéramos oder viviésemos
hablarais oder hablaseis	comierais oder comieseis	vivierais oder vivieseis
hablaran oder hablasen	comieran oder comiesen	vivieran oder viviesen

Die beiden Formen haben dieselbe Bedeutung und werden meistens unterschiedslos verwendet.

Die Verben, die die Historische Vergangenheit unregelmäßig bilden, bilden auch den Konjunktiv II, dessen Stamm sich von der 3. Person Plural der Historischen Vergangenheit ableitet, unregelmäßig.

z.B.
- hacer: hicieron › hiciera oder hiciese
- tener: tuvieron › tuviera oder tuviese
- ser: fueron › fuera oder fuese

2. Der Bedingungssatz (La frase condicional)

Konjunktiv II (Nebensatz) + Konditional (Hauptsatz)

Dieses Modell wird bei unerfüllbar scheinender Bedingung verwendet.

Si tuviera tiempo, iría al concierto. — *Wenn ich Zeit hätte, würde ich ins Konzert gehen.*

Si fuese a Italia, no viajaría en coche. — *Wenn ich nach Italien fahren würde, würde ich nicht mit dem Wagen fahren.*

Bei erfüllbarer Bedingung wird der Indikativ verwendet.
Si tengo tiempo iré al concierto.
Si voy a Italia no viajaré en coche.

3. Das Futur als Vermutung

Das Futur kann auch eine Vermutung ausdrücken.
Supongo que estarás cansado. — *Ich nehme an, daß du müde bist.*
Juan no habrá podido venir. — *Juan wird wohl nicht kommen können.*

4. Unregelmäßige Verben der Gruppe „construir"

construir — *bauen*
Indikativ:

Präsens	Konjunktiv I	Imperativ
construyo	construya	-
construyes	construyas	construye
construye	construya	construya
construimos	construyamos	construyamos
construís	construyáis	construid
construyen	construyan	construyan

Andere Zeiten, wie z.B. die Historische Vergangenheit (3. Person „construyó") werden nicht als unregelmäßig betrachtet (siehe 14.2.4).
Zu dieser Gruppe gehören die Verben, die auf -uir enden.

5. Besonderheiten

la Barcelona de entonces — *das damalige Barcelona*
en el fondo — *im Grund genommen, eigentlich*
bajitas: Diminutiv von bajas
No sé adónde iremos a parar — *Ich weiß nicht, wohin das alles noch führen soll.*
bien montado — *gut organisiert*

24.3 Ejercicios

1. Bilden Sie Sätze:

Ejemplo. No tengo dinero. No puedo comprar el coche. — Si tuviera dinero, **podría** comprar el coche.
Está lloviendo. Es imposible salir. — . . .
La situación económica es mala. Hay muchos parados. — . . .
No se sabe gobernar. Las cosas van mal. — . . .

Tengo ganas de verte. He venido. — . . .
Ella es de tu opinión. Te ayuda. — . . .
Va a Madrid. Podrá visitar el Museo del Prado. — . . .
Come demasiado. Se siente mal. — . . .
Estudian español. Viajan por Sudamérica sin problemas. — . . .
Hace mal tiempo. Nos ponemos el abrigo. — . . .

2. Ergänzen Sie folgende Sätze mit den angegebenen Verben:

Te dije que (cerrar, tú) . . . la puerta.
No nos gustaba que (volver, ellos) . . . tan tarde.
Me extrañó que no (encontrar, él) . . . un piso.
No querían que se les (acompañar) . . . .
¿Os desagradó que no os (invitar, ellos) . . . a cenar?
Sentí mucho que no (encontrarse, tú) . . . bien.
Me sorprendió que no (comprar, vosotros) . . . la radio.
Me enojó que no (ser, ellos) . . . puntuales.
Le disgustaba que (hablar, nosotros) . . . del asunto.
Esperaba que (venir, ella) . . . .

3. Ergänzen Sie folgende Sätze mit den angegebenen Verben:

En aquel solar están (construir) . . . una casa.
Ayer (concluir, nosotros) . . . el trabajo.
No quiero que (contribuir, tú) . . . con tu dinero.
¿Has (distribuir) . . . ya los papeles?
Los Srs. López (influir) . . . mucho a Juan.
Ayer (intuir, yo) . . . algo desagradable.
En las últimas vacaciones, el mal tiempo (destruir) . . . nuestros planes.
¡(Incluir, Vd.) . . . el vino en la cuenta!
Si hubiera más control del gobierno, no se (construir) . . . tan desorganizadamente.
¡(Excluir, nosotros) . . . esta solución!

4. Ergänzen Sie:

No comprendo . . . la gente que pasa allí sus vacaciones.
Yo haría también . . . mismo.
Hace veinte años, la España . . . entonces era diferente.
Sants forma parte de Barcelona . . . principios de siglo.
A estas horas („ser" oder „estar") . . . mejor tomar el metro.
He (ver) . . . algunas fotografías de la Costa Brava.
Es . . . caro que es imposible comprarlo.
Es posible . . . sea así.
No es lo . . . me pensaba.

5. Sagen Sie das Gegenteil:

Ejemplo: ¡No envíes la carta! ¡Envía la carta!
¡No entréis! — . . .
¡No coloque (Vd.) la botella en la mesa! — . . .
¡No me miréis! — . . .
¡No salgas a la calle! — . . .
¡No compre Vd. este periódico! — . . .
¡No coman (Vds.) la carne! — . . .
¡No toquéis el piano! — . . .
¡No cojas el autobús! — . . .
¡No os despertéis antes de las siete! — . . .
¡No te pongas esta camisa! — . . .

6. Antworten Sie auf die folgenden Fragen:

1. ¿Quién espera a Hans en la estación?
2. ¿Por qué no toman el autobús?
3. ¿Cómo era Barcelona hace treinta años en relación a la Barcelona actual?
4. ¿Qué opinión tiene Hans de la Costa Brava?
5. ¿Por qué no tiene la Costa Brava su primitivo encanto?

7. Expresiones

¡No hay derecho! Esta carretera está imposible. De buena gana habría tomado el tren.
¿Y por qué no lo has tomado?
¡Anda hombre! El tren va siempre a tope.

no hay derecho — *das gibt es aber nicht, das gehört sich nicht*
estar imposible — *in einem unmöglichen Zustand sein*
¡Anda hombre! — *Quatsch!*
a tope, lleno hasta los topes — *vollgefüllt*

8. Ejercicio comunicativo

Man muß ja ab und zu an einer Diskussion teilnehmen. Hier ein paar Konstruktionen und einige Vorschläge, die Sie während der Unterrichtszeit verwenden können.

Para participar en una discusión

estar a favor	estar en contra		
estar de acuerdo	no estar de acuerdo		
ser de la opinión			
dar la opinión sobre algo			
tener la opinión			
creer			
opinar			
pensar -ie-	pienso lo mismo	pienso diferente	pienso más bien lo contrario

ser del parecer de alguien
la parte positiva del asunto es
estar conforme
criticar
hacer la crítica
contradecir
desde mi punto de vista ...

soy de tu parecer
la parte negativa del asunto es
estar disconforme

¿Qué piensa Vd. de las siguientes opiniones?
La cocina y los niños son para los mujeres.
El aprovechamiento de la energía nuclear es necesario.
El autostop es peligroso.
El ejército es una institución indispensable para cualquier Estado.
La jornada de trabajo de 8 horas es demasiado larga.

24.4 El campo español

(Datos: Campo y ciudad en la geografía española: J. Vila, H. Capel, Madrid 1970)

España es el país más montañoso de Europa después de Suiza. Esto y la gran diversidad climática de la península otorgan características especiales a su paisaje y, por tanto, también a su agricultura. El paisaje español es muy variado. Hay quien ha dicho que la península Ibérica es un continente en miniatura. Realmente ésta es la impresión que recibe el viajero cuando la recorre de un extremo a otro.

Los montes Cantábricos, situados en el norte de España, forman una parte de la frontera entre la „España húmeda" y la „España seca". Es sorprendente el cambio tan radical que se produce en el paisaje al atravesar estas cadenas montañosas. A un lado de los montes Cantábricos se encuentran los verdes valles asturianos, contrastando vivamente con los austeros paisajes leonés y castellano. En Galicia y Asturias, la explotación forestal es un recurso económico muy importante. En la meseta castellana se cultivan predominantemente los cereales. También en Andalucía es importante la producción cerealística, aunque en esta región, el olivar otorga al paisaje una marcada personalidad, aquel acento tan típico andaluz. En el Levante se obtienen principalmente productos de huerta, siendo muy importante la producción frutal.

El cultivo de la vid en la península Ibérica es muy antiguo. Hay viñas tanto en el sur como en el norte de España. Muy conocida es la comarca de la Rioja donde se producen los vinos que llevan su nombre.

La propiedad rural en España muestra un contraste muy acentuado; predominan las situaciones extremas. El 31,8% de la superficie agraria española lo ocupan parcelas superiores a las 100 Ha.[*] (latifundio), el 27,5% por fincas cuya extensión oscila entre las 10 y 100 Ha., siendo inferiores a las 10 ha todas las

---

[*] Ha.: hectárea

demás. El 80% de las parcelas en Enspaña tienen menos de 1 Ha. de extensión (minifundio).

30 Hay pues un claro desequilibrio en la distribución de la propiedad rural. Los latifundios se encuentran sobre todo en el centro y sur de España. El latifundio español se caracteriza por ser una explotación de escaso rendimiento y su productividad es baja e irregular. Esto se debe principalmente a la escasa inversión de capital y al absentismo de los propietarios. En los latifundios se
35 utiliza predominantemente mano de obra temporal; esto produce mucha inestabilidad en la vida económico-social de la población.

El minifundio se halla en la parte norte de España, especialmente en Galicia. Esta modalidad de explotación agrícola posee también una baja productividad. En ocasiones sólo cubre las mínimas necesidades de subsistencia, y a
40 menudo se utilizan métodos arcaicos. Esto se intenta solucionar por medio del cooperativismo.

En los últimas años se ha agravado el problema del éxodo rural. Muchos campesinos abandonan sus campos para encontrar trabajo en las ciudades industriales o en el extranjero. Esto ha ocasionado un monstruoso y despropor-
45 cionado crecimiento de algunas ciudades españolas, así como la despoblación gradual de muchas zonas rurales.

Antworten Sie auf die folgenden Fragen:

1. ¿Qué impresión recibe el viajero cuando viaja por la península Ibérica?
2. ¿Qué se cultiva predominantemente en Castilla?
3. ¿Dónde se encuentran, sobre todo, los latifundios?
4. ¿Qué tipo de mano de obra se utiliza en los latifundios?
5. ¿Cómo se intentan remediar los inconvenientes del minifundio?

25

25.1 El Día de los Santos Inocentes

El 28 de diciembre es un día especial. Se debe andar prudentemente por la calle, leer con mucha precaución los periódicos y examinar con ojos muy críticos todo lo que se nos dice para que no nos tomen el pelo. El motivo de tal conducta es muy sencillo. El 28 de diciembre es el día de la inocentada. En esta fecha está permitido engañar al vecino con tal de que éste se deje engañar. Incluso los periódicos y la radio hacen uso de esta divertida costumbre. En los noticiarios se mezcla la realidad cotidiana con los más imprevistos disparates, sin que sea posible a veces separar lo uno de lo otro.

Una vez apareció en un periódico madrileño la noticia de que el popular monumento „La Cibeles" de Madrid se había vendido al gobierno mejicano. Según el periódico se tomó tal determinación con el fin de que se pudiera cubrir el déficit económico del ayuntamiento madrileño. Junto al artículo se publicó una fotografía en la que se podía ver la plaza de La Cibeles sin el mencionado monumento. Naturalmente se trataba de un logrado trucaje fotográfico. Esto produjo entre aquellos madrileños que lo creyeron una oleada de indignación. En la redacción del periódico se recibieron numerosas llamadas telefónicas protestando por el proceder del ayuntamiento madrileño. La inocentada tuvo, por lo visto, el éxito deseado.

En este día una de las aficiones más populares de los chiquillos es colgar un monigote de papel en la espalda de cualquier transeúnte despistado, sin que éste se dé cuenta. Si hay suerte, la víctima lo advertirá cuando se quite el abrigo; pero entonces será ya demasiado tarde. Se habrá paseado por las calles de la ciudad, quién sabe cuánto tiempo, haciendo el ridículo con el monigote pegado a la espalda. Si esta persona tiene sentido del humor, intentará a su vez colgar el monigote a una nueva víctima antes de que acabe el día.

Esta fecha no se debe pues olividar. En prima lugar a fin de que no nos tomen el pelo. En segundo lugar, y esto es tambíen importante, para que lo tomemos nosotros siempre que sea posible.

25.2 Gramática

1. Der Konjunktiv nach bestimmten Konjunktionen

Einige Nebensätze verlangen den Konjunktiv, wenn sie von bestimmten Konjunktionen eingeleitet werden.
Die Finalsätze verlangen immer den Konjunktiv, die Konditionalsätze in den meisten Fällen (siehe: 24.2.2).
> Te doy el libro **para que** lo leas. — *Ich gebe dir das Buch, damit du es liest.*
> Andere Finalkonjunktionen: a fin de, a que ...
> Te lo digo **con tal (de) que** me entiendas. — *Ich sage es dir, vorausgesetzt daß du mich verstehst.*
> Andere Konditionalkonjunktionen: siempre que, salvo que, a menos que, sin que ...

Bei Temporal- und Konzessivsätzen steht der Konjunktiv oder der Indikativ:
Temporalsätze — Wenn das Verb des Hauptsatzes Zukunft ausdrückt, steht das Verb des Nebensatzes im Konjunktiv.
> Escribiré a Juan **cuando** tenga tiempo. — *Ich werde Juan schreiben, wenn ich Zeit habe.*
> Aber: Escribo a Juan cuando tengo tiempo.
> Andere Temporalkonjunktionen: hasta que, siempre que, tan pronto como, en cuanto ...

Konzessivsätze — Bei ihnen wird der Konjunktiv verwendet, wenn diese Sätze Möglichkeiten (= Nicht-Wirklichkeit) ausdrücken. Bei Tatsachen steht der Indikativ.
> **Aunque** Ana tenga el dinero, no comprará la casa. (Ana no tiene el dinero) — *Auch wenn Ana das Geld hätte, würde sie das Haus nicht kaufen.*
> Aber: Aunque Ana tiene el dinero, no comprará la casa. (Ana tiene el dinero) — *Obwohl Ana das Geld hat, wird sie das Haus nicht kaufen.*
> Andere Konzessivkonjunktionen: a pesar de que, aun cuando ...

Bei Nebensätzen, die von „como si" (als ob) eingeleitet werden, wird der Konjunktiv II verwendet, wenn ein Vergleich ausgedrückt wird, der nicht mit der Wirklichkeit übereinstimmt.
> El habla como si fuera español. — *Er spricht als ob er Spanier wäre.*

2. Unregelmäßige Verben der Gruppe „conducir"

conducir — *leiten, führen*

Präsens	Historische Vergangenheit	Imperativ	Konjunktiv I	Konjunktiv II
conduzco	conduje	--	conduzca	condujera -jese
conduces	condujiste	conduce	conduzcas	condujeras -jeses
conduce	condujo	conduzca	conduzca	condujera -jese
conducimos	condujimos	conduzcamos	conduzcamos	condujéramos -jésemos
conducís	condujisteis	conducid	conduzcáis	condujerais -jeseis
conducen	condujeron	conduzcan	conduzcan	condujeran -jesen

Zu dieser Gruppe gehören alle Verben, die auf -ducir enden.

3. Besonderheiten

deber. Das Verb „deber" hat verschiedene Bedeutungen. Einige davon sind:
   sollen: Se debe trabajar bien.
   schulden: Carlos debe mucho dinero a sus padres.
deber de: Drückt eine Vermutung aus: Deberán de ser las ocho.
   tomar el pelo — *auf den Arm nehmen*
la inocentada: Scherz am 28. Dezember, nach Art der Aprilscherze in Deutschland.
   por lo visto — *offensichtlich, offenbar*
chiquillo: Diminutiv von „chico"
   a su vez — *seinerseits*

25.3 Ejercicios

1. Ergänzen Sie folgende Sätze:

Se lo digo a fin de que lo (saber, él) . . . .
Os presto el libro con tal que me lo (devolver, vosotros) . . . .
Iremos a pie salvo que Leonora (traer) . . . su coche.
Haré horas extraordinarias siempre que (haber) . . . suficiente trabajo.
No me despierte a menos que (venir) . . . Pascual.
Te he traído el libro para que lo (leer, tú) . . . .
Voy al mecánico a que me (hacer) . . . un presupuesto para la reparación del coche.
Le hablo sin que me (entender, él) . . . .
Voy a casa de Alfonso para que me (dar, él) . . . las llaves del coche.
Repasad los verbos a menos que ya lo (haber, vosotros) . . . hecho.

2. Ergänzen Sie folgende Sätze:

Me saludará cuando me (ver, él) . . . .
No se irán a la cama hasta que (acabar, ellos) . . . el trabajo.
Se duerme apenas (ponerse, él) . . . en la cama.
Tan pronto como (verse, ellos) . . . empezarán a discutir.
Se mareará apenas (probar, él) . . . el licor.
Cenaremos a las ocho aunque no (estar, nosotros) . . . todos.
En cuanto acabo el trabajo (ir, yo) . . . a casa.
Saldremos de casa después de que (venir, él) . . . .
Iré al teatro a pesar de que la obra no (ser) . . . buena.
Cuando llego a la oficina, (saludar, yo) . . . al portero.
Se pone a leer* tan pronto como (tener, él) . . . la oportunidad.
Os lo explicaré todo en cuanto (volver, yo) . . . .
Visitaré la Giralda cuando (estar, yo) . . . en Sevilla.

*ponerse a = empezar

3. Ergänzen Sie die Sätze mit den folgenden Verben: seducir, producir, producirse, reducir, introducir, introducirse, conducir, traducir

¿Quién . . . ayer el coche?
A Elena no le . . . el viaje.
Felipe ha . . . una novela del catalán al castellano.
Si se . . . el límite de velocidad en las autopistas, se ahorraría gasolina.
Ayer . . . un ladrón en el chalet.
En el verano pasado . . . muchos incendios forestales.
Has tomado demasiado alcohol. No quiero que . . . el coche.
La empresa de mi tío . . . maquinaria.
En este colegio se . . . constantemente nuevos sistemas de enseñanza.
¡ . . . Vd. sus gastos!

4. Ergänzen Sie:

Por . . . visto, tu padre no ha llegado todavía.
Han llamado a la puerta; debe . . . ser Lolita.
Te dejo el coche con . . . que lo cuides bien.
A Juan no le gusta que . . . tomen el pelo.
Se debe andar prudentemente . . . la calle.
El motivo de esta conducta („ser" oder „estar"?) . . . muy sencillo.
Los periódicos hacen . . . también de esta divertida costumbre, . . . al artículo se publicó una fotografía.
Se recibieron llamadas telefónicas (protestar) . . . por el proceder de ayuntamiento madrileño.

5. Bilden Sie Sätze:

Ejemplo: Cuando paseo, pienso en el asunto. — **Paseando,** pienso en el asunto.
Cuando vayamos al cine, pasaremos a recoger a Carmen. — . . .
Cuando Juan dibuja, escucha música. — . . .
Cuando se lee, el tiempo pasa rápidamente. — . . .
Cuando se hace deporte, uno se siente mejor. — . . .
Cuando hace mal tiempo, no apetece salir. — . . .
Cuando conduzco, no me gusta fumar. — . . .
Cuando Ana conducía, no hablaba nunca. — . . .
Cuando volvía de casa, encontré a Juan. — . . .

6. Antworten Sie auf die folgenden Fragen:

1. ¿Se vendió, en realidad, el monumento „La Cibeles"?
2. ¿Qué significa „inocentada"?
3. ¿Por qué el 28 de diciembre es un día especial?
4. ¿Qué se cuelga en la espalda durante este día?
5. ¿Por qué debemos tener presente esta fecha?

7. Expresiones

¿Qué se dice?
en el cumpleaños, santo:
¡muchas felicidades!
¡por muchos años!
¡feliz cumpleaños (día de tu santo)!

Navidad, Año Nuevo:
¡feliz Navidad! (Año Nuevo)!
¡próspero Año Nuevo!
¡felices Pascuas!
entierro: le acompaño en el sentimiento

8. Ejercicio comunicativo

Ihr Auto springt nicht an. Versuchen Sie, unter Ihren Gesprächspartnern einen Mechaniker zu finden.

En el taller de reparaciones

la carrocería
el chasis
el cambio de marchas, la marcha
el embrague
el diferencial
los frenos, (el freno), frenar
el motor, motor en rodaje
la bujía
el carburador
el radiador
la batería
la rueda, rodar -ue-
la rueda de recambio
el neumático
la cámara   engrasar, el engrase
el volante   repasar, el repaso
el faro   revisar
el parachoques
el parabrisas
el depósito (de gasolina)
la suspensión
la bocina, tocar la bocina
la ventanilla

cargar el depósito
cargar la batería
la reparación, reparar
el pinchazo, pinchar
la abolladura, abollar
el coche no arranca, arrancar
poner en marcha
el coche no funciona, funcionar
el choque, chocar
patinar
remolcar
tener un accidente, el accidente
accidentado
tener una avería, la avería
el coche está averiado, averiarse
el coche está estropeado, estropearse
la multa, multar, poner una multa
la sanción, sancionar, poner una sanción
la velocidad
el exceso de velocidad   el aceite
la gasolina   el aire
el gas-oil, el gasóleo   la gasolinera
la estación de servicio
el garage
el taller de reparaciones
el estacionamiento, estacionar, aparcar

25.4 Quetzalcoatl

(Adaptación de una antigua leyenda mexicana.)

Quetzalcoatl era un hombre corpulento, de tez clara, ojos negros y barba tupida, color de oro. Dueño de los vientos y sumo Sacerdote de Tula fue un querido rey de los pueblos toltecas en la remota antigüedad de México.

Nadie sabía de dónde había venido. Se decía que había llegado de un país muy lejano atravesando el mar. Debido a su sabiduría y virtudes, llegó a ser rey de los toltecas; dictó leyes sabias y austeras, y sus vasallos lo consideraban el mejor monarca que nunca habían tenido. Quetzalcoatl llevaba – por honesti-
10 dad – siempre un vestido largo y habitaba en suntuosos palacios, unos de plata, otros de piedras preciosas y otros hechos en forma de nido con valiosas plumas multicolores.

En tiempos de Quetzalcoatl el pueblo recibió los beneficios de los dioses, y la tierra producía mazorcas de maíz del tamaño de un hombre, cañas altas y
15 verdes como árboles, algodón de colores, por lo que no era preciso teñirlo ... Los habitantes de Tula se sentían muy felices y dichosos.

Pero un día, celosos los dioses del poder y admiración que Quetzalcoatl entre su pueblo había despertado, se propusieron expulsarlo del país. Uno de ellos, llamada Vitzilopuchtli, se disfrazó de brujo y fue al encuentro del rey.
20 Vitzilopuchtli se presentó en el palacio del monarca trayendo consigo una vasija de plata que ofreció al rey diciéndole que contenía el elixir maravilloso que cura todos los males y devuelve la juventud. El rey, creyéndole, tomó la vasija y bebió su contenido, después de agradecer al brujo su presente. Lo que el rey no sabía era que aquel elixir no era otra cosa que vino blanco de ma-
25 gueyes*; y lo que el brujo quería – y de hecho lo consiguió – era embriagar al rey. Al principio, Quetzalcoatl se sintió muy aliviado; pero al poco rato advirtió los efectos desagradables del alcohol y preocupado, pidió un espejo a uno de sus vasallos. Lo que el rey vió en él fue la cara llena de arrugas de un viejo decrépito y, avergonzándose además de su borrachera, se dijo: „Soy ya un an-
30 ciano, justo es que me suceda lo que me sucede." Entonces, en un arrebato de cólera, renunció a su cargo y abandonó la ciudad. En aquel momento, el brujo, para evitar que los vasallos intentaran dar alcance a su rey, incendió las casas de Tula muriendo así sus moradores, quemó los campos y ahuyentó a los bellos pájaros de colores que daban alegría a la ciudad.
35 Al llegar el rey de lo alto de una loma llamada Talnepantla, viendo a lo lejos las ruinas humeantes de su amada Tula, se sentó en una gran piedra y lloró amargamente. Las manos de Quetzalcoatl quedaron para siempre señaladas en la roca y sus lágrimas horadaron la piedra como símbolo de su gran dolor.

Al despuntar el alba Quetzalcoatl se levantó y se dirigió a la costa. Allí tomó
40 una embarcación que encontró en una ensenada solitaria y, adentrándose en el mar, desapareció. A partir de entonces, yéndose de la misma manera que había venido, nunca más se supo de él.

* Del maguey se obtiene el pulque, bebida alcohólica.

Antworten Sie auf die folgenden Fragen:

1. ¿Por qué Quetzalcoatl llegó a ser rey de los toltecas?
2. ¿Por qué se propusieron los dioses expulsar a Quetzalcoatl del país?
3. ¿Qué efecto produjo el elixir en el rey?

26

26.1 En Barcelona

LUIS: Ayer fui con Peter a visitar algunos edificios modernistas de la ciudad. Peter los conocía por fotografía solamente y tenía muchas ganas de verlos.

ALBERTO: Si me lo hubieses dicho, os habría acompañado. ¿Qué visteis?

LUIS: De hecho no demasiado. Visitamos el Palacio de la Música, algunos edificios del Ensanche ... Si hubiésemos tenido más tiempo, habríamos ido al Parque Güell.

ALBERTO: Vale la pena. Tenéis que ir antes de que Peter se marche.

LUIS: Él quería ver también algo de Gaudí. Vimos sus edificios del paseo de Gracia y también el Museo del Teatro. Si hubiera estado abierto, habríamos entrado; pero justamente cuando llegábamos, cerraban. Mañana volveremos a ir. Después fuimos a tomar una cerveza a la plaza Real.

ALBERTO: ¿Enseñaste a Peter las farolas de esta plaza?

LUIS: No, ¿por qué?

ALBERTO: Algunas de ellas están diseñadas por Gaudí.

LUIS: ¡Qué lástima! Si lo hubiese sabido se lo habría dicho.

ALBERTO: Hay muchos barceloneses que lo ignoran. Sólo conocen de Gaudí lo más famoso, La Pedrera, la Sagrada Familia, el Parque Güell ...

LUIS: También visitamos la Sagrada Familia. Peter se extrañó de que todavía estuviera sin terminar.

ALBERTO: Sí, todavía se trabaja.

LUIS: En realidad yo tampoco me lo explico. Se empezó a construir en el siglo pasado.

ALBERTO: Piensa que la obra ha conocido muchas interrupciones, algunas de ellas de muchos años. Además, hoy día hay mucha gente que no está de acuerdo en que se siga construyendo. Es un asunto muy discutido.

LUIS: ¿Por qué?

ALBERTO: La manera de trabajar de Gaudí se parecía a la de un escultor o un artesano. Improvisaba constantemente, y en sus planos pocas veces se podía ver el carácter definitivo de sus obras. Si Gaudí hubiera acabado la Sagrada Familia, posiblemente tendría ahora un aspecto diferente del actual. Es por eso que mucha gente piensa que no se debería seguir trabajando.

LUIS: No obstante se sigue construyendo ...

ALBERTO: Sí, claro. Pero de esta manera ni se consigue acabar la obra ni se conserva el genuino espíritu de Gaudí.

LUIS: En fin, ya sabes que la gente de este país raramente se pone de acuerdo ...

Antonio Gaudí (1852-1926) nació en Reus y estudió arquitectura en Barcelona. Desarrolló un estilo propio dentro del modernismo arquitectónico. Se le considera el arquitecto más importante del modernismo catalán. La mayoría de sus obras se encuentran en Barcelona.

26.2 Gramática

1. Das Plusquamperfekt des Konjunktivs (El pretérito pluscuamperfecto de subjuntivo)

Das Plusquamperfekt wird mit dem Konjunktiv II des Hilfsverbs „haber" und dem Partizip des Hauptverbs gebildet.

haber
Konjunktiv II

hubiera	oder	hubiese
hubieras	oder	hubieses
hubiera	oder	hubiese
hubiéramos	oder	hubiésemos
hubierais	oder	hubieseis
hubieran	oder	hubiesen

Si Manuel no hubiera trabajado tanto, no estaría cansado. — *Wenn Manuel nicht so viel gearbeitet hätte, wäre er nicht müde.*

2. Hilfsverben (Frases verbales)

In den Texten dieses Lehrbuches haben wir schon Beispiele gesehen, wo einige Verben ihre eigentliche Bedeutung verlieren: **tengo** que trabajar, **voy** a ir al cine usw.
Andere wichtige Beispiele:

a) Mit Infinitiv.
echar + a + Infinitiv: drückt den Anfang einer Handlung aus.
Bei Verben, die Bewegung ausdrücken: echar a correr — *anfangen zu laufen.* Auch in figurativem Sinn (mit Reflexivpronomen): echarse a llorar — *anfangen zu weinen.*

volver + a + Infinitiv: bezeichnet Wiederholung: vuelvo a leer el libro — *ich lese das Buch noch einmal*

haber + a + Infinitiv: bedeutet müssen, sollen. Bei „haber de" ist dennoch das „Müssen" nicht so stark wie bei „tener que".
He de llamar a Margarita. — *Ich muß Margarita anrufen.*

b) Mit Gerundium.
ir (bzw. andar) + Gerundium: drückt Bewegung im figurativen Sinn aus, ohne eine bestimmte Richtung zu bezeichnen.
Alfonso va (anda) contando por todas partes la historia. — *Alfonso erzählt überall die Geschichte.*

seguir + Gerundium: bedeutet weitermachen, fortfahren.
Él sigue trabajando. — *Er arbeitet weiter.*

c) Mit Partizip.

tener + Partizip: wird bei transitiven Verben verwendet. Es hat eine ähnliche Bedeutung wie das Perfekt. Darüber hinaus wird die Handlung oder ihr Abschluß besonders betont. In diesem Fall ist das Partizip veränderlich.

Tengo puesta la radio. — *Ich habe das Radio eingeschaltet.*

3. Besonderheiten

modernista — *aus dem Jugendstil*
el Ensanche: Name einiger Stadtviertel Barcelonas
valer la pena — *sich lohnen*
en fin — *na ja!*

26.3 Ejercicios

1. Verwenden Sie den Konjunktiv im Plusquamperfekt:

Ejemplo: Me extraña que no hayas encontrado billete. — Me extrañó que no **hubieras encontrado** billete.

Siento que no me hayáis escrito. — Sentí . . .
Nos sorprende que no haya llovido. — Nos sorprendió . . .
No me gusta que hayan trabajado mal. — No me gustó . . .
Le disgusta que no os hayáis puesto de acuerdo. — Le disgustó . . .
Lamentamos que no nos hayan avisado. — Lamentamos . . .
Me alegro de que hayan venido. — Me alegré . . .
Les fastidia que no los hayan esperado. — Les fastidió . . .
Le molesta que se hayan comportado de esta manera. — Le molestó . . .
¿Os indigna que no os hayan dado el puesto? — ¿Os indignó . . .

2. Bilden Sie Sätze:

Ejemplo: Sólo trabajo cuando no tengo dinero.
Sólo trabajaré cuando no **tenga** dinero.
Sólo trabajaba cuando no **tenía** dinero.
Sólo trabajaría cuando no **tuviese** dinero.

Leo en cuanto tengo tiempo.
Leeré . . .
Leía . . .
Leería . . .

No estoy tranquila hasta que llama por teléfono.
No estaré . . .
No estaba . . .
No estaría . . .

Así que estamos cansados, nos vamos a la cama.
..., nos iremos a la cama.
..., nos íbamos a la cama.
..., nos iríamos a la cama.

A medida que vamos ganando el dinero, lo vamos gastando.
..., lo iremos gastando.
..., lo íbamos gastando.
..., lo iríamos gastando.

Tan pronto como llegan, encienden la televisión.
..., encenderán la televisión.
..., encendían la televisión.
..., encenderían la televisión.

3. Ergänzen Sie:

Peter conocía los edificios ... fotografía.
Tenía muchas ganas ... ver los edificios de Gaudí.
¿Vale la ... ver la película?
Mucha gente conoce de Gaudí sólo ... más famoso.
Peter se extrañó de que el edificio estuviera ... terminar.
... realidad, yo tampoco me lo explico.
Hay gente que no ... de acuerdo en que se siga construyendo.
(„Ser" oder „estar") ... un asunto muy discutido.
De esta manera ni se consigue acabar la obra ... se conserva el espíritu de Gaudí.
¿Enseñaste ... Peter las farolas de la plaza?

4. Durch eines der folgenden Verben können Sie denselben Inhalt der angegebenen Sätze ausdrücken: volver, tener, ir, andar, seguir, haber, echar (se)

Ejemplo: Quiero ver la película otra vez. = Quiero **volver a** ver la película.
Necesito hablar con Teresa. =
Esta tarde iré al teatro. =
Es necesario ir a pie. =
Petra dice siempre lo mismo en todas partes. =
Jaime tiene 80 años, pero no deja de trabajar. =
Hoy comemos otra vez tortilla. =
¡No dejes de leer! =
¡Te he dicho que no fumes! =
Cuando Ana lo vio, empezó a reír. =
Hoy hacemos lo mismo que ayer. =

5. Ergänzen Sie folgende Sätze (Indikativ/Konjunktiv):

Si viene Pedro, (ir, nosotros) . . . al cine.
Creo que (deber, vosotros) . . . trabajar más.
Quiero que me (contar, vosotros) . . . lo ocurrido.
Empezaremos a comer cuando (venir) . . . Luisa.
Espero que os (gustar) . . . la cena.
Ella dice que no (estar) . . . de acuerdo.
Es importante que (ser, ellos) . . . puntuales.
Si no (haber, yo) . . . comprado el periódico, no me habría enterado de la noticia.
Nos extrañó que no (querer, ella) . . . venir.
Te doy el dinero para que me (traer, tú) . . . el periódico.

6. Antworten Sie auf die folgenden Fragen:

1. ¿Visitaron Peter y Luis el Museo del Teatro?
2. ¿Por quién están diseñadas las farolas de la plaza Real.
3. ¿Cuándo se empezó a construir la Sagrada Familia?
4. Hay gente que no está de acuerdo en que se siga trabajando en la Sagrada Familia, ¿por qué?
5. ¿De dónde es Gaudí?

7. Expresiones

Para cobrar al Sr. Ramírez el alquiler tengo que sudar la gota gorda. No afloja la mosca ni aunque le maten. Y eso que le doy toda clase de facilidades.
¿Y por qué no hablas claro con él?
Claro que lo he intentado, pero siempre se sale por peteneras.

sudar la gota gorda — *sich abrackern*
aflojar la mosca — *den Beutel kocker machen, bezahlen*
dar facilidades — *Erleichterungen verschaffen*
salirse por peteneras — *vom Thema abschweifen*
y eso que = y eso a pesar de que

8. Ejercicio comunicativo:

Sie möchten nach einer bestimmten Adresse fragen. Gewiß finden Sie jemanden, der Ihnen gerne helfen wird.

Para preguntar por una dirección

¿Cómo se va a la calle Mallorca?
¿Por dónde se va a la calle Mallorca?
¿Dónde está la calle Mallorca?
¿Está muy lejos la calle Mallorca?
¿Qué puedo tomar para ir a la calle Mallorca?
¿Dónde está la parada del autobús?

¿En qué parada debo bajar?
¿Qué dirección debo tomar?
¿Qué línea (de autobús) debo tomar?

ir recto, todo derecho
torcer -ue- a la izquierda (derecha)
girar
atravesar -ie-
pasar por la calle
pasar la calle
cruzar la calle
tomar la calle
indicar la dirección

la calle es:
ancha/estrecha
larga/corta
tranquila/muy transitada

la calle
la plaza
la avenida
el paseo
la travesía
la acera
la calzada
el plano de la ciudad
la guía de la ciudad
el guardia urbano
el semáforo
la señal de tráfico
el cruce
la isla de peatones

el autobús
el tranvía
el metro
el taxi

En la estación
¿Puede indicarme qué debo hacer para ir al ayuntamiento?
Tome la avenida A y vaya todo derecho hasta llegar a la plaza B.
Allí tuerza a la izquierda. La segunda travesía es la calle C. En esta calle se encuentra el ayuntamiento.
Muchas gracias.
De nada.

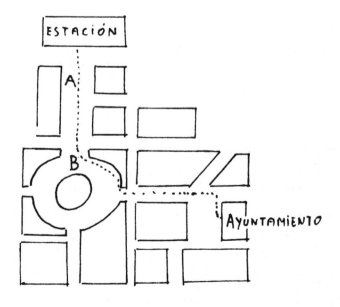

26.4 Los Andes

La Cordillera Andina forma la columna vertebral de Sudamérica. Con sus 8.000 kilómetros de longitud, recorre la distancia comprendida entre Venezuela y la Tierra del Fuego. En Bolivia alcanzan los Andes su máxima amplitud: 750 Km. En la Cordillera se hallan numerosos volcanes, sobre todo en los Andes ecuatorianos. Algunos de ellos como el Chimborazo (6.254 m.) y el Cotopaxi (5.960 m.) alcanzan grandes alturas.

En los Andes hay amplias zonas despobladas, de una belleza cautivadora, donde se pueden realizar marchas de muchos días sin encontrar el menor vestigio humano; algo difícil de comprender por el europeo que no está acostumbrado a desglosar el paisaje de la acción de la mano del hombre. No obstante, en algunos puntos de la Cordillera Andina, la actividad humana ha conquistado grandes alturas. Así, en los Andes colombianos, hay núcleos humanos en territorios de 2.000 a 3.000 m. de altitud. La Paz, capital de Bolivia, se halla a 3.700 m. de altura sobre el nivel del mar.

Los Andes han sido cuna de notables civilizaciones precolombinas. Las culturas incaica y chibcha son sin duda las mejor conocidas. En el norte y centro de la Cordillera se encuentran numerosos restos arqueológicos: Machu Picchu, Cuzco, Nazca ...

La llama, el guanaco, la alpaca y la vicuña son los representantes más característicos de la fauna andina. De ellos los nativos obtienen lana, leche y carne, y se los utiliza así mismo como animales de carga.

Las grandes alturas que alcanzan los Andes y su carácter agreste son un serio obstáculo para las vías de comunicación. En 1911 se abrió entre Mendoz (la Argentina) y Los Andes (Chile) un túnel de 3.000 m. de longitud a 3.150 m. de altura que permite el enlace directo entre Buenos Aires y Valparaíso. El Aconcagua, con sus 6.958 m., es el pico más elevado de la Cordillera Andina.

Antworten Sie auf die folgenden Fragen:

1. ¿Dónde alcanzan los Andes su máxima amplitud?
2. ¿Cuáles son — en la región andina — las culturas indias mejor conocidas?
3. ¿Está muy poblada la región andina?

27.1 La unidad política del Estado español

(I)

A finales de la Edad Media la península Ibérica estaba dividida en diferentes reinos: Portugal, Castilla, la confederación Catalano-aragonesa, Navarra y el reino moro de Granada. La unidad política de la España actual fue conseguida por los Reyes Católicos (1469-1516). Por el casamiento de estos dos monarcas se unieron el reino de Castilla y la confederación Catalano-aragonesa. Posteriormente fueron conquistados los reinos de Granada (1492) y Navarra (1515). No obstante los reinos cristianos conservaron independientemente sus estructuras peculiares así como sus cortes propias.

La política de los Reyes Católicos tuvo como meta principal crear un solo Estado en la península Ibérica. Fruto de esta política fue también la anexión de Portugal que tendría lugar durante el reinado de Felipe II (1581).

Posteriormente esta unidad política fue puesta varias veces en peligro. Cataluña intentó recuperar su independencia en 1640, pero fue vencida tras cruenta guerra (1640-1652) por los ejércitos reales. Mientras Cataluña era derrotada, Portugal se sublevó también y alcanzó su independencia definitiva en 1665. Un nuevo intento secesionista por parte de Cataluña tuvo lugar durante la Guerra de Sucesión española (1705-1714) con importante participación internacional. La ocupación de Barcelona por tropas francesas y españolas ahogó las pretensiones de los catalanes. A partir de entonces la monarquía borbónica se revelaría como una de las más centralistas de Europa.

En nuestro siglo actual se han producido nuevos brotes separatistas que han sido protagonizados por el País Vasco y Cataluña. Tras laboriosas negociaciones fueron otorgados por la II República española estatutos de autonomía a Cataluña (1932) y al País Vasco (1936). Finalizando la Guerra Civil española, ambos estatutos fueron anulados por el general Franco (1939). Recientemente (1979) han sido recuperados de nuevo, aunque con notables modificaciones.

(II)

Diferentes opiniones sobre el tema del separatismo:

– El separatismo es una idiotez. Se trata de conseguir una Europa unida, no de dividirla más todavía. No creo que el sistema feudal de la Edad Media sea mejor.

– Yo no digo que el separatismo sea en sí algo deseable, pero hay que respetar la voluntad de cada pueblo a seguir su propio camino.

– Creo que el separatismo no es fruto de una casualidad. Si existe, y hay personas que por ello van a la cárcel o incluso mueren, es que hay razones de peso.

– En España todos somos españoles. Y si a los vascos o catalanes esto no les gusta, que se aguanten.

– Éste no es un problema que sólo exista en España. Francia e Italia, por ejemplo, tienen o tendrán los mismos problemas. No creo que las cosas se arreglen erigiendo nuevas fronteras; se trata de crear una Europa unida, pero no una Europa formada a partir de los estados actuales sino formada por sus diferentes naciones:

vascos, bretones, catalanes, sardos, galeses etc.

De otra manera, los mismos problemas que ahora tienen los estados centralistas aparecerían después en la Europa „unida".

– ¿Separatismo? Todavía no sé por qué existe.

– El separatismo es lo más normal. No creo que los vascos lleguen a sentirse nunca españoles.

– Separatismo es insolidaridad.

– Opino que con Franco no habría separatismo.

– Si se respetara la forma de ser y cultura de vascos y catalanes, no habría separatismo. No veo que con la policía se solucione el problema. Más aún, veo que con la policía el problema no se soluciona, se empeora.

-¿Cuál es la suya?

27.2 Gramática

1. Das Passiv (La voz pasiva)

Das Passiv auf Spanisch wird mit den Hilfsverben „ser" und „estar" plus dem Partizip des Hauptverbs gebildet. Das Partizip ist veränderlich (-o, -a, -os, -as).

La unidad política **fue** conseguida **por** los Reyes Católicos. — *Die politische Einheit wurde von der Reyes Católicos erreicht.*
La noticia **ha sido** anunciada **por** el ministro. — *Die Nachricht ist vom Minister verkündet worden.*

Dennoch wird das Passiv meist durch das reflexive Verb umschrieben.

El libro es leído. › Se lee el libro.

„Estar" + Partizip drückt die vollbrachte Handlung aus.

Estas casas están bien construidas (= estas casas han sido bien construidas) — *Diese Häuser sind gut gebaut.*
La ciudad está destruida por las bombas. (= la ciudad ha sido destruida) — *Die Stadt ist von Bomben zerstört.*

2. Besonderheiten

a finales — *am Ende*
tener lugar — *stattfinden*
poner en peligro — *in Gefahr bringen, gefährden*
de nuevo — *von neuem, wieder*

3. Der Konjunktiv bei der Verneinung

In daß-Satz-Konstruktionen (Hauptsatz + que + Nebensatz):
Einige Verben können (im Nebensatz) mit dem Indikativ und mit dem Konjunktiv gebildet werden. Maßgebend ist, ob eine Verneinung das Haupt- oder das Nebenverb begleitet. Wird der Hauptsatz verneint, erscheint **meistens** das Nebenverb im Konjunktiv:

a) Creo que viene. — *Ich glaube, daß er kommt.*
b) Creo que **no** viene. — *Ich glaube, daß er nicht kommt.*
c) No creo que venga. — *Ich glaube nicht, daß er kommt.*

Merken Sie den Unterschied:

d) Veo que **no** viene. — *Ich sehe, daß er nicht kommt.*
e) No veo que venga. — *Ich sehe nicht, daß er kommt.*
f) Digo que **no** viene. — *Ich sage, daß er nicht kommt.*
g) No digo que venga. — *Ich sage nicht, daß er kommt.*

Bei Sätzen ohne Verneinung (a) wird immer Indikativ angewendet.
In den Sätzen, wo die Verneinung das Hauptverb begleitet (c, e, g), kommt der Aussage eine etwas ungewisse oder zweifelhafte Bedeutung zu. Daher wird der Konjunktiv verwendet.

Wenn das Nebenverb verneint wird (b, d, f), handelt es sich um eine Feststellung. Es wird der Indikativ verwendet.
Die Verben, die diese Konstruktion bilden können, sind die sogenannten:
  a) „Verbos de lengua": decir, explicar, afirmar etc.
  b) „Verbos de percepción física o mental": ver, oír, notar, observar etc.
  c) „Verbos de actividades mentales": creer, opinar, pensar etc.

4. Besonderheiten

... es que hay razones de peso = es porque hay razones de peso
que se aguanten — *sie sollen sich zufrieden geben*
formado a partir de — *gebildet aus*
más aún — *mehr noch*

5. Expresiones

La comidilla del día

¿Ya sabes que Ramona se ha echado un nuevo novio?
¿Otro? ¡Qué barbaridad!
Ya es el quinto en lo que va de año.
Me deja Vd. parada.
Y esto no es lo peor.
¿No? diga, diga ...
Su novio anterior se volvió loco del disgusto.
¡Qué desastre! Cuesta trabajo creerlo.
Claro que de ésto tiene la culpa su madre.
¿Su madre?
¡Válgame Dios! ¿Pero no sabe lo que se cuenta de la madre de Ramona?
Pues no, diga, diga ...

la comidilla del día — *Tagesgespräch*
¡Qué barbaridad! — *ist ja nicht zu glauben!*
en lo que va de año — *bis jetzt in diesem Jahr*
dejar parado — *starr machen, sprachlos machen*
costar trabajo — *schwer fallen*
¡válgame Dios! — *mein Gott!*

27.3 Ejercicios

1. Ergänzen Sie folgende Sätze:

Los gastos de desplazamiento son (pagar) . . . por la empresa.
En aquella calle hubo un accidente, por eso fue (cortar) . . . el tráfico.
Los preparativos ya han sido (hacer) . . . .
Las plantas no han sido (regar) . . . todavía.

El paquete será (enviar) . . . por avión.
Las bebidas ya han sido (pagar) . . . .
El fuego es (extinguir) . . . por los bomberos.
La ciudad fue (destruir) . . . durante la guerra.
Ha sido (abrir) . . . un nuevo local.
El método es (perfeccionar) . . . constantemente.

2. Ersetzen Sie das Passiv durch die reflexive Form:

Ejemplo: La casa fue construida en el siglo XVI. — La casa **se construyó** en el siglo XVI.
Ha sido vendida toda la mercancía. — . . .
Las calles deben ser limpiadas. — . . .
Los muebles eran trasladados de un piso a otro. — . . .
Las luces fueron encendidas. — . . .
Ha sido publicado un libro sobre naturismo. — . . .
Los desperdicios eran quemados. — . . .
La casa será vendida. — . . .
Este motor tiene que ser reparado. — . . .
Las facturas eran cobradas tras muchos esfuerzos. — . . .

3. Ergänzen Sie:

Los reinos conservaron sus estructuras peculiares . . . como sus cortes.
La anexión de Portugal tuvo . . . durante el reinado de Felipe II.
Catlauña fue derrotada . . . los ejércitos reales.
. . . Cataluña era derrotada, Portugal se sublevó.
Portugal alcanzó su independencia . . . 1665.
Nuevos brotes separatistas han sido protagonizados . . . el País Vasco.
Recientemente, los estatutos de autonomía han sido recuperados de . . . .
Los estatutos fueron anulados . . . el general Franco.
. . . sido otorgados estatutos de autonomía.

4. Ergänzen Sie folgende Sätze (Indikativ/Konjunktiv):

Nos disgusta que (hablar, vosotros) . . . del asunto.
Compraré el coche cuando me (hacer) . . . falta.
Ellos opinan que la casa (costar) . . . demasiado dinero.
Nos vemos cuando (tener, nosotros) . . . tiempo.
Os lo digo con tal de que (guardar, vosotros) . . . el secreto.
Nos gustaba mucho que nos (llevar, ellos) . . . en coche.
Acabo de recomendarle que (buscar, ella) . . . otro trabajo.
He notado que a Juan no le (gustar) . . . la fiesta.
Lamentamos que no (tener, Vd.) . . . tiempo.
Te he dejado la carta encima de la mesa para que la (tirar, tú) . . . .

5. Ergänzen Sie:

¡No (reírse, tú) . . . de nosotros!
Ella (huir) . . . siempre de sus obligaciones.
Ayer (producirse) . . . en esta calle un grave accidente.
Estoy (freír) . . . los huevos.
El año pasado (traducir, él) . . . algunos libros.
Están (distribuir) . . . la propaganda por la calle.
Ellos no quieren que se siga (construir) . . . en esta zona.
El director se opone a que la fábrica (producir) . . . menos.
Ana (conducir) . . . ayer de una manera muy loca.
A ellos no les (seducir) . . . normalmente ir a la playa.

6. Ergänzen Sie folgende Sätze und verwenden Sie dabei den Konjunktiv falls *möglich*:

No creo que la película (ser) . . . buena.
Digo que el libro no (ser) . . . interesante.
No recuerdo que Julio (haber) . . . venido.
Me he dado cuenta de que Vd. no (saber) . . . la respuesta.
No noto que (hacer) . . . frío.
Veo que la habitación no (estar) . . . pintada todavía.
No oí que (gritar, ellos) . . . .
Antonia opina que no (ser) . . . necesario comprar la casa.
No advertimos que (venir, ellos) . . . .
Creo que las plantas no (necesitar) . . . más agua.

7. Antworten Sie auf die folgenden Fragen:

1. ¿Cuál fue la principal meta política de los Reyes Católicos?
2. ¿Cuándo alcanzó Portugal su independencia?
3. ¿La anexión de Portugal tuvo lugar durante el reinado de los Reyes Católicos?
4. ¿Cuándo fueron anulados los estatutos de autonomía otorgados por la II República?
5. ¿Participaron solamente españoles durante la Guerra de Sucesión?

8. Ejercicio comunicativo:

Hier einige Vorschläge, um eine Diskussion oder ein Kolloquium durchzuführen. Vergessen Sie nicht die schon gelernten Strukturen!

Hablando un poco de política

la política	el político	
el Estado	el estadista	
la república	republicano	
la monarquía	monárquico	
la dictadura	dictatorial, el dictador	
la dictadura militar		
la federación	federado	
la confederación	confederado	

la revolución
la revuelta
el alzamiento — alzarse
la justicia — justo
la injusticia — injusto
la explotación — explotar — explotador
la manifestación — manifestarse
la libertad de expresión
la represión — reprimir
la opresión — oprimir

el ejército
la policía
las fuerzas armadas

el comunismo — el comunista
el socialismo — el socialista
el anarquismo — el anarquista
el capitalismo — el capitalista
el fascismo — el fascista
el nazismo — el nazi
la democracia — el demócrata
el separatismo — el separatista
el regionalismo — el regionalista
el chauvinismo — el chauvinista

el Estado satélite
la zona de influencia
el bloque
la carrera de armamentos

el gobierno — gobernar — el gobernante
el parlamento — el parlamentario
el senado — el senador
el rey
el ministro — el ministerio

la votación — votar
la elección — elegir — el elector

el golpe de Estado
la invasión — invadir — el invasor

la guerra		
la confrontación		
la lucha	luchar	
la victoria	salir victorioso	
	ganar	
la derrota	derrotar	
	perder	
el pacto	pactar	
la resistencia	resistente	
la dominación	dominado	
	dominar	
la sumisión	sometido	someter

Algunos temas de discusión:
El golpe militar de Chile (1973).
La Guerra Civil española.
La división política de la nación alemana.
América Latina y los Estados Unidos de Norteamérica.
Los derechos del hombre en el mundo comunista.
Los derechos del hombre en el mundo capitalista.
La actual carrera de armamentos.

27.4 De Barcelona a Madrid

El tren salió puntualmente de la estación de Francia. El bullicio de esta estación barcelonesa no es muy diferente al que se puede encontrar en otras estaciones. El olor a hierro viejo, las prisas y la estridencia de los altavoces crean una atmósfera especial, casi festiva, difícil de olvidar.

5   Atravesamos Cataluña de noche. Cuando amanecía, nos encontrábamos ya en los yermos campos de Aragón. Recorrimos quilómetros y quilómetros sin ver apenas vegetación. De tanto en tanto, aparecía alguna casucha* con su pequeño huerto y rodeada de cipreses, como únicas señales de vida. Uno se preguntaba cómo se podía vivir allí.

10   Se dice que Cataluña pertenece a la península Ibérica, pero que vive de espaldas a ella. Viendo la austeridad del paisaje aragonés, esto se comprende mejor. El mar no fue nunca una barrera para la expansión catalana del medievo, incluso en Grecia se crearon ducados catalanes; pero pocas veces se atrevieron sus hombres a cruzar el desolado paisaje aragonés.

15   El tren se detuvo durante casi una hora en Zaragoza, sin motivo aparente. Los españoles estamos ya acostumbrados al mal funcionamiento de nuestros ferrocarriles. No obstante, esto no es motivo suficiente para que el español se muestre pasivo ante estas aparentes arbitrariedades de nuestra compañia fer-

---
* casucha: casa

roviaria. El español se queja y maldice; pero después, cuando los vagones han
20 reemprendido su marcha, uno se olvida de tales percances alegrándose del
hecho de que podía haber sido mucho peor.

Una vez que se ha dejado Zaragoza, la ciudad del Ebro, las poblaciones por las que pasa el ferrocarril son pequeñas y sin vida aparente. En Aragón abundan los edificios de estilo mozárabe. Siempre que nos deteníamos en una esta-
25 ción, asomaba la cabeza por la ventanilla intentando divisar el campanario de la iglesia del pueblo. Alguna vez tuve incluso la tentación de apearme para poder contemplar de cerca la sutileza de estas edificaciones; sé que no me hubiera arrepentido.

Pasando por Medinaceli, advertí que nos encontrábamos ya en Castilla. La
30 meseta castellana impresiona; su belleza, austera y parca de palabras, no obedece a los típicos cánones ofrecidos por las agencias de viajes. Es una belleza a la que se debe saber comprender, una belleza que, además, no es accesible a cualquiera.

Los numerosos castillos de esta región nos recuerda el pasado guerrero de
35 sus habitantes. El paisaje castellano es estático, apenas se percibe en él el paso del tiempo. Uno no se extrañaría demasiado viendo cabalgar al Cid o a Don Quijote por estos andurriales. El caluroso verano y el crudo invierno no hacen sino acentuar los contrastes que definen a España como un país contradictorio.

40 Desde el tren se ven a menudo indicaciones de la carretera que apuntan a Madrid. Se adivina ya el peso de esta ciudad descomunal que emerge, como por encanto, entre la soledad de estos parajes. Madrid es como un oasis en el desierto. En sus calles, bulliciosas y alegres, uno se olvida de que más allá de sus arrabales, a unos cuantos quilómetros, nos aguarda el vacío, la sensación
45 de eternidad del austero paisaje castellano.

Antworten Sie auf die folgenden Fragen:

1. ¿De qué estación salió el tren?
2. ¿Cómo es el paisaje aragonés?
3. ¿Dónde abundan los edificios de estilo mozárabe?
4. ¿A qué región pertenece Medinaceli?
5. ¿Cuál es la reacción del español ante el mal funcionamiento de sus ferrocarriles?

28

28.1 En un pueblo andaluz

RODRIGO: ¿Para cuándo son las elecciones?
ALFONSO: Para finales de mes. Hoy he oído por radio que quieren hacerlas en un día laborable.
RODRIGO: Por lo general siempre lo hacen así.
5 ALFONSO: Pero, ¿por qué? No me lo explico. De esta manera se pierde media jornada de trabajo. Entre las huelgas y otras excusas el país no irá nunca bien.
RODRIGO: Bueno, para mí esto está claro. Actualmente no hay demasiado entusiasmo para las elecciones. El gobierno sabe que si las vota-
10 ciones se hiciesen en un día festivo, el número de abstenciones sería mucho mayor; por eso prefiere el día laborable. Por cierto, mañana voy para Córdoba. Por la tarde hay un miting de los socialistas, y no quiero perdérmelo. ¿Quieres venir? Puedes quedarte un ratito, y si no te gusta te vas.
15 ALFONSO: ¿Para qué? Cuando hacen discursos siempre dicen lo mismo. Prefiero quedarme en casa. Esta semana tengo muchísimo trabajo en el taller; hay un montón de encargos por hacer y nadie los va a hacer por mí. Además estoy harto de toda esta propaganda que se ve por la calle. ¿Te has fijado como están las paredes? Imagína-
20 te la cantidad de dinero que se gastan para hacer la campaña electoral.
RODRIGO: Sí, esto ya lo sé. Precisamente ayer estuve hablando con Ramiro. Él y sus amigos hacen propaganda y recaudan fondos para su par-

25		tido. Incluso han contratado a un par de trabajadores para que por doscientas pesetas a la hora enganchen carteles del partido por las paredes del pueblo. ¿A quién piensas votar?
	ALFONSO:	No voy a votar. ¿Para qué? Estén los que estén en el gobierno siempre hacen lo mismo. Más de la mitad de los proyectos que nuestro alcalde nos prometió para que lo eligiéramos están todavía por ver. Lo más importante para ellos es cobrar a fin de mes y trabajar lo menos posible.
30		
	RODRIGO:	Hombre, esto era antes, con Franco, pero ahora es diferente. Te lo aseguro.
35	ALFONSO:	No lo sé. Es posible que te dé la razón cuando lo vea, pero, por el momento, creo que, gobiernen unos o gobiernen otros, siempre será lo mismo.
	RODRIGO:	¡Anda hombre! Vamos a tomar unos traguitos ...

28.2 Gramática

1. para/por

a) Der Gebrauch von „para"

Örtlich: „para" drückt eine Richtung aus, ist aber meistens unbestimmter als „a".
Voy para Salamanca. — *Ich fahre nach Salamanca.*

Zeitlich: „para" wird meistens in Sätzen verwendet, deren Handlungen in der Zukunft liegen und ist oft ungenauer als andere Präpositionen.
Hemos aplazado la fiesta para el mes próximo. — *Wir haben das Fest auf den nächsten Monat verschoben.*

Final: „para" drückt einen Zweck aus.
Margarita estudia español para poder hablar con españoles. — *Margarita lernt Spanisch, um mit Spaniern sprechen zu können.*

Dativ: Han traído una carta para ellos. — *Man hat ihnen einen Brief mitgebracht.*

estar + para
+ Infinitiv: drückt den nahen Beginn einer Handlung aus.
El concierto está para empezar. — *Das Konzert fängt gleich an.*

b) Der Gebrauch von „por"

Örtlich: „por" drückt eine Bewegung (auch in figurativem Sinne), aber keine Richtung aus.
Paseo por el parque. — *Ich gehe im Park spazieren.*

Zeitlich: „por" wird für allgemeine Angaben der Zeit, vor allem der Tageszeit verwendet.
Hoy, por la mañana, he ido al médico. — *Heute morgen bin ich zum Arzt gegangen.*

Passiv:	„por" wird in Passiv-Konstruktionen verwendet. Granada fue conquistada por los cristianos en 1492. — *Granada wurde 1492 von den Christen erobert.*
Mittel:	He hablado con Juan por teléfono. — *Ich habe mit Juan per Telefon gesprochen.*
Art und Weise:	hier gibt es verschiedene Ausdrücke, die die Präposition „por" enthalten: por último, por fin, por lo general usw.
Stellvertretung, Ersatz:	Escribiré la carta por ti. — *Ich werde für dich den Brief schreiben.*
Preis, Menge:	He comprado el libro por 100 pts. — *Ich habe das Buch für 100 pts. gekauft.*
Grund:	El suelo está húmedo por la lluvia. — *Der Boden ist wegen des Regens feucht.*
estar + por + Infinitiv:	Die Handlung, die durch den Infinitiv ausgedrückt wird, ist noch nicht vollendet. El trabajo está por hacer. — *Die Arbeit ist noch nicht gemacht worden.* (Sie soll aber gemacht werden.)

2. Der Konjunktiv bei der Wiederholung eines Verbes

Digan lo que digan siempre harán lo mismo. — *Sagen Sie, was sie wollen, sie werden doch dasselbe tun.*

Hier wird das Verb, das im Konjunktiv steht, wiederholt. Als Verknüpfung steht ein Relativpronomen (außer: „cuyo").

Auch bei disjunktiven Formen:

Quiera o no quiera, tendrá que trabajar. — *Ob er will oder nicht, er wird arbeiten müssen.*

3. Besonderheiten

por lo general — *im allgemeinen, überhaupt*
ratito: Diminutiv von „rato"
traguito: Diminutiv von „trago"
¡Anda, hombre! — *Los, Mensch!*

4. Expresiones:

EN CORREOS

Buenos días.
Vd. dirá.
Desearía enviar este paquete a Zaragoza. Corre mucha prisa: resulta que mi tía perdió sus gafas al salir de misa y entonces ...
¡No se enrolle! Lo que le pasó a su tía me importa un comino.
¡Pero caballero! ¡Qué modales son estos!
Además, por muy mal que le sepa, su paquete no llegará antes que los otros.

¡Pero si es muy urgente!
¡Caramba! ¡Que no me lleve la contraria!

Vd. dirá — *womit kann ich Ihnen dienen?*
correr prisa — *eilig sein*
resulta que — *es ist so, daß*
enrollarse hablar mucho — *plappern*
importar un comino — *jemandem etwas vollkommen egal sein*
¡que modales son estos! — *was sind das für Manieren!*
saber mal — *kränken, beleidigen*
por muy mal que le sepa — *auch wenn es Ihnen nicht paßt*
llevar la contraria — *widersprechen*

28.3 Ejercicios

1. Ergänzen Sie folgende Sätze mit „por" oder „para":

Vende el libro . . . 200 pts.
He comprado los discos . . . mi hija.
Pasamos siempre . . . Ávila.
¿ . . . qué has hecho esto? — Porque me gusta.
La fiesta es . . . el sábado.
Hoy . . . la mañana hemos trabajado.
El trabajo está . . . hacer.
¿ . . . cierto, qué hora es?

La casa está . . . barrer.
¿ . . . qué estudias español? — Para poder hablar con los españoles.
Hay una carta . . . ti.
Tomo el tren . . . Valencia.
 . . . lo general hace mal tiempo.
Juan no tenía ganas de salir pero lo hizo . . . los niños.
 . . . lo menos hay cincuenta.
Haga el contrato . . . escrito.
¡ . . . fin ha llegado!
¿Cuánto pagáis . . . cabeza?
La ciudad fue construida . . . los árabes.
 . . . más que lo intento, no puedo.
Salimos de excursión . . . respirar aire puro.
Terminaré pronto el trabajo . . . que podamos ir al cine.
 . . . poco no lo consigue.

2. Bilden Sie Sätze :

Ejemplo: Aunque es millonario, trabaja mucho.
Aunque **fuera** millonario, trabajaría mucho.
Aunque **sea** millonario, trabajará mucho.
Aunque **era** millonario, trabajaba mucho.

Aunque ha estudiado mucho, no aprueba el examen.
 . . . , no aprobaría el examen.
 . . . , no aprobará el examen.
 . . . , no aprobó el examen.

Aun cuando tiene poco tiempo, va mucho al cine.
 . . . , iría mucho al cine.
 . . . , irá mucho al cine.
 . . . , iba mucho al cine.

A pesar de que son amigos, discuten a menudo.
 . . . , discutirían a menudo.
 . . . , discutirán a menudo.
 . . . , discutían a menudo.

No va a la piscina, a pesar de que hace mucho calor.
No iría a la piscina, ...
No irá a la piscina, ...
No fue a la piscina, ...

Aun cuando tiene coche, va en metro.
 . . . , iría en metro.
 . . . , irá en metro.
 . . . , iba en metro.

3. Bilden Sie Sätze:

Ejemplo: Como demasiado. — **Comas** lo que **comas** no engordarás nunca.
Elisa no **estudia**. — . . . o no . . . aprobará el examen.
Jacinto no **está** en casa. — . . . o no . . . empezamos ahora.
Ana no **tiene** suficiente dinero para el viaje. — Lo . . . o no lo . . . saldrá de viaje.
Ellos **dicen** que vendrán. — . . . lo que . . . harán lo que quieran.
No sé qué **hacer**. — . . . lo que . . . estará bien.
Escribiremos al ministro. — . . . lo que . . . no os contestará.
No **quiero** ir a verlo. — . . . o no . . . tendrás que ir.
En la fiesta **habrá** poca gente. — . . . la que . . . será una fiesta aburrida.
¿Saldrán de excursión si **hace** mal tiempo? — . . . bueno o . . . malo siempre salen de excursión.
No me **gustan** las patatas. — Te . . . o no te . . . tendrás que comértelas.

4. Ergänzen Sie:

¿Para . . . son las elecciones? — Para finales de mes.
Por . . . general siempre hacen la misma cosa.
Si las votaciones se (hacer) . . . en un día festivo, habría más abstenciones.
Si no te (gustar) . . . no te quedes.
Siempre dicen . . . mismo.
Estoy harto . . . toda esta propaganda.
Lo que nuestro alcalde nos prometió para que lo (elegir, nosotros) . . . , está todavía por ver.
. . . más importante es cobrar a fin de mes.
Ahora la situación („ser" oder „estar") . . . diferente.
. . . el momento no voy a salir.

5. Ergänzen Sie folgende Sätze; verwenden Sie dabei das Imperfekt oder die Historische Vergangenheit:

(Entrar, yo) . . . en la habitación. (Estar) . . . totalmente obscura; al no poder encontrar el interruptor de la luz (encender) . . . una cerilla. Encima de la mesa (hay) . . . una vela medio consumida; la (encender) . . . y entonces (poder) . . . apreciar el mal estado en que (encontrarse) . . . la habitación. La humedad había dejado grandes manchas negruzcas* en la pared. Una ligera capa de polvo (cubrir) . . . los muebles, y la habitación (oler) . . . realmente mal. De pronto (oír, yo) . . . el ruido de unos pasos que se acercaban. No (estar, yo) . . . pues solo en aquella mansión. (Apagar, yo) . . . la vela y (aguardar, yo) . . . unos instantes. (. . .)

* negruzco: de color negro

6. Antworten Sie auf die folgenden Fragen:

1. ¿Se hacen las elecciones en un día festivo?
2. ¿Dónde hay un miting de los socialistas?

3. ¿Quién va a Córdoba, Alfonso o Rodrigo?
4. ¿A quién piensa votar Alfonso?
5. ¿Qué opinión tiene Alfonso de los políticos?

7. Ejercicio comunicativo

Vermitteln Sie mir bitte ein Ferngespräch nach . . .

Para telefonear

Cuando telefoneamos:
 . . . desearía hablar con . . .
 . . . podría ponerme con . . .
Si no encontramos a la persona deseada:
 . . . podría darle un recado de mi parte?
 . . . puede decirle que le ha telefoneado . . .
 . . . volveré a llamar más tarde.

Cuando nos ponemos al teléfono:
¿Dígame?
Cine Central, ¿dígame?
¿sí?
¿Con quién tengo el gusto de hablar?
¿De parte de quién?

Buenos días, desearía hablar con la señorita Martínez.
¿Martínez? Aquí no hay nadie con este nombre; ¿Qué número ha marcado?
El 2342342.
Lo siento, se ha equivocado de número. El mío es el 2342341.
Ah bien, perdone la molestia y gracias.
No hay de qué.

telefonear
el teléfono
la cabina telefónica
la central de teléfonos
la centralita
llamar (por teléfono)
la llamada
la llamada en cobro revertido
la conferencia
la conferencia urbana
la conferencia interurbana
la conferencia internacional
pedir una conferencia
poner una conferencia

la señal acústica:
 tüüüüüüüü . . . hay línea
 tüüüt-tüüüt-tüüüt . . . el teléfono está sonando
 tüt-tüt-tüt-tüt . . . la línea está ocupada, están comunicando

el número (de teléfono)
marcar el número
pedir el número
poner el número
el prefijo
el listín telefónico
el telefonista
la operadora
el auricular
la ficha telefónica
la tarifa
poner en comunicación
comunicar
la línea
interrumpir la línea
tomar, coger el teléfono
colgar -ue- el teléfono
cortar la comunicación

28.4 Cuzco

En un altiplano de los Andes orientales se encuentra la ciudad de Cuzco, capital del antiguo imperio de los incas. Cuzco cuenta con 105.400 habitantes (1969); es un importante centro turístico y núcleo industrial del departamento de Cuzco.

5   Los pequeños y tortuosos callejones de la ciudad vieja y sus edificios de clara influencia colonial dan a la ciudad un carácter muy peculiar. Cuzco conserva notables edificaciones incaicas como el templo de Coricancha, dedicado al sol. Entre los edificios que dejaron los españoles destaca la catedral de Cuzco (s. XVI) de estilo colonial.

10 Hoy día se desconocen los orígenes y primeros pobladores de Cuzco. Según la tradición, el primer rey de los incas – Manco Capac – se estableció en esta ciudad. Los incas crearon un vasto imperio que se extendía más allá de las fronteras actuales del Perú. La cultura incaica, de una gran originalidad, dejó maravillados a los conquistadores españoles. La base del imperio fue la per-
15 fecta organización del trabajo de la tierra, de la ganadería y de las minas. El soberano era considerado como descendiente directo del sol y tenía ilimitados poderes.

Francisco Pizarro, el conquistador del Perú, sometió a los incas en 1532. No obstante, posteriormente, hubo revueltas de los indios contra los coloni-
20 zadores españoles. La última tuvo lugar en 1780, capitaneada por el inca Tupac Amaru II.

Cuzco, inca y colonial. Iglesia de la Compañía.

Antworten Sie auf die folgenden Fragen:

1. ¿Cuál fue el primer rey de los incas?
2. ¿Tenía el antiguo reino de los incas las mismas fronteras que el Perú actual?
3. ¿Cuándo conquistó Francisco Pizarro el reino de los incas?

29

29.1 Menorca

Peter toma un café con Julio en un bar de Barcelona cercano al puerto. Viendo los barcos, Peter le habla de su próximo viaje a Menorca.

Julio: ¿A qué hora sale el barco?
Peter: A las siete en punto.
5 Julio: ¿Cuándo llega a Maó?
Peter: No lo sé. No me importa cuándo llegue. Lo importante para mí es zarpar.
Julio: Tienes rázon. El viaje es tan bonito que por sí solo vale la pena. ¿Has pensado lo que quieres ver en Menorca?
10 Peter: Buscaré un lugar que sea tranquilo. Espero que, ahora en primavera, no encuentre a demasiados turistas.
Julio: Seguramente no encontrarás a tantos como en verano. Pero incluso en verano la cosa no es tan grave. En Menorca las especulaciones del turismo no han hecho todavía tanto daño como en Mallorca o Ibiza.
15 Esto hace que todavía sea agradable ir allí de vacaciones. ¿Cuánto tiempo piensas quedarte?
Peter: Todavía no lo sé. Depende de lo que me guste la isla.
Julio: Si sólo dependiera de esto, te quedarías allí toda la vida. No he visto nunca un lugar que sea tan acogedor como Menorca.
20 Peter: ¿Has estado en Menorca?
Julio: Sí, un par de veces.
Peter: ¿Qué me aconsejas que visite?
Julio: Para mí lo mejor de Menorca es el paisaje. Tiene unas calas fantásticas. Tienes que ir a las calas a las que no llegue la carretera. Allí no en-
25 contrarás a nadie.
Peter: A mí lo que más me gustaría, sería conocer bien a la gente. Esto me sería más fácil si tuviera conocidos allí, pero no tengo ningún amigo que sea menorquín.
Julio: No te preocupes; si viajas a Menorca, ya los tendrás. No obstante te

30	daré un par de direcciones que quizás te sirvan. La gente además es muy agradable. En la isla se habla el menorquín, una variedad del catalán. No he oído nunca una lengua que sea tan melodiosa como el menorquín.
PETER:	He visto en el mapa que las dos poblaciones principales son Maó y Ciutadella. ¿Cuál es la que más te gustó?
JULIO:	Indiscutiblemente Ciutadella. No sólo la ciudad sino también sus alrededores. Además, en aquella zona hay muchas ruinas prehistóricas que quizás te puedan interesar. Puedes alquilar una bicicleta y recorrer los alrededores. En fin, por dondequiera que vayas, te va a gustar.

29.2 Gramática

1. Der Konjunktiv in Hauptsätzen

a) Als Imperativ (siehe: 22.2.2).

b) Bei Adverbien, die Zweifel oder Möglichkeit ausdrücken, kann auch der Konjunktiv verwendet werden.

Quizá lo visite. Aber auch: quizá lo visito. — *Vielleicht besuche ich ihn.*
Probablemente vayamos al cine. Auch: Probablemente vamos al cine. — *Wahrscheinlich gehen wir ins Kino.*

Anmerkung: Vor dem Adverb steht das Verb immer im Indikativ.
Vamos probablemente al cine.

Bei der adverbialen Redensart „a lo mejor" (= quizá) wird immer der Indikativ verwendet.
A lo mejor vamos al cine.

2. Der Konjunktiv im Relativsatz

Der Konjunktiv wird verwendet, wenn im Relativsatz ein Wunsch, eine Bedingung oder ein Bedürfnis enthalten ist, und wenn der Inhalt des Relativsatzes noch nicht eindeutig festgelegt ist.

Busco un libro que sea interesante. — *Ich suche ein Buch, das interessant ist.* (Man weiß noch nicht, um was für ein Buch es sich handelt)
Busco un libro que es interesante. (In diesem Fall weiß man schon, um was für ein Buch es sich handelt).
No tengo ningún amigo que se llame Jacinto. — *Ich habe keinen Freund, der Jacinto heißt.*

3. Der Konjunktiv bei Verben, die eine Ursache ausdrücken

Wenn bei einem daß-Satz (Hauptsatz + que + Nebensatz) das Verb des Hauptsatzes eine Ursache ausdrückt, wird das Nebenverb mit dem Konjunktiv gebildet.
Die wichtigsten Verben sind: causar, originar, producir, llevar a, motivar, hacer, provo-

car, determinar, conducir a (alle diese Verben sollen als Synonyme von „causar" — *verursachen* — betrachtet werden. Zu dieser Gruppe gehören ferner die Konstruktion „ser la causa de" und ähnliche.

La falta de trabajo origina que mucha gente emigre. — *Der Arbeitsmangel verursacht, daß viele Leute auswandern.*

Su mala conducta hace que sea despreciado por todos. — *Sein schlechtes Benehmen ist die Ursache dafür, daß er von allen verachtet wird.*

4. Besonderheiten

El viaje es interesante por sí solo. — *Schon allein die Fahrt ist interessant.*

29.3 Ejercicios

1. Ergänzen Sie die folgenden Sätze mit den angegebenen Verben; verwenden Sie den Konjunktiv, falls erforderlich:

Buscaré un libro que (ser) . . . interesante.
Sé de un libro que (ser) . . . interesante.
No tengo ningún hermano que (llamarse) . . . Fermín.
No veo nada que (poder) . . . gustarte.
Necesito un ayudante que (entender) . . . de mecánica.
Conozco un tema que (poder) . . . interesarte.
Hay personas que (hablar) . . . demasiado.
No hay nadie que (hablar) . . . tanto como Anastasio.
Quiero encontrar una vivienda que (ser) . . . espaciosa.
Me he enterado de una persona que (saber) . . . hacer bien las reparaciones.
No hay nadie que (haber) . . . visto el accidente.

2. Ergänzen Sie folgende Sätze mit den angegebenen Verben; verwenden Sie den Konjuntiv, falls erforderlich:

Es importante que (saber, vosotros) . . . expresaros bien en castellano.
Cuando llueve, la calle (llenarse) . . . de agua.
A pesar de que (llover) . . . saldremos de excursión.
No os permito que (ir) . . . en coche.
Veo que (empezar) . . . a llegar gente.
Si no (haber, tú) . . . escrito, no conoceríamos tú dirección.
Le doy dinero para que (comprarse, él) . . . un buen libro.
Es lógico que no (llevarse, ellos) . . . bien.
Si (tener, tú) . . . amigos, no te aburrirías.
Opino que el enfermo no (deber) . . . levantarse todavía.
¡No (coger, tú) . . . ninguna manzana!
No hay nadie que (ser) . . . tan astuto como él.
¡(Cerrar, tú) . . . bien la puerta.

El fuerte calor hizo que la vegetación (secarse) . . .
Cuando (salir) . . . el sol, iremos de paseo.
Le dije que me (dar, él) . . . inmediatamente las llaves.
Me extraña mucho que no me (reconocer, él) . . . .
Ya sabes que mañana (empezar) . . . las fiestas del pueblo.
Es necesario que (ir, vosotros) . . . a verle.
Deseo un detergente que (ser) . . . bueno.

3. Ergänzen Sie:

(Ver) . . . los barcos, Peter habla de su viaje.
Lo importante . . . mí es zarpar.
Hacer este viaje vale la . . . .
 . . . mejor de Menorca es el paisaje.
Allí no encontrarás . . . nadie.
A . . . lo que más me gusta es ir en barco.
 . . . fin, por dondequiera que vayas te va a gustar.
Menorca . . . la isla más acogedora que conozco.
¿Cuánto tiempo te quedarás? — Depende de . . . que me guste.
En los . . . de Ciutadella hay ruinas prehistóricas.

4. Schreiben Sie die geeignete Form des Verbs „ponerse":

¡No . . . (tú) el abrigo!
Todavía no . . . he . . . el abrigo.
Es lógico que (nosotros) . . . el abrigo.
Quiero que Juan . . . el abrigo.
Si hiciera frío (nosotros) . . . el abrigo.
La madre quería que los niños . . . el abrigo.
Cuando haga frío (yo) . . . el abrigo.
Te he comprado el abrigo para que (tú) . . . lo . . . .
¿No te pones el abrigo? — Me lo . . . o no me lo . . . tendré frío.
Mañana no (yo) . . . el abrigo.

5. Ergänzen Sie die Sätze mit den Verben „ser" oder „estar". Vorsicht mit den Verbzeiten (Vergangenheit):

Cuando asomé la cabeza por la ventana, ya . . . de día. Habíamos dormido como un tronco toda la noche. Salimos de la cabaña; el paisaje . . . soberbio. La cabaña . . . en lo alto de una loma que, aunque no . . . muy alta, nos permitía divisar todo el valle del río Tordera. Los campos . . . completamente nevados, y no podíamos ver el camino por el que habíamos venido; había . . . totalmente cubierto por la nieve caída durante la noche. Pregunté a Carlos qué hora . . . . „Las nueve", me contestó. . . . ya demasiado tarde para intentar lo que nos habíamos propuesto. Todavía . . . por ver el tiempo que haría. El cielo . . . amenazadoramente cubierto, y en cualquier momento podía empezar a nevar de nuevo. . . . cuestión de . . . prudentes. En un invierno . . . encontrados en aquella región los cadáveres de tres montañeros que, sorprendidos por una fuerte tormenta, no supieron encontrar el camino de vuelta. (. . .)

6. Antworten Sie auf die folgenden Fragen:

1. ¿Quién piensa ir a Menorca?
2. Peter no sabe todavía cuánto tiempo se quedará en la isla. ¿De qué depende?
3. ¿Ha estado Julio en Menorca?
4. ¿Dónde hay muchas ruinas prehistóricas?
5. ¿Según Julio, ¿qué es lo mejor de Menorca?

7. Expresiones:

¿Qué mosca te ha picado?
Estoy que echo fuego. Imagínate: ayer se armó la gorda en casa porque llegué a las tres de la mañana.
Al viejo eso no le va ¿verdad?
Es un hombre chapado a la antigua.

¿Qué mosca te ha picado? — *was für eine Laus ist dir über die Leber gelaufen?*
echar fuego — *wütend sein, rasend vor Wut sein*
amarse la gorda — *einen Riesenkrach geben*
el viejo -hier- — *der Vater*
chapado a la antigua — *altmodisch*

8. Ejercicio comunicativo:

Sicher haben Sie Freunde, denen Sie ab und zu gerne einen Brief schicken würden. Was ist aber, wenn Sie den Brief auf Spanisch schreiben müssen? Versuchen Sie es!

Para escribir una carta

Cartas amistosas
Frases más usuales para el saludo:
Mi querido Juan:
Mi querido amigo:
Estimada Margarita:
Apreciados compañeros
Querida Luisa:

Para despedirse:
Tu amigo de siempre . . .
Os envía cariñosos abrazos vuestro amigo que no os olvida . . .
Te envía un abrazo tu amiga . . .
Cordialmente tuyo: Fernando
Con el mayor afecto te abraza tu amiga . . .
Muchos abrazos.

Cartas comerciales
Frases más usuales para el saludo:
Muy Sr. mío:
Muy Sr. nuestro:
Muy Srs. míos:
Distinguido señor López:
Distinguido compañero:
Apreciable Sra.:
Sr. Director:

Para la introducción:
Me complazco en comunicarle que . . .
La presente tiene por objeto participarle que . . .
Por la presente le comunico a Vd. que . . .
El motivo de esta carta es . . .

Para despedirse:
Le saluda atentamente . . .
Reciban Vds. nuestros más atentos saludos . . .
Dándole las gracias por anticipado, le envía sus saludos . . .
Sin más por el momento, le envía sus saludos . . .
Confiando que la presente sea aceptada, le repito mi atento saludo . . .

la carta	correos (el correo)	certificar una carta
el telegrama	la estafeta de correos	echar una carta
el sobre	la (tarjeta) postal	franquear una carta
el sello	el giro postal	poner un telegrama
el remitente	el buzón	
la posdata PS	el cartero	
el distrito postal		

29.4 El factor socio-económico en América Latina

La problemática socio-económica en Hispanoamérica se centra en tres factores básicos: la tierra, el comercio y la industria.
El problema económico de la tierra es una herencia de la anterior dominación española. La propiedad territorial adquirida por el colonizador desde el siglo
5 XVI derivó pronto al latifundismo. Incluso en México, a pesar de su revolución agraria, persisten los problemas causados por el latifundio. El poder de una minoría de terratenientes contrasta vivamente con las masas campesinas dotadas de escaso poder adquisitivo.
La vida económica de los países latinoaméricanos depende en gran parte del
10 comercio exterior. Hispanoamérica exporta princi‚ almente productos agrícolas y materias primas. Algunos países, como Venezuela, Guatemala, Bolivia y otros, dependen exclusivamente de estas exportaciones. No es de extrañar, pues, que los cambios repentinos en la demanda exterior o las caídas de los precios signifiquen para estos países la prosperidad o el desastre nacional. El
15 desarrollo de los estados latinoamericanos necesita productos del extranjero, pues son países poco industrializados. De esta manera la exportación es sólo un medio de conseguir fondos para el pago de las importaciones; en con-

Producción de café en Nicaragua

secuencia no se consigue acumular capital nacional lo que conduce a que Latinoamérica sea un centro de inversiones del capital extranjero. Sobre este
20 capital se erige en cada país una alta burguesía del comercio que incide decisivamente en las resoluciones políticas de sus respectivos gobiernos.
La industrialización de Hispanoamérica se inició prácticamente después de 1918. Pasada la Segunda Guerra Mundial, la actividad industrial experimentó un auge notable, aunque las mayores industrias se han desarrollado sobre ca-
25 pital extranjero.

Antworten Sie auf die folgenden Fragen:

1. ¿Qué factores hay que tener en cuenta al analizar la problemática socio-económica de Hispanoamérica?
2. ¿Solucionó México con su revolución agraria los problemas del latifundismo?
3. ¿Por qué en los países cuyo principal recurso económico es la exportación de materias primas no se consigue acumular capital nacional?

30

Textos

1.

-Sabrá vuestra merced, señor mío, que en Dios y en mi conciencia todas las que estamos dentro de las puertas de esta casa somos doncellas como las madres que nos parieron, excepto mi señora; y aunque yo debo de parecer de cuarenta años, no teniendo treinta cumplidos, porque les faltan dos meses y medio, también lo soy, mal pecado; y si acaso parezco vieja, corrimientos, trabajos y desabrimientos echan un cero a los años, y a veces dos, según se les antoja. Y siendo esto así, como lo es, no sería razón que a trueco de oír dos, o tres, o cuatro cantares, nos pusiésemos a perder tanta virginidad como aquí se encierra; porque hasta esta negra, que se llama Guiomar, es doncella.

M. de Cervantes (1547-1616), „El ceioso extremeño".

2.

En España son muchos millares de hombres los que se levantan muy tarde; toman chocolate muy caliente y agua fría; se visten; salen a la plaza; ajustan un par de pollos; oyen misa; vuelven a la plaza; dan cuatro paseos; se informan en qué estado se hallan los chismes y hablillas del lugar; vuelven a casa; comen
5 muy despacio; duermen la siesta; se levantan; dan un paseo al campo; vuelven a casa; se refrescan; van a la tertulia; juegan a la malilla; vuelven a su casa; rezan; cenan, y se meten en la cama.

José Cadalso: Cartas Marruecas, 1789.

3.

El hecho aconteció en Montevideo, en 1897.
Cada sábado los amigos ocupaban la misma mesa lateral en el Café del Globo, a la manera de los pobres decentes que saben que no pueden mostrar su casa o que rehúyen su ámbito. Eran todos montevideanos; al principio les ha-
5 bía costado amistarse con Arredondo, hombre de tierra adentro, que no se permitía confidencias ni hacía preguntas. Contaba poco mas de veinte años; era flaco y moreno, más bien bajo y tal vez algo torpe. La cara habría sido casi anónima, si no la hubieran rescatado los ojos, a la vez dormidos y enérgicos. Dependiente de una mercería de la calle Buenos Aires, estudiaba derecho a
10 ratos perdidos. Cuando los otros condenaban la guerra que asolaba el país y que, según era opinión general, el presidente prolongaba por razones indig-

nas, Arredondo se quedaba callado. También se quedaba callado cuando se burlaban de él por tacaño. (...)

De: Jorge Luis Borges, El libro de la arena – Avelino Arredondo –, (Ed. Plaza & Janes) Barcelona 1977.

4. La palabra

... Todo lo que usted quiera, mi señor, pero son las palabras las que cantan, las que suben y bajan ... Me prosterno ante ellas ... Las amo, las adhiero, las persigo, las muerdo, las derrito ... Amo tanto las palabras ... Las inesperadas ... Amo tanto las palabras ... Las inesperadas ... Las que glotonamente se esperan, se
5 acechan, hasta que de pronto caen ... Vocablos amados ... Brillan como piedras de colores, saltan como platinados peces, son espuma, hilo, metal, rocío ... Persigo algunas palabras ... Son tan hermosas que las quiero poner todas en mi poema ... Las agarro al vuelo, cuando van zumbando, y las atrapo, las limpio, las pelo, me preparo frente al plato, las siento cristalinas, vibrantes, ebúrneas,
10 vegetales, aceitosas, como frutas, como algas, como ágatas, como aceitunas ... y entonces las revuelvo, las agito, me las bebo, me las zampo, las trituro, las emperejilo, las libero ... Las dejo como estalactitas en mi poema, como pedacitos de madera bruñida, como carbón, como restos de naufragio, regalos de la ola ... Todo está en la palabra ... Una idea entera se cambia porque una palabra
15 se trasladó de sitio, o porque otra se sentó como una reinita adentro de una frase que no la esperaba y que le obedeció ... Tienen sombra, transparencia, peso, plumas, pelos, tienen de todo lo que se les fue agregando de tanto rodar por el río, de tanto transmigrar de patria, de tanto ser raíces ... Son antiquísimas y recientísimas ... Viven en el féretro escondido y en la flor apenas comen-
20 zada ... Qué buen idioma el mío, qué buena lengua heredamos de los conquistadores torvos .. Estos andaban a zancadas por las tremendas cordilleras, por las Américas encrespadas, buscando patatas, butifarras, frijolitos, tabaco negro, oro, maíz, huevos fritos, con aquel apetito voraz que nunca más se ha visto en el mundo ... Todo se lo tragaban, con religiones, pirámides, tribus, ido-
25 latrías iguales a las que ellos traían en sus grandes bolsas ... Por donde pasaban quedaba arrasada la tierra ... Pero a los bárbaros se las caían de las botas, de las barbas, de los yelmos, de las herraduras, como piedrecitas, las palabras luminosas que se quedaron aquí resplandecientes ... el idioma. Salimos perdiendo – Salimos ganando ... Se llevaron el oro y nos dejaron el oro ... Se lo llevaron to-
30 do y nos dejaron todo ... Nos dejaron las palabras.

Pablo Neruda (1904-1973): „Confieso que he vivido" (Memorias).

5. Epílogo

Anoche murió mi abuelo. No murió como un perro, como èl temía, sino apaciblemente en mis brazos, confundièndome con Clara y a ratos con Rosa, sin dolor, sin angustia, consciente y sereno, más lúcido que nunca y feliz. Ahora está tendido en el velero del agua mansa, sonriente y tranquilo, mientras yo escribo sobre la mesa de madera rubia que era de mi abuela. He abierto las cortinas de seda azul, para que entre la mañana y alegre este cuarto. En la jaula antigua, junto a la ventana, hay un canario nuevo cantando y al centro de la pieza me miran los ojos de vidrio de Barrabás. Mi abuelo me contó que Clara se había desmayado el día que él, por darle un gusto, colocó de alfombra la piel del animal. Nos reímos hasta las lágrimas y decidimos ir a buscar al sótano los despojos del pobre Barrabás, soberbio en su indefinible constitución biológica, a pesar del transcurso del tiempo y al abandono, y ponerlo en el mismo lugar donde medio siglo antes lo puso mi abuelo en homenaje a la mujer que más amó en su vida.

Isabel Allende, La casa de los espíritus, Barcelona 1982 (Plaza y Janes).

6. Salarios reales y empleo

Sucede a menudo que las discusiones enonómicas se alimentan de cifras parciales que extráidas de su contexto pueden dar lugar a interpretaciones muy diferentes. Establecer un diagnóstico objetivo de los hechos suele ser el primer paso para la comprensión de los mismos.

Las cifras de la contabilidad nacional tienen la ventaja de la coherencia y sirven por ello mejor que muchas otras para describir algunos fenómenos de carácter general referentes a la marcha de la economía. Por su parte, la encuesta de población activa es la mejor fuente de que disponemos para seguir la evolución del empleo. Por consiguiente, merece la pena utilizarlas para analizar lo sucedido con las retribuciones a lo largo de los últimos años.

Crecimiento estable

De 1980 a 1983 la masa salarial conoció un creciminto sorprendentemente estable: alrededor del 13% en términos nominales. En 1984 el crecimiento se redujo al 7%, para acelerarse luego en 1985 hasta el 9%, y el 12% en 1986-1987. En 1988 es probable que su crecimiento se sitúe algo por debajo del 10%. Esta evolución, aparentemente dispar, se vuelve bastante más homogénea cuando se descuenta el aumento de los precios: la masa salarial en términos reales descendió regularmente entre 1980 y 1982 a un ritmo del 2% anual, creció algo en 1983 y sufrió una fuerte disminución en 1984 (alrededor del 4%), para recuperarse después, llegando a alcanzar en 1987 un crecimiento real del 6%. Esta evolución es coherente con lo ocurrido en el consumo privado, deprimido al comienzo de la década y muy fuerte desde 1986.

A partir de este punto resulta interesante comparar la masa salarial real con la evolución del empleo asalariado. En cierta medida, la evolución de la masa salarial real por empleado es el índice que refleja mejor el esfuerzo realizado por los asalariados a lo largo de la presente década: éstos han perdido poder adquisitivo en dos ocasiones, en 1982 y en 1986.

La caída de 1982 fue de un 0,6%, mientras que la correspondiente a 1986 fue de un 1,4%. Los demás años el poder adquisitivo por asalariado aumentó, si bien en 1984-1985 el crecimiento fue muy reducido, prácticamente nulo. Los años de mayor aumento de poder adquisitivo por asalariado fueron 1983 y 1987-1988, con cifras próximas al 2%.

Las cifras anteriormente mencionadas describen un fenómeno general, difícilmente trasladable a casos particulares. Se trata de las remuneraciones salariales antes de transferencias e impuestos, lo cual implica, dado el aumento de la presión fiscal, que la mayoría de los asalariados ha perdido poder adquisitivo a lo largo de este período, especialmente aquellos cuyas remuneraciones se situaban por encima del promedio. Existe, sin embargo, una diferencia fundamental entre los primeros años de la década y los últimos: mientras que en los primeros, de 1980 a 1984, el aumento del poder adquisitivo por asalariado coexistió con una fuerte destrucción de empleos; en los últimos, el empleo y las remuneraciones reales crecieron paralelamente.

Los aumentos de productividad fueron importantes hasta 1985, pero se trató de variaciones negativas motivadas más por la caída del empleo que por la renovación del equipo de las empresas. A partir de 1986 el crecimiento de la productividad por ocupado (alrededor del 1,5% por año) ha coincidido con el aumento del empleo y de la remuneración real del trabajo.

Problemas de fondo

Se trata de unas cifras muy generales que permiten plantear algunos problemas de fondo de la economía. Por primera vez desde hace muchos años existe la posibilidad de discutir el reparto de una productividad obtenida por la vía de la renovación tecnológica: por primera vez es posible hablar a la vez de crecimiento del empleo y de las remuneraciones reales de los asalariados. Se trata de un cambio sustancial en relación con el período de crisis que caracterizó el final de la pasada década y los comienzos de la presente. Sería un grave error desaprovecharlo.

EL PÁIS, domingo 27 de noviembre de 1988.

7. Una jornada particular

Nada hay mejor que un paseo, a ser posible muy madrugador, con los pies descalzos, justo por la orilla del mar. Ahora, en otoño, la arena está apelmazada por tanta inmovilidad. Un recorrido por la ciudad desierta resulta también muy agradable. Encontrarán parejas de jubilados que han vuelto a cogerse de la mano.

Comer, hay que comer en Cambrils. En cualquiera de los restaurantes situados frente al puerto de pescadores ofrecen exquisitos menús marineros, en los que destaca lo que ellos llaman entremeses: un plato único en el que se van sirviendo cigalas, langostinos, gambas, almejas, caracoles de mar, mejillones, calamares a la romana, pescaditos, chipirones, sepia a la plancha, y ... les parece que no se dejan nada. El vino adecuado es el blanco seco, Blanco Pescador o Blanc de Blancs. El precio es de unas 3.000 pesetas.

La visita a los exóticos jardines del parque Samá, con una extensión de 14 hectáreas, desde cuya torre mirador se contempla una extensa panorámica, resulta del todo obligada. Ya en lo alto de la montaña puede visitarse el castillo de Escornalbou, de diez a doce de la mañana y de cuatro a seis de la tarde, todos los días, excepto los lunes. El guía muestra la magnífica biblioteca, con

60.000 volúmenes; colecciones de cerámica catalana; habitaciones decoradas con muebles de distintas épocas; la iglesia, de transición entre el románico y el gótico, y la bodega. Se puede subir a la ermita de Santa Bárbara, unos metros más arriba, desde donde, en días claros, se divisa hasta Mallorca.

Las noches, si es fin de semana, son de Salou. Hay discotecas y pubs para distintos gustos: La Cage de Medrano, para posmodernos; la Bye, Bye, para los pijos; los yuppies que vayan al Crema y quienes quieran tomar una copa relajada, al privée del Level O. Si uno no se enmarca en ninguno de estos tipos, puede acudir a la discoteca Flash Bach, para todos los públicos.

EL PÁIS, domingo 27 de noviembre de 1988.

8. ¿Qué dirá el Santo Padre?

Miren cómo nos hablan de libertad
cuando de ella nos privan en realidad.
Miren cómo pregonan tranquilidad
cuando nos atormenta la autoridad.

Miren cómo nos hablan del paraíso
cuando nos llueven balas como granizo.
Miren el entusiasmo con la sentencia
sabiendo que mataban a la inocencia.

El que ofició la muerte como un verdugo
tranquilo está tomando su desayuno.
Con esto se pusieron la soga al cuello,
el quinto mandamiento no tiene sello.

Mientras más injusticias, Señor Fiscal,
más fuerzas tiene mi alma para cantar.
Lindo segar el trigo en el sembra'o
regado con tu sangre, Julián Grimau.

Estribillo:
¿Qué dirá el Santo Padre
que vive en Roma,
que le están degollando
a su paloma?

Violetta Parra

■ Grammatikalischer Anhang

A1. Die Betonung (La acentuación)

Wenn das Wort auf einem Vokal oder einem Vokal plus „n" oder „s" endet, wird die vorletzte Silbe betont: h**o**mbre, m**e**sa, m**e**sas, c**e**nan.
Endet das Wort auf einem Konsonanten (außer Vokal plus „n" oder „s"), so wird die letzte Silbe betont: past**e**l, ciud**a**d, cal**o**r.
Die Wörter, deren Betonung von den genannten Regeln abweicht, tragen einen Akzent auf der betonten Silbe: est**á**, est**á**n, caf**é**, az**ú**car.
Die Wörter, deren Betonung weder auf der letzten noch auf der vorletzten Silbe liegt, tragen immer auf der betonten Silbe einen Akzent: f**á**brica, l**ó**gico, reg**á**laselo.

Wenn die betonte Silbe einen Diphthong bildet, trägt der offene Vokal (a, e, o) den Akzent, falls diese Silbe nach den oben genannten Regeln einen Akzent tragen muß. Wenn beide Vokale geschlossen sind (i, u), trägt der zweite Vokal den Akzent: tom**á**is, habl**é**is, p**é**inate, constru**í**s.
Der Akzent dient auch der Trennung von Diphthongen: hab**í**a, contin**ú**a, per**í**odo.
Die zusammengesetzten Wörter werden in Bezug auf den Akzent unabhängig ihrer Bestandteile nach den gegebenen Regeln behandelt. Eine Ausnahme sind die Adverbien, die auf -mente enden. Sie tragen einen Akzent nur, wenn das ursprüngliche Adjektiv einen Akzent trägt: rápido › rápidamente, fácil › fácilmente.
Es gibt auch Wörter, die einen Akzent zur Unterscheidung von gleichlautenden Wörtern tragen:

mit Akzent		**ohne Akzent**	
tú	du	tu	dein
él	er	el	der
mí	Personalpronomen	mi	mein
sí	ja, sich	si	ob, wenn
sé	von „saber"	se	Pronomen
té	Tee	te	Pronomen
más	mehr	mas	aber
aún	noch	aun	sogar
qué	⎫	que	⎫
quién	⎪	quien	⎪
cuál	⎪	cual	⎪
cuánto	⎬ bei Frage und Ausruf	cuanto	⎬ Relativpronomen (-adverbien)
dónde	⎪	donde	⎪
cuándo	⎪	cuando	⎪
cómo	⎭	cómo	⎭
ó	oder (zwischen Zahlen)	o	oder
sólo	nur	solo	allein

Die Demonstrativa (este, ese usw.) tragen einen Akzent, wenn sie allein stehen ¿Quieres este libro? — Sí, quiero éste.

A2. Das Verb

1. Hilfsverben (Verbos auxiliares)

haber *haben*
participio: habido
gerundio: habiendo
INDICATIVO:
presente: he, has, ha ha/hay, hemos, habéis, han
imperfecto: había, habías, había, habíamos, habíais, habían
indefinido: hube, hubiste, hubo, hubimos, hubisteis, hubieron
futuro: habré, habrás, habrá, habremos, habréis, habrán
POTENCIAL: habría, habrías, habría, habríamos, habríais, habrían
IMPERATIVO: he, haya, hayamos, habed, hayan
SUBJUNTIVO:
presente: haya, hayas, haya, hayamos, hayáis, hayan
imperfecto: hubiera, hubieras, hubiera, hubiéramos, hubierais, hubieran
hubiese, hubieses, hubiese, hubiésemos, hubieseis, hubiesen

ser *sein*
participio: sido
gerundio: siendo
INDICATIVO:
presente: soy, eres, es, somos, sois, son
imperfecto: era, eras, era, éramos, erais, eran
indefinido: fui, fuiste, fue, fuimos, fuisteis, fueron
futuro: seré, serás, será, seremos, seréis, serán
POTENCIAL: sería, serías, sería, seríamos, seríais, serían
IMPERATIVO: se, sea, seamos, sed, sean
SUBJUNTIVO:
presente: sea, seas, sea, seamos, seáis, sean
imperfecto: fuera, fueras, fuera, fuéramos, fuerais, fueran
fuese, fueses, fuese, fuésemos, fueseis, fuesen

2. Regelmäßige Verben (Verbos regulares)

hablar *sprechen*
participio: hablado
gerundio: hablando
INDICATIVO:
presente: hablo, hablas, habla, hablamos, habláis, hablan
imperfecto: hablaba, hablabas, hablaba, hablábamos, hablabais, hablaban
indefinido: hablé, hablaste, habló, hablamos, hablasteis, hablaron
futuro: hablaré, halbarás, hablara, hablaremos, hablaréis, hablarán
POTENCIAL: hablaría, hablarías, hablaría, hablaríamos, hablaríais, hablarían
IMPERATIVO: habla, hable, hablemos, hablad, hablen

SUBJUNTIVO:
presente: hable, hables, hable, hablemos, habléis, hablen
imperfecto: hablara, hablaras hablara, habláramos, hablarais, hablaran
hablase, hablases, hablase, hablásemos, hablaseis, hablasen

comer *essen*
participio: comido
gerundio: comiendo
INDICATIVO:
presente: como, comes, come, comemos, coméis, comen
imperfecto: comía, comías, comía, comíamos, comíais, comían
indefinido: comí, comiste, comió, comimos, comisteis, comieron
futuro: comeré, comerás, comerá, comeremos, comeréis, comerán
POTENCIAL: comería, comerías, comería, comeríamos, comeríais, comerían
IMPERATIVO: come, coma, comamos, comed, coman
SUBJUNTIVO:
presente: coma, comas, coma, comamos, comáis, coman
imperfecto: comiera, comieras, comiera, comiéramos, comierais, comieran
comiese, comieses, comiese, comiésemos, comieseis, comiesen

vivir *leben, wohnen*
participio: vivido
gerundio: viviendo
INDICATIVO:
presente: vivo, vives, vive, vivimos, vivís, viven
imperfecto: vivía, vivías, vivía, vivíamos, vivíais, vivían
indefinido: viví, viviste, vivió, vivimos, vivisteis, vivieron
futuro: viviré, vivirás, vivirá, viviremos, viviréis, vivirán
POTENCIAL: viviría, vivirías, viviría, viviríamos, viviríais, vivirían
IMPERATIVO: vive, viva, vivamos, vivid, vivan
SUBJUNTIVO:
presente: viva, vivas, viva, vivamos, viváis, vivan
imperfecto: viviera, vivieras, viviera, viviéramos, vivierais, vivieran
viviese, vivieses, viviese, viviésemos, vivieseis, viviesen

3. Unregelmäßige Verben (Verbos irregulares)

Die nicht aufgeführten Formen werden regelmäßig gebildet.

a) Die Konjugation der „Gruppenverben":

Gruppe -ie- empezar *beginnen*
INDICATIVO:
presente: empiezo, empiezas, empieza, empezamos, empezáis, empiezan
IMPERATIVO: empieza, empiece, empecemos, empezad, empiecen
SUBJUNTIVO:
presente: empiece, empieces, empiece, empecemos, empecéis, empiecen

Wichtige Verben dieser Gruppe:
-ar

acertar	cerrar	gobernar	sembrar
alentar	comenzar	manifestar	sentar
acrecentar	confesar	merendar	temblar
apretar	desterrar	negar	tropezar
atravesar	despertar	nevar	
calentar	empezar	pensar	
cegar	enterrar	recomendar	

-er

ascender	desatender	entender	tender
atender	descender	extender	trascender
defender	encender	heder	verter

-ir
adquirir

Gruppe -ue- contar *erzählen*
  INDICATIVO:
  presente: cuento, cuentas, cuenta, contamos, contáis, cuentan
  IMPERATIVO: cuenta, cuente, contemos, contad, cuenten
  SUBJUNTIVO:
  presente: cuente, cuentes, cuente, contemos, contéis, cuenten

Wichtige Verben dieser Gruppe:
-ar

acordar	contar	forzar	rogar
almorzar	costar	mostrar	sonar
aprobar	demostrar	probar	soñar
comprobar	encontrar	recordar	volar
consolar	esforzar	renovar	jugar

-er
absolver (participio: absuelto)
devolver (participio: devuelto)
disolver (participio: disuelto)
doler
envolver (participio: envuelto)
llover

oler
resolver (participio: resuelto)
revolver (participio: revuelto)
soler
volver (participio: vuelto)

Gruppe -zc- conocer *kennen, kennenlernen*
  INDICATIVO:
  presente: conozco, conoces, conoce, conocemos, conocéis, conocen
  IMPERATIVO: conoce, conozca, conozcamos, conoced, conozcan
  SUBJUNTIVO:
  presente: conozca, conozcas, conozca, conozcamos, conozcáis, conozcan

Wichtige Verben dieser Gruppe:
-er

aborrecer	complacer	establecer	obedecer
agradecer	conocer	florecer	ofrecer
aparecer	crecer	merecer	parecer
apetecer	desaparecer	nacer	reconocer

-ir
lucir

Gruppe „sentir" *fühlen*
- gerundio: sintiendo
- INDICATIVO:
- presente: siento, sientes, siente, sentimos, sentís, sienten
- indefinido: sentí, sentiste, sintió, sentimos, sentisteis, sintieron
- IMPERATIVO: siente, sienta, sintamos, sentid, sientan
- SUBJUNTIVO:
- presente: sienta, sientas, sienta, sintamos, sintáis, sientan
- imperfecto: sintiera, sintieras, sintiera, sintiéramos, sintierais, sintieran
  sintiese, sintieses, sintiese, sintiésemos, sintieseis, sintiesen

Zu dieser Gruppe gehören die Verben, die auf -entir, -erir, oder -ertir enden. Z.B. mentir, preferir, divertirse, advertir ...

Gruppe „pedir" *bitten*
- gerundio: pidiendo
- INDICATIVO:
- presente: pido, pides, pide, pedimos, pedís, piden
- indefinido: pedí, pediste, pidió, pedimos, pedisteis, pidieron
- IMPERATIVO: pide, pida, pidamos, pedid, pidan
- SUBJUNTIVO:
- presente: pida, pidas, pida, pidamos, pidáis, pidan
- imperfecto: pidiera, pidieras, pidiera, pidiéramos, pidierais, pidieran
  pidiese, pidieses, pidiese, pidésemos, pidieseis, pidiesen

Wichtige Verben dieser Gruppe:

competir	elegir	pedir	seguir
concebir	henchir	regir	servir
conseguir	impedir	repetir	vestir

Gruppe „dormir" *schlafen*
- gerundio: durmiendo
- INDICATIVO:
- presente: duermo, duermes, duerme, dormimos, dormís, duermen
- indefinido: dormí, dormiste, durmió, dormimos, dormisteis, durmieron
- IMPERATIVO: duerme, duerma, durmamos, dormid, duerman

SUBJUNTIVO:
presente: duerma, duermas, duerma, durmamos, durmáis, duerman
imperfecto: durmiera, durmieras, durmiera, durmiéramos, durmierais, durmieran
durmiese, durmieses, durmiese, durmiésemos, durmieseis, durmiesen

Wichtige Verben dieser Gruppe
dormir
morir (participio: muerto)

Gruppe „reír" *lachen*
gerundio: riendo
INDICATIVO:
presente: río, ríes, ríe, reímos, reís, ríen
indefinido: reí, reíste, rió, reímos, reísteis, rieron
IMPERATIVO: ríe, ría, riamos, reíd, rían
SUBJUNTIVO:
presente: ría, rías, ría, riamos, riáis, rían
imperfecto: riera, rieras, riera, riéramos, rierais, rieran
riese, rieses, riese, riésemos, rieseis, riesen

Wichtige Verben dieser Gruppe
ceñir   reír
freír (participio: **(auch):** frito)   reñir
desleír   sonreír
desteñir   teñir
engreír

Gruppe „construir" *bauen*

INDICATIVO:
presente: construyo, construyes, construye, construimos, construís, construyen
IMPERATIVO: construye, construya, construyamos, construid, construyan
SUBJUNTIVO:
presente: construya, construyas, construya, construyamos, construyáis, construyan

Zu dieser Gruppe gehören die Verben, die auf -uir enden: z.B. concluir, contribuir, destruir ...

Gruppe „conducir" *leiten, führen*
INDICATIVO:
presente: conduzco, conduces, conduce, conducimos, conducís, conducen
indefinido: conduje, condujiste, condujo, condujimos, condujisteis, condujeron
IMPERATIVO: conduce, conduzca, conduzcamos, conducid, conduzcan
SUBJUNTIVO:
presente: conduzca, conduzcas, conduzca, conduzcamos, conduzcáis, conduzcan

imperfecto: conducjera, condujeras, condujera, condujéramos, condujérais, condujeran
condujese, condujeses, condujese, condujésemos, condujeseis, condujesen

Zu dieser Gruppe gehören die Verben, die auf -ducir enden: z.B. producir, introducir, traducir ...

Verben, die auf -iar enden
Diese Verben bilden, obwohl sie als regelmäßig betrachtet werden können, zwei Gruppen, je nachdem, ob das „i" betont wird oder nicht.

INDICATIVO		IMPERATIVO		SUBJUNTIVO	
presente:				presente:	
1. estudiar	2. enviar	1. estudiar	2. enviar	1. estudiar	2. enviar
estudio	envío	-	-	estudie	envíe
estudias	envías	estudia	envía	estudies	envíes
estudia	envía	estudie	envíe	estudie	envíe
estudiamos	enviamos	estudiemos	enviemos	estudiemos	enviemos
estudiáis	enviáis	estudiad	enviad	estudiéis	enviéis
estudian	envían	estudien	envíen	estudien	envíen

Wie „estudiar" werden u.a. folgende Verben konjugiert:
acariciar   comerciar   diferenciar   pronunciar
aliviar   contagiar   divorciar   renunciar
apreciar   copiar   enunciar
asociar   denunciar   limpiar
codiciar   desperdiciar   odiar

Wie „enviar":
ampliar   criar   esquiar   guiar   vaciar
confiar   desconfiar fotografiar resfriar

Verben, die auf -uar enden
Wie die Verben auf -iar bilden auch sie zwei Gruppen je nachdem, ob das „u" betont wird oder nicht.

INDICATIVO		IMPERATIVO		SUBJUNTIVO	
presente:				presente:	
1. averiguar	2. continuar	1. averiguar	2. continuar	1. averiguar	2. continuar
averiguo	continúo	-	-	averigüe	continúe
averiguas	continúas	averigua	continúa	averigües	continúes
averigua	continúa	averigüe	continúe	averigüe	continúe
averiguamos	continuamos	averigüemos	continuemos	averigüemos	continuemos
averiguáis	continuáis	averiguad	continuad	averigüéis	continuéis
averiguan	continúan	averigüen	continúen	averigüen	continúen

Wie „averiguar": adecuar, evacuar, apaciguar, atestiguar
Wie „continuar": perpetuar, atenuar, insinuar

b) Die Konjugation der unregelmäßigen Verben (Verbos de irregularidad propia)

andar *gehen*
INDICATIVO:
indefinido: anduve, anduviste, anduvo, anduvimos, anduvisteis, anduvieron
SUBJUNTIVO:
imperfecto: anduviera, anduvieras, anduviera, anduviéramos, anduvierais, anduvieran
               anduviese, anduvieses, anduviese, anduviésemos, anduvieseis, anduviesen

caber *hineinpassen*
INDICATIVO:
presente: quepo, cabes, cabe, cabemos, cabéis, caben
indefinido: cupe, cupiste, cupo, cupimos, cupisteis, cupieron
futuro: cabré, cabrás, cabrá, cabremos, cabréis, cabrán
POTENCIAL: cabría, cabrías, cabría, cabríamos, cabríais, cabrían
IMPERATIVO: cabe, quepa, quepamos, cabed, quepan
SUBJUNTIVO:
presente: quepa, quepas, quepa, quepamos, quepáis, quepan
imperfecto: cupiera, cupieras, cupiera, cupiéramos, cupierais, cupieran
               cupiese, cupieses, cupiese, cupiésemos, cupieseis, cupiesen

caer *fallen*
INDICATIVO:
presente: caigo, caes, cae, caemos, caéis, caen
IMPERATIVO: cae, caiga, caigamos, caed, caigan
SUBJUNTIVO:
presente: caiga, caigas, caiga, caigamos, caigáis, caigan

dar *geben*
INDICATIVO:
presente: doy, das, da, damos, dais, dan
indefinido: di, diste, dio, dimos, disteis, dieron
IMPERATIVO: da, dé, demos, dad, den
SUBJUNTIVO:
presente: dé, des, dé, demos, deis, den
imperfecto: diera, dieras, diera, diéramos, dierais, dieran
               diese, dieses, diese, diésemos, dieseis, diesen

decir *sagen*
participio: dicho
gerundio: diciendo
INDICATIVO:
presente: digo, dices, dice, decimos, decís, dicen
indefinido: dije, dijiste, dijo, dijimos, dijisteis, dijeron
futuro: diré, dirás, dirá, diremos, diréis, dirán

POTENCIAL:	diría, dirías, diría, diríamos, diríais, dirían
IMPERATIVO:	di, diga, digamos, decid, digan

SUBJUNTIVO:
presente:	diga, digas, diga, digamos, digáis, digan
imperfecto:	dijera, dijeras, dijera, dijéramos, dijerais, dijeran
	dijese, dijeses, dijese, dijésemos, dijeseis, dijesen

Wie „decir": bendecir, maldecir, predecir.

estar *sein*

INDICATIVO:
presente:	estoy, estás, está, estamos, estáis, están
indefinido:	estuve, estuviste, estuvo, estuvimos, estuvisteis, estuvieron
IMPERATIVO:	está, esté, estemos, estad, estén

SUBJUNTIVO:
presente:	esté, estés, esté, estemos, estéis, estén
imperfecto:	estuviera, estuvieras, estuviera, estuviéramos, estuvierais, estuvieran
	estuviese, estuvieses, estuviese, estuviésemos, estuvieseis, estuviesen

hacer *machen*

participio:	hecho

INDICATIVO:
presente:	hago, haces, hace, hacemos, hacéis, hacen
indefinido:	hice, hiciste, hizo, hicimos, hicisteis, hicieron
futuro:	haré, harás, hará, haremos, haréis, harán
POTENCIAL:	haría, harías, haría, haríamos, haríais, harían
IMPERATIVO:	haz, haga, hagamos, haced, hagan

SUBJUNTIVO:
presente:	haga, hagas, haga, hagamos, hagáis, hagan
imperfecto:	hiciera, hicieras, hiciera, hiciéramos, hicierais, hicieran
	hiciese, hicieses, hiciese, hiciésemos, hicieseis, hiciesen

Wie „hacer": deshacer, rehacer

ir *gehen, fahren*

INDICATIVO:
presente:	voy, vas, va, vamos, vais, van
imperfecto:	iba, ibas, iba, íbamos, ibais, iban
indefinido:	fui, fuiste, fue, fuimos, fuisteis, fueron
IMPERATIVO:	ve, vaya, vayamos, id, vayan

SUBJUNTIVO:
presente:	vaya, vayas, vaya, vayamos, vayáis, vayan
imperfecto:	fuera, fueras, fuera, fuéramos, fuerais, fueran
	fuese, fueses, fuese, fuésemos, fueseis, fuesen

oír *hören*
INDICATIVO:
presente: oigo, oyes, oye, oímos, oís, oyen
IMEPRATIVO oye, oiga, oigamos, oíd, oigan
SUBJUNTIVO:
presente: oiga, oigas, oiga, oigamos, oigáis, oigan

Wie „oír": desoír, entreoír

poder *können*
gerundio: pudiendo
INDICATIVO:
presente: puedo, puedes, puede, podemos, podéis, pueden
indefinido: pude, pudiste, pudo, pudimos, pudisteis, pudieron
futuro: podré, podrás, podrá, podremos, podréis, podrán
POTENCIAL: podría, podrías, podría, podríamos, podríais, podrían
IMPERATIVO: puede, pueda, podamos, poded, puedan
SUBJUNTIVO:
presente: pueda, puedas, pueda, podamos, podáis, puedan
imperfecto: pudiera, pudieras, pudiera, pudiéramos, pudierais, pudieran
pudiese, pudieses, pudiese, pudiésemos, pudieseis, pudiesen

poner *setzen, legen, stellen*
participio: puesto
INDICATIVO:
presente: pongo, pones, pone, ponemos, ponéis, ponen
indefinido: puse, pusiste, puso, pusimos, pusisteis, pusieron
futuro: pondré, pondrás, pondrá, pondremos, pondréis, pondrán
POTENCIAL: pondría, pondrías, pondría, pondríamos, pondríais, pondrían
IMPERATIVO: pon, ponga, pongamos, poned, pongan
SUBJUNTIVO:
presente: ponga, pongas, ponga, pongamos, pongáis, pongan
imperfecto: pusiera, pusieras, pusiera, pusiéramos, pusierais, pusieran
pusiese, pusieses, pusiese, pusiésemos, pusieseis, pusiesen

Wie „poner":

anteponer	disponer	oponer	recomponer
componer	exponer	predisponer	sobreponer
deponer	imponer	presuponer	suponer
descomponer	interponer	proponer	yuxtaponer

querer *wollen*
INDICATIVO:
presente: quiero, quieres, quiere, queremos, queréis, quieren
indefinido: quise, quisiste, quiso, quisimos, quisisteis, quisieron
futuro: querré, querrás, querrá, querremos, querréis, querrán
POTENCIAL: querría, querrías, querría, querríamos, querríais, querrían

IMPERATIVO: quiere, quiera, queramos, quered, quieran
SUBJUNTIVO:
presente: quiera, quieras, quiera, queramos, queráis, quieran
imperfecto: quisiera, quisieras, quisiera, quisiéramos, quisierais, quisieran
quisiese, quisieses, quisiese, quisiésemos, quisieseis, quisiesen

saber *wissen*
INDICATIVO:
presente: sé, sabes, sabe, sabemos, sabéis, saben
indefinido: supe, supiste, supo, supimos, supisteis, supieron
futuro: sabré, sabrás, sabrá, sabremos, sabréis, sabrán
POTENCIAL: sabría, sabrías, sabría, sabríamos, sabríais, sabrían
IMPERATIVO: sabe, sepa, sepamos, sabed, sepan
SUBJUNTIVO:
presente: sepa, sepas, sepa, sepamos, sepáis, sepan
imperfecto: supiera, supieras, supiera, supiéramos, supierais, supieran
supiese, supieses, supiese, supiésemos, supieseis, supiesen

salir *ausgehen, abfahren*
INDICATIVO:
presente: salgo, sales, sale, salimos, salís, salen
futuro: saldré, saldrás, saldrá, saldremos, saldréis, saldrán
POTENCIAL: saldría, saldrías, saldría, saldríamos, saldríais, saldrían
IMPERATIVO: sal, salga, salgamos, salid, salgan
SUBJUNTIVO:
presente: salga, salgas, salga, salgamos, salgáis, salgan

Wie „salir": sobresalir

tener *haben*
INDICATIVO:
presente: tengo, tienes, tiene, tenemos, tenéis, tienen
indefinido: tuve, tuviste, tuvo, tuvimos, tuvisteis, tuvieron
futuro: tendré, tendrás, tendrá, tendremos, tendréis, tendrán
POTENCIAL: tendría, tendrías, tendría, tendríamos, tendríais, tendrían
IMPERATIVO: ten, tenga, tengamos, tened, tengan
SUBJUNTIVO:
presente: tenga, tengas, tenga, tengamos, tengáis, tengan
imperfecto: tuviera, tuvieras, tuviera, tuviéramos, tuvierais, tuvieran
tuviese, tuvieses, tuviese, tuviésemos, tuvieseis, tuviesen

Wie „tener":
abstener	detener	mantener	retener
contener	entretener	obtener	sostener

traer *bringen*
INDICATIVO:
presente: traigo, traes, trae, traemos, traéis, traen
indefinido: traje, trajiste, trajo, trajimos, trajisteis, trajeron
IMPERATIVO: trae, traiga, traigamos, traed, traigan
SUBJUNTIVO:
presente: traiga, traigas, traiga, traigamos, traigáis, traigan
imperfecto: trajera, trajeras, trajera, trajéramos, trajerais, trajeran
trajese, trajeses, trajese, trajésemos, trajeseis, trajesen

Wie „traer": atraer

valer *gelten, kosten*
INDICATIVO:
presente: valgo, vales, vale, valemos, valéis, valen
futuro: valdré, valdrás, valdrá, valdremos, valdréis, valdrán
POTENCIAL: valdría, valdrías, valdría, valdríamos, valdríais, valdrían
IMPERATIVO: val o vale, valga, valgamos, valgáis, valgan
SUBJUNTIVO:
presente: valga, valgas, valga, valgamos, valgáis, valgan

Wie „valer": equivaler, prevaler

venir *kommen*
gerundio: viniendo
INDICATIVO:
presente: vengo, vienes, viene, venimos, venís, vienen
indefinido: vine, viniste, vino, vinimos, vinisteis, vinieron
futuro: vendré, vendrás, vendrá, vendremos, vendréis, vendrán
POTENCIAL: vendría, vendrías, vendría, vendríamos, vendríais, vendrían
IMPERATIVO: ven, venga, vengamos, venid, vengan
SUBJUNTIVO:
presente: venga, vengas, venga, vengamos, vengáis, vengan
imperfecto: viniera, vinieras, viniera, viniéramos, vinierais, vinieran
viniese, vinieses, viniese, viniésemos, vinieseis, viniesen

Wie „venir":
advenir	convenir	intervenir	provenir
contravenir	desavenir	prevenir	sobrevenir

ver *sehen*
participio: visto
INDICATIVO:
presente: veo, ves, ve, vemos, veis, ven
imperfecto: veía, veías, veía, veíamos, veíais, veían
IMPERATIVO: ve, vea, veamos, ved, vean

SUBJUNTIVO:
presente: vea, veas, vea, veamos, veáis, vean

Wie „ver": entrever, prever

4. Orthographische Änderungen einzelner Verbformen

Bei der Flexion einiger Verben ändert sich deren Schreibweise, damit der gleiche Laut erhalten bleibt.

Einige Beispiele:
ven**c**er: ven**z**o
co**g**er: co**j**o
ele**g**ir: eli**j**o
bus**c**ar: bus**qué**
encar**g**ar: encar**gué**
empe**z**ar: empe**cé**

Unbetontes „i" wird zwischen zwei Vokalen als „y" geschrieben; z.B.
leer: le + iendo = leyendo
construir: constru + io = construyo
creer: cre + ieron = creyeron

5. Der Gebrauch von „ser" und „estar"

a) „ser" drückt aus:
— **Zugehörigkeit:** El coche es **de** Alfonso. — *Der Wagen gehört Alfonso.*
— **Herkunft:** Carlos es **de** Gerona. — *Carlos ist aus Gerona.*
— **Materialangabe:** La mesa es **de** madera. — *Der Tisch ist aus Holz.*
— **zum Wesen gehörende Eigenschaften:** Barcelona es grande. — *Barcelona ist groß.*
— **Beruf, Verwandtschaft, Staatsangehörigkeit:** Juan es médico. — *Juan ist Arzt.*
— **Passivbildung:** He sido presentado al director. — *Ich bin dem Direktor vorgestellt worden.*
— **unpersönliche Konstruktionen:** Es de día. — *Es ist Tag.* Es tarde. — *Es ist spät.*

b) „estar":
— **lokal:** Estoy **en** Sevilla. — *Ich bin in Sevilla.*
— **vorübergehende oder als zufällig empfundene Eigenschaft:** El coche está averiado. — *Das Auto ist kaputt.* Juan está satisfecho. — *Juan ist zufrieden.*
Passivbildung (Zustandspassiv): La casa está vendida. — *Das Haus ist verkauft.*
— **estar + Gerundium:** Está viniendo. — *Er kommt gerade.*
— **estar + por + Infinitiv:** La comida está por hacer. — *Das Essen ist noch nicht vorbereitet.*
— **estar + para + Infinitiv:** El tren está para salir. — *Der Zug fährt gleich ab.*

Merke:
Juan **es** médico. — *Juan ist Arzt.*
Juan **está** de médico. — *Juan arbeitet (vorübergehend) als Arzt.*

Luis **es** enfermo. — *Luis ist ein kranker Mensch.*
Luis **está** enfermo. — *Luis ist (vorübergehend) krank.*

Einige Adjektive ändern ihre Bedeutung je nachdem, ob „ser" oder „estar" verwendet wird.

ser bueno — *gut sein* (Charakter)   estar bueno — *gesund sein*
ser malo — *schlecht sein* (Charakter)   estar malo — *krank sein*
ser vivo — *schlau, schnell sein*   estar vivo — *leben*
ser listo — *klug, schlau sein*   estar listo — *fertig, vorbereitet sein*

A3. Das Substantiv (El sustantivo)

a) Das Genus
Es gibt keine Regel, die das Genus eines Substantivs genau bestimmt. Substantive auf „o" sind dennoch im allgemeinen maskulin, Substantive auf „a" feminin.
Vor den weiblichen Substantiven, die mit betontem „a-" oder „ha-" beginnen, steht im Singular der Artikel „el" oder „un".
    el agua, el área, el hambre usw.

b) Die Bildung des Plurals
Die Substantive, die im Singular mit unbetontem Vokal (oder auch mit betontem „e") enden, bilden den Plural mit „-s".
    la mesa: las mesas
    el café: los cafés

Die Substantive, die im Singular mit Konsonant oder mit betontem „a", „i", „u" enden, bilden den Plural mit „-es".
    la flor: las flores
    el lápiz: los lápices (mit der entsprechenden Konsonantänderung)

Die Wörter, die auf „-s" nach unbetontem Vokal enden, bleiben im Plural unveränderlich.
    el miércoles: los miércoles
    la crisis: las crisis

Einige Substantive werden nur im Singular verwendet, während andere nur Pluralformen haben.
    el oro, el dinero
    las gafas, las afueras

Einige Substantive haben im Plural eine besondere Bedeutung.

el padre — *der Vater*   los padres — *die Eltern*
el hijo — *der Sohn*   los hijos — *die Kinder*
el rey — *der König*   los reyes — *König und Königin*

c) Die Deklination des Substantives

Nominativ	el jardín — *der Garten*	la casa — *das Haus*
Genitiv	del jardín — *des Gartens*	de la casa — *des Hauses*
Dativ	al jardín — *dem Garten*	a la casa — *dem Haus*
Akkusativ	el jardín — *den Garten*	la casa — *das Haus*

A4. Das Adjektiv (El adjetivo)

a) Das Genus
Das Femininum mit „-a" bilden die Adjektive, die folgende Endungen haben:
-o, -ete, -ote, -or*, -ín (Diminutiv), -ón, -án

* Ausnahmen:
inferior, ulterior, exterior, superior, interior, mayor, menor, mejor, peor

Nationalitäts- und Städteadjektive, die mit einem Konsonanten enden, bilden das Femininum ebenfalls mit „-a".

bonito: bonita   español: española
hablador: habladora   francés: francesa

Adjektive, die nicht die oben aufgeführten Endungen haben, haben keine besondere Form für das Femininum.

el coche grande   la ciudad grande
el libro gris   la camisa gris
un hombre belga   una mujer belga

b) Die Bildung des Plurals
Die Adjektive bilden den Plural nach denselben Regeln wie die Substantive (siehe: A3. b)

c) Besonderheiten
Wenn die Adjektive „bueno" und „malo" vor einem männlichen Substantiv stehen, verlieren sie im Singular die Endung „-o".

Es un buen vino. El vino es bueno.
Es un mal vino. El vino es malo.

Wenn „grande" vor einem Substantiv steht, verliert es im Singular die Endung „-de".

Es una gran ciudad. Es una ciudad grande.
Es un gran puerto. Es un puerto grande.

A5. Die Verkleinerungs- und Vergrößerungsformen (El diminutivo y el aumentativo)

a) Das Diminutiv wird im Spanischen mit folgenden Endungen gebildet: -illo, -ito, -ico (ihre weiblichen Formen sind: -illa, -ita, -ica).

Carmen: Carmencita   pequeño: pequeñito

Diese Verkleinerungsformen werden oft verwendet, um Sympathie oder auch Ironie auszudrücken.

b) Die Vergrößerungsformen haben die Endungen -ote, -azo (ihre weiblichen Formen sind -ota, -oza).

mano: manaza   grande: grandote

A6. Die Zahlwörter (Los numerales)

a) Die Grundzahlen (Los números cardinales)

0 cero	18 dieciocho, diez y ocho	101 ciento uno (un)
1 uno (un), una	19 diecinueve, diez y nueve	110 ciento diez
2 dos	20 veinte	165 ciento sesenta y cinco
3 tres	21 veintiuno (veintiún)	200 doscientos (-as)
4 cuatro	22 veintidós	300 trescientos (-as)
5 cinco	23 veintitrés	400 cuatrocientos (-as)
6 seis	30 treinta	500 quinientos (-as)
7 siete	31 treinta y uno (un)	600 seiscientos (-as)
8 ocho	32 treinta y dos	700 setecientos (-as)
9 nueve	33 treinta y tres	800 ochocientos (-as)
10 diez	40 cuarenta	900 novecientos (-as)
11 once	50 cincuenta	1.000 mil
12 doce	60 sesenta	1.200 mil doscientos (-as)
13 trece	70 setenta	2.000 dos mil
14 catorce	80 ochenta	100.000 cien mil
15 quince	90 noventa	1.000.000 un millón
16 dieciséis, diez y seis	100 cien (ciento)	1.000.000.000 mil millones
17 dicisiete, diez y siete		

1.989 mil novecientos ochenta y nueve

— „uno" wird „un" vor männlichen Substantiven. „Una" ist die weibliche Form für „uno".

un libro, treinta y un libros, una peseta

— „Cien" wird vor einem Substantiv verwendet. Als alleinstehende Zahl kann es „cien" oder „ciento" heißen.

Hay más de cien personas.

¿Cuántos francos tienes? — Tengo cien (ciento).

— Die Hunderter zwischen 200 und 900 haben eine weibliche Form: „— as"

doscientos marcos   doscientas pesetas

— Zwischen „millón" und dem folgenden Substantiv steht die Präposition „de".

dos millones de personas.

b) Die Ordnungszahlen (Los números ordinales)

1° primero (primer)	5° quinto	9° noveno	13° décimotercero (tercer)
2° segundo	6° sexto	10° décimo	14° décimocuarto
3° tercero (tercer)	7° séptimo	11° undécimo	20° vigésimo
4° cuarto	8° octavo	12° duodécimo	

— Die Ordnungszahlen werden wie das Adjektiv verändert.
— „Primero" und „tercero" verlieren im Singular vor dem männlichen Substantiv ihre Endung „-o".
    primer piso   el piso primero
— Die Ordnungszahlen werden normalerweise nur bis „décimo" verwendet; ab 11. stehen die Grundzahlen.

A7. Indirekte Rede und Zeitenfolge

a) Die Zeitenfolge beim Nebensatz:
Das Verb des Nebensatzes steht nicht im Konjunktiv:
Im Nebensatz können alle Zeiten verwendet werden, ganz gleich, ob das Hauptverb in der Vergangenheit, Gegenwart oder Zukunft steht.
    Alfonso dijo que vendría. — *Alfonso sagte, daß er kommen würde.*
    Ana dice que no tendrá tiempo. — *Ana sagt, daß sie keine Zeit haben wird.*
    Ellos dirán que no tienen ganas de venir. — *Sie werden sagen, daß sie keine Lust haben zu kommen.*

Die Verben, die eine sinnliche Wahrnehmung ausdrücken (ver, oír ...) sollen normalerweise in Bezug auf die Zeit, dem Hauptverb zugeordnet werden.
    Veo que llueve. — *Ich sehe, daß es regnet.*
    Vi que llovió (od. llovía). — *Ich sah, daß es regnete.*

Das Verb des Nebensatzes steht im Konjunktiv:
Bei Verben, die einen Willen ausdrücken, kann das Verb des Nebensatzes nicht in einer früheren Zeit als der des Hauptsatzes stehen.
    El quiere que bailemos. — *Er will, daß wir tanzen.*
    El quiso (od. quería) que bailáramos. — *Er wollte, daß wir tanzen.*
    El querrá que bailemos. — *Er wird wollen, daß wir tanzen.*

Bei anderen Verben in der Gegenwart oder Zukunft, kann das Verb des Nebensatzes in irgendwelchen Zeiten stehen.
    Es necesario que Ana llegue a tiempo. — *Es ist nötig, daß Ana rechtzeitig ankommt.*
    Será necesario que Ana llegue a tiempo. — *Es wird nötig sein, daß Ana rechtzeitig ankommt.*

Wenn das Hauptverb in der Vergangenheit steht, soll das Verb des Nebensatzes auch in der Vergangenheit (Imperfekt oder Plusquamperfekt) stehen.
    Era necesario que Ana llegase a tiempo. — *Es war nötig, daß Ana rechtzeitig ankam.*
    Fue necesario que Ana llegara a tiempo. — *Es war nötig, daß Ana rechtzeitig ankam.*
    Era necesario que Ana hubiera llegado a tiempo. — *Es war nötig, daß Ana rechtzeitig angekommen war.*

b) Bei Fragesätzen

DIREKT
¿Has comprado el libro?
- *Hast du das Buch gekauft?*
Visitaréis a Rita?
- *Werdet ihr Rita besuchen?*

INDIREKT
Dime si has comprado el libro
- *Sag mir, ob du das Buch gekauft hast.*
Decidme si visitaréis a Rita.
- *Sagt mir, ob ihr Rita besuchen werdet.*

Die Konjunktion „que" kann ebenfalls verwendet werden. Sie wird vor allem gebraucht, wenn die Frage wiederholt wird.
Dime que si has comprado el libro.
Decidme que si visitaréis a Rita.

A8. Silbentrennung

Im Spanischen wird nach Sprechsilben getrennt:
in-clu-so, li-bro, fá-bri-ca, re-lám-pa-go, ins-ti-tu-ción

Bei Präfixen, die leicht zu erkennen sind, ist die Trennung fakultativ:
des-odorante oder de-sodorante

„-ch-", „ll" sowie „rr" werden nie getrennt: co-che, cas-ti-llo, pe-rro

Diphthonge und Triphthonge können ebenfalls nicht getrennt werden:
ca-mión, tiem-po, co-men-céis, Pa-ra-guay

Am Zeilenende werden einzelne Vokalzeichen nicht abgetrennt.

A9. Zeichensetzung

Die spanische Schriftsprache verwendet folgende Satzzeichen:
. el punto
: dos puntos
, la coma
; el punto y coma
¿ ? el interrogante
¡ ! el signo de admiración
„ " las comillas
( ) el paréntesis
... puntos suspensivos

Abweichungen vom Gebrauch der Satzzeichen im Deutschen bestehen im Spanischen vor allem bei der Setzung des Kommas: vor Nebensätzen, die mit „si" (wenn, ob) und „que" (daß) eingeleitet sind, steht im Spanischen kein Komma. Vor Relativsätzen fehlt es ebenfalls, sofern sie zum Verständnis des Hauptsatzes erforderlich sind. Im Gegensatz zum Deutschen können adverbiale Bestimmungen in Kommata eingeschlossen werden.

A10. Groß- und Kleinschreibung

Grundsätzlich werden im Spanischen alle Wörter mit kleinen Anfangsbuchstaben geschrieben. Die wichtigsten Ausnahmen sind Wörter am Satzanfang und Eigennamen.

Schlüssel zu den Übungen

1

1.3.1 Sois, no, Qué, están, están, Quién, Eres, soy, soy, en, es, está, está, es, también, Estás, está, es, de, en.
1.3.2 alemán, rusos, italiana, francesas, españolas, italiano, italianas.

2

2.3.1 hay, está, está, es, hay, son, están, está, es, es.
2.3.2 hablan, habláis, hablo, habla, Habla, hablan, hablas, Hablan, Hablo.
2.3.3 se, una, Quién, en, Qué, con, se, Dónde, dónde, El.
2.3.4 1. España es una península.
2. Bilbao está en el norte de España.
3. En Bilbao se hablan dos lenguas: vasco y español.
4. En Barcelona hay un puerto importante.
5. España limita con Portugal, Francia y Andorra.

3

3.3.1 come, trabajan, desayuna, prepara, venden, vivo, cenan, Tocáis, habla, bebe.
3.3.2 se, en, por, de, de, se, con, en, se, un.
3.3.3 es, están, está, está, es, está, Está, está, son, es, está.
3.3.4 1. Luis estudia derecho.
2. No, en Zaragoza no se habla catalán.
3. Luis vive en la calle Mallorca.
4. Ana trabaja en una escuela.
5. No, Ana no cena en la escuela; cena en casa.
3.4.2 1. España está en el sudoeste de Europa.
2. Los principales centros industriales están en Cataluña, el País Vasco y Madrid.
3. En España se hablan cuatro lenguas: el español, el catalán, el vasco y el gallego.
4. No, España es una monarquía.
5. España exporta naranjas, vino, aceite, verduras . . .

4

4.3.1 voy, hay, está, es, Vamos, vais, es, hay, es, está.
4.3.2 Desean trabajar en la escuela. Deseamos ir en avión . . . Deseáis vivir en . . . Ella desea ir a la . . . ¿Deseas tomar un . . . Deseo ir a pie. deseamos cenar . . . desea aprovechar . . . deseamos escuchar la radio
4.3.3 habla, limita, Vives, Trabajo, desean, hablan, Coméis, Bebemos, Tocas, compráis.
4.3.4 1. Desean salir de excursión. Desean aprovechar bien estos días.
2. No, no es agradable. Hay demasiada gente, demasiados coches y demasiada contaminación.
3. Van a los Pirineos en tren.
4. Son pequeños y tranquilos.
5. No, el coche está averiado.

4.3.5 aquella casa, esa silla, aquellas montañas, estas botellas, esta mesa, esta copa, esas flores, aquel árbol, ese gato.

4.4 1. Nicaragua está en Centroamérica.
2. Participan maestros y estudiantes latinoamericanos.
3. Porque casi la mitad de la población debe aprender a leer y a escribir.
4. No, el analfabetismo es en otros países latinoamericanos un serio problema también.

5

5.3.1 Adónde, Qué, Para qué, Quién, De dónde, Por dónde, Por qué, De quién, En qué (Cómo), Cómo.
5.3.2 para, a, al, a, para, para, a, a la, para, en.
5.3.3 tiene, vengo, Tienes, Vamos, Vienen, tengo, vais, tiene, viene, tengo.
5.3.4 Van al restaurante para cenar. Voy a Gerona para visitar a Jorge. Voy al teatro para escuchar un concierto. Compra patatas para hacer la cena. Vais a la montaña para caminar. Voy a casa para escuchar la radio. Van a la universidad para aprender español. Voy al bar para hablar con Ana. Van al quiosco para comprar el periódico.
5.3.5 está enojado, está contento (a), es mexicano, es una mujer, es delgado (a), es simpática, es secretaria, es bajo, es fuerte, es pintor, es banquero, es deportista, es alto (a), es gordo, está preocupado.
5.3.6 Este, Estas, Esta, Esta, Este, este, Esta, Esta, Estos.
5.3.7 1. Carmen y Alfonso.
2. Porque desea ir pronto a la cama.
3. Sí, Ana habla un poco de italiano.
4. Para visitar a unos amigos.
5. No, Jorge no es el padre de Ana. Jorge es un amigo de ella.

5.4 1. La mayoría de la población uruguaya vive en ciudades.
2. Porque desea mejorar de posición social y económica.
3. El rápido crecimiento crea problemas de infraestructrua: barraquismo, falta de trabajo etc.

6

6.3.1 mi, mía; su, suya; tu, tuyo; nuestra, nuestra; vuestro, vuestro; tu, tuya; mis, mías; vuestras, vuestras; sus, suyas; mi, mío.
6.3.2 tiene que, haces, tengo ganas, tenemos que, hacen, tiene, tienen ganas, hago, tiene, tienen ganas.
6.3.3 Son las seis. Son las nueve y media. Son las nueve (de la noche). Son las diez y cinco. Son las cinco y cuarto (de la tarde). Son las doce y catorce. Son las siete menos cuarto (de la tarde). Son las cuatro (de la tarde). Es la una y media (de la tarde). Es la una menos cuarto (de la tarde). Son las tres menos veinticinco (de la tarde). Son las seis (de la tarde). Es la una y cuarto (de la tarde). Son las seis menos cinco (de la tarde). Son las cuatro y media. Son las nueve menos cuarto (de la noche). Son las diez menos veinte (de la noche). Son las cuatro menos veinticinco.
6.3.4 al, a, para, al, una, de, por, A, hay, a.
6.3.5 podemos, hacen, veo, Vengo, vais, salimos, Es, están, tenéis, puedo.

6.3.6 Adónde, Por qué, De dónde, Qué, Quién, Dónde, De quién, Por dónde, En qué (Cómo), Para qué.

6.3.7 1. Van a Ribes.
2. Sale a las 6.30.
3. No, el tren es directo.
4. Luis paga la cuenta.
5. Para visitar a su hermana.

6.4.2 1. No, Bolivia no tiene salida al mar.
2. Bolivia exporta sobre todo estano y plata.
3. Los mineros protestan porque sus sueldos son bajos.

7

7.3.1 ha venido, ha tomado, han desayunado, Habéis escuchando, He hablado, ha cenado, Hemos bebido, Habéis ido, He leído, ha trabajado, han preparado, ha pagado.
7.3.2 en, la, trabaja, que, El, para, tiene, a, van, van, de, a, a.
7.3.3 tiene que, Hay que, tienen, hay, hay que, tiene, hay, tiene, tengo que, hay que.
7.3.4 Sí, es el mío, es la nuestra, son los nuestros (vuestros), son los suyos, es el tuyo (Vd.: suyo), es el mío, es la suya, son los míos, es el vuestro (nuestro), es la suya.
7.3.5 de, Por, ida, en, a, de, a, Qué, por, se.
7.3.6 A Es la una y cuarto.
B Son las doce y veinticinco.
C Son las doce en punto.
D Son las siete y media.
E Son las dos y media.
F Son las nueve en punto.
G Son las nueve menos veinte.
H Es la una menos cuarto.
I Son las once y diez.
J Son las tres en punto.

7.3.7 1. Montserrat ha visitado a la familia Gómez.
2. Montserrat ha comido paella.
3. Porque gana poco.
4. La Sra. Gómez hace los trabajos de la casa.
5. Juan es el vecino de Ana.

7.4.3 1. Porque proviene del latín.
2. No, no hay problemas de comprensión.
3. Sí, el idioma portugués es parecido al español.
4. Las culturas anteriores a la dominación romana, la cultura árabe, las culturas americanas etc.
5. Aproximadamente 250 milliones de personas.

8

8.3.1 no hay nadie, no hay nada, no ha vendido ningún disco, No habla tampoco italiano, no tiene ni siquiera una entrada, no han comprado ningún libro, no escucháis tampoco, No he viajado nunca, no tiene ningún teatro (no tiene ni siquiera un teatro), no he leído ningún libro.

8.3.2 Han tomado, ha estudiado, Han viajado, he trabajado, Hemos cenado, Hemos deseado, has leído, Ha sido.

8.3.3 sabe, queréis, dice, hay, quieren, Hay, dicen, hay, sé, queréis, hay.

8.3.4 a, en, en, por, a, por, en, al, por, en.

8.3.5 su, suyo; nuestro, nuestro; su, suya; mis, mías; vuestra, vuestra; su, suya; tus, tuyos; mi, mía; nuestras, nuestras; su, suya.

8.3.6 1. Carmen es la antigua vecina de Luis.
2. Carmen es de Valencia.
3. Carmen no ha estado ni siquiera un año en la universidad.
4. No, no ha estado nunca en Sudámerica.
5. Para ganar dinero.

8.4.2 1. Tiene una baja productividad debido a la escasez de medios.
2. Se inicia después de 1910.
3. Porque México tiene amplias y bellas playas, así como numerosos restos arqueológicos.

9

9.3.1 La he visto, Le presto, Todavía no lo habéis, Lo he aparcado, Lo desean hacer (Desean hacerlo), Todavía no la han, Todavía no les han, Tienen ganas de verla, Las ha regalado, Les ha regalado, Lo presta, Le presta.

9.3.2 se lo, se lo, me lo, se lo, me la, me lo, nos los, se lo puede ... (hacérselo), me lo.

9.3.3 voy, tienen, van, quieres, hecho, tengo, escrito, voy, quieres, tiene.

9.3.4 es, le, hace, ha, eso, de, es, les, es.

9.3.5 No toco el piano tampoco, No vamos a la playa nunca, No tiene ninguna bicicleta, No hay nadie, No tengo ganas tampoco, No deseo comprar nada, No ha comprado ningún disco, No ha hecho ni siquiera una fotografía (ninguna fotografía), No hemos visto nada, No escuchamos la radio nunca.

9.3.6 tiene, tienen, tienes, has, Habéis, ha, tiene, he, ha.

9.3.7 a, en, a, de, con, a, por, en, de, con.

9.3.8 1. María quiere celebrar su santo.
2. María no ha leído nada de Unamuno.
3. Desean regalarle „La Tía Tula".
4. No, Mercedes es una conocida de Carlos.
5. Sí, la ha leído.

10

- 10.4.1 Se ha alegrado, os habéis lavado, se llama, me voy, quedarse, se trata, os levantáis (os habéis levantado), te ocupas, se detienen, quitarme.
- 10.4.2 Se la llevan, ¿Quién se la ha bebido?, Ella se los pone, No se lo quita, ¿Te las comes?, Se las lavan, Me los llevo, Os la habéis.
- 10.4.3 mucho, muchos, muy, muchos, muy, mucho, mucho, muy, muy, mucho, muy.
- 10.4.4 escrito, dicho, se detiene, obtenido, vengo, vienen, venido, dicho (escrito), escribes, decir, dicho.
- 10.4.5 Se lo he prestado, Se lo hemos regalado, Me lo he comido, No lo (le) he visto, (La) Deseamos hacerla, Se los he comprado, ¿Las has escuchado?, La he arreglado, (La) Quiero verla, ¿Lo habéis sacado ya?

- 10.4.6 1. El País Vasco está situado en el norte de España.
  2. Se llama Guernica.
  3. En Bilbao se hablan el vasco y el español.
  4. No, no es una lengua románica.
  5. La escuela, la policía y el ejército.

- 10.5 1. Se llama Bogotá.
  2. Sí, en Colombia hay industria; la actividad industrial colombiana aumenta progresivamente.
  3. No, no está bien repartida. Colombia es un país rico, pero las diferencias sociales son muy grandes.
  4. Colombia exporta principalmente café.

11

- 11.3.1 Habla, Dé, Encargad, creed, Lean, Bébete, corramos, Dad, Pague, come.
- 11.3.2 menos ... que, más ... que, más ... que, menos ... que, tan ... como, el menos, el más, el más, el menos.
- 11.3.4 quieren, puede, escrito, Voy, dicho, Vengo, Están, hecho, Es, salgo.
- 11.3.5 Unser Vorschlag: ¡Buenos días! / Póngame medio Kg. de manzanas. / ¿A cuánto va el Kg.? / Sí, una botella de vino. ¿Cuánto cuesta? / No deseo nada más, gracias. / Tenga. / Gracias, ¡adiós!
- 11.3.6 te la he dado, se lo ha mandado, nos quedamos, se la he enviado, me los he llevado, os lo he comprado, (se los) desea quitárselos, lo hemos reservado, me he levantado, la película me ha gustado.

- 11.3.7 1. No, las naranjas son más baratas.
  2. Porque los plátanos vienen de Canarias y las islas están muy lejos.
  3. Ninguno.
  4. — 5. No, la botella de Rioja es demasiado cara.

- 11.4 1. En Perú, Bolivia, Guatemala y Ecuador.
  2. La Argentina y Uruguay.
  3. No, la mayoría de los argentinos son descendientes de españoles o italianos.

12

12.3.1 encienden, pensamos, entiende, cierra, os despertáis, recomiendo, Comienzas, Siéntate, pierde, empezado.

12.3.2 Al empezar a trabajar, Luisa enciende ...; Al llegar a casa, veo ...; Al comprar los libros, he visto ...; Al salir, cierro ...; Al tomar el autobús, veo ...; Al hablar con Andrés, pierdo ...; Al venir él, nos vamos.

12.3.3 de, que, tienes, de, que, tiene, cumplido, cumples, es (tienes), Cuántos.

12.3.4 Cuáles, Qué, Cuál, Cuál, Cuáles, Qué, Qué, Cuál, Cuál, Qué.

12.3.5 levantarse, Come, comer, escuchar música, va, ir, desayuna, Escucha, Cena, escucha.

12.3.6 muy, muy, mucho, mucho, muy, muy, muchos, muy, mucho, muchas.

12.3.7 Tome los nuestros, Tomad las mías, Tome la mía, Tomen los míos, Toma la nuestra/ Prestadnos el vuestro, Présteme los suyos, Préstanos la tuya, Préstenme las suyas, Préstame el tuyo.

12.3.8 1. Lo sabe debido al acento de Julio.
2. Sus hijas se llaman Rosario y Lurdes.
3. Julio trabaja en la construcción.
4. A Sevilla o a Málaga.
5. La ciudad no le gusta.

13

13.3.1 está cenando, están hablando, estás haciendo, Estoy pensando, Estoy bebiendo, Estáis escribiendo, están preguntando, estás esperando, Estamos viendo.

13.3.2 está encargándola (la está encargando), está comiéndoselas (se las está comiendo), estoy escribiéndola (la estoy escribiendo), estamos lavándonoslas (nos las estamos lavando), están levantándose (se están levantando), estamos terminándola (la estamos terminando), estamos preparándola (la estamos preparando), está duchándose (se está duchando).

13.3.3 se acuerdan, cuentas, muestra, suena, Esfuérzate, duele, Moveos, jugáis, me encuentro, soñado, Cuenten.

13.3.4 Mientras, Durante, Durante, mientras, durante, Mientras, Durante, Mientras, mientras.

13.3.5 está, da, hecho, a, a, de, ir, pone, se.

13.3.6 Algunos ejemplos: La señora del balcón está mirando la calle. La chica está corriendo. Un hombre está subiendo al autobús. El camarero está trabajando. El señor de la maleta está esperando. Un hombre está leyendo el periódico, etc.

13.3.7 Llamad, Dale, Paguen, Piensa, Escucha, Busquemos, Vuelvan, Pon, Enviad, Levantaos.

13.3.8 1. Al llegar a Sevilla.
2. Lo encuentra más acogedor.
3. Elena pone el disco.
4. Jacinto pone la mesa.
5. No, está solamente a dos minutos de la casa de Elena.

13.4 1. En Andalucía se habla el andaluz.
2. En Andalucía se cultivan olivos, viñas, trigo ...
3. El paro obrero.

4. El latifundio y la escasa industrialización de la región.
5. Federico Lorca es de Granada.

14

14.3.1 Compraré, Cenaremos, Visitarás, Pensaremos, Fumarán, Leeréis, Se llevarán, Alquilarán, Cogeré, Escucharás.
14.3.2 haréis, tendrás, Os detendréis, querrán, dirás, podré, habrá, sabrá, vendréis, valdrá.
14.3.3 conozco, apetece, agradecemos, amanece, me merezco, obedece, oscurece, Conoces, Reconozca, crece.
14.3.4 estás, Estoy, Es, Es, Estoy, Es, estoy, es, Estoy, estoy, es, son, es, está, está, está (estará), es, Es, es, Es, es, es, Estás.
14.3.5 almorzado, empieza, Me siento, contáis, conozco, sonado, sueñas, Cierra, entienden, Despiértame, piensas, Siéntese.
14.3.6 por, que, a, de, de, a, de, a, en, debido, a.
14.3.7 mí, -migo, ellos, ti, vosotros, mí, él, él, yo, contigo.

14.3.8 1. Felipe está leyendo el periódico.
2. No demasiado.
3. Ha leído el anuncio del concierto de Alicia de Larrocha.
4. Ricardo ha reservado ya su entrada.
5. Antonia irá con Felipe y Ricardo.

14.4.2 1. No, en España se habla también catalán, vasco y gallego.
2. En Galicia.
3. No, también en el País Vasco francés.
4. No, el gallego no es un dialecto del castellano.
5. La ciudad l'Alguer se encuentra en Cerdeña.

15

15.3.1 no vendría tarde, podría hacerlo, no desearía visitar el museo, no esperaría la llegada de Luis, no habría comprado un tocadiscos, no tomaría tanto café, habría visitado a Enrique, no me casaría antes de terminar mis estudios.
15.3.2 siento, invierte, mentido, te sientes, se/herido, hirviendo, nos divertimos, preferís.
15.3.3 acaba, a, dan (ponen, hay), acabamos, poner, qué, pesar, a, La.
15.3.4 otro, otros, otro, otros, otros, otra, otras.
15.3.5 Enciende, Piense, obedeced, Despiérteme, Reconozcan, Recomiéndame, Juega, Pruebe, Acuérdate, Cierre.
15.3.7 He abierto/abriré, He visto/veré, He ido/iré, He podido hacer/podré hacer, He dicho/diré, He hecho/haré, He tenido que ir/tendré que ir, He escrito/escribiré, He visitado/visitaré, Me he puesto/pondré.

15.3.8 1. Primero Elisa, después Pilar.
2. Quiere salir con su marido.
3. Sí, ya las ha comprado.
4. Le aconseja ir al cine en lugar de trabajar para la Sra. Hernández.
5. Va al cine con Pilar.

15.4 1. La mayor ciudad hispanoamericana es Ciudad de México.
2. Porteño(s).
3. Se llama „villas miserias" a los barrios más pobres de Buenos Aires. En ellos la gente vive en barracos.
4. Las dificultades económicas y la política represiva del gobierno.

16

16.3.1 compré, comimos, saludé, escuchamos, recieron, creí, prestó, gustó.
16.3.2 fui, Estuvo, fue, tuvisteis, vi, te acordaste, empezó, estuviste, almorzamos, fue, hizo, cerraron.
16.3.3 hace, desde hace, desde, antes de, Hace, hace, Hace, Antes de, desde hace.
16.3.4 a ella, a nosotros, a vosotros, a ti, a ellos, a mí, a Vd., a ella, a Vds., a él.
16.3.5 quedarme, queda, ponerse, poner, llamado, se llama, Me llamo, despertarme, despertarlos (les), levantarla, levantarme.
16.3.6 estoy escuchando, estoy divirtiéndome, estoy poniendo, estoy preparando, estoy escribiendo, estoy telefoneando, estoy viendo, estoy hablando, estoy paseando.

16.3.7 1. Viajó a Galicia.
2. Fueron a dedo.
3. Almorzaron y pasearon por la ciudad.
4. Piensan ir a Galicia.
5. Sí, estuvo allí hace dos años.

16.4 1. Galicia se encuentra en el noroeste de España.
2. Las rías son brazos de mar que penetran tierra adentro.
3. En Galicia se habla el gallego.
4. Los principales recursos económicos de Galicia son la pesca, la industria pesquera y la agricultura.
5. La muñeira es una danza popular gallega.

17

17.3.1 piden, consigue, siguiendo, sirvo, Viste, repite, Despídete, elegís, compite.
17.3.2 estuvieron, Fue, fue, empezaron, pediste, os fuisteis, almorzaron, consiguió, cerró, sirvieron, entendieron, pensé, eligieron, se encontró.
17.3.3 que habría ..., que viajarían ..., que el próximo fin de semana sería ..., que Ana compraría .., que podrían ..., que tomaríamos ..., que la película os gustaría ..., que mañana enviaría ..., que la semana que viene telefonearía ...
17.3.4 quien, de, duró, e, del, Hay, e, pone, u, tan.
17.3.5 acabamos de verle (lo), acabo de telefonearle (lo), acabo de enviarla, acaba de entregarlo, acabamos de felicitarla, acabo de leerlo.
17.3.6 A pesar de que, A pesar de, A pesar de que, a pesar de esto, a pesar de que, a pesar de, a pesar de esto, A pesar de que.

17.3.7 1. Empezó el 18 de Julio de 1936.
2. La guerra duró tres años.
3. La república no consiguió dominar la sublevación.

4. Entre otros, Rusia y México.
5. Terminó el 1 de abril de 1939.

17.4.2 1. En Batuco se cultivan verduras y árboles frutales principalmente.
2. Los trabajadores temporeros trabajan durante una temporada. Su trabajo no es fijo.
3. Normalmente se les paga mal y trabajan sin contrato laboral. Carecen de los mínimos derechos del trabajador y su situación es muy inestable.
4. Pierde su trabajo y, en su lugar, se contrata a otra persona.

18

18.3.1 hacía, Se levantaba, se tomaba, salía, estaba, encontraba, eran, duraba, compraba, necesitaba, era, tenía, administraba, tenía, se reunía, Jugaban, comentaban, pasaban.

18.3.2 Esperando el autobús, leo el periódico. Trabajando mucho, se gana dinero. Cenando, miran la televisión. Haciendo cola en la taquilla, he visto a Teresa. Viajando a menudo, conocéis muchos países. Escribiendo la carta, escucho un disco. Teniendo tiempo, se puede leer mucho. Preparando la cena, hemos escuchado las noticias. Almorzando todos juntos, hablaremos del asunto.

18.3.3 De, a, solo, a, a, en, pone, eso, Al, de.

18.3.4 Tráigame, Déme, debo, por, con, del, Quédese, de.

18.3.5 1. Normalmente se iba a pie o en mula.
2. Jugaba con los otros chicos o ayudaba a su madre.
3. Su padre terminaba el trabajo al ponerse el sol.
4. No, su padre hablaba muy poco.
5. Se entretenía un buen rato jugando con el gato.

18.4.2 1. La ganadería.
2. La población reaccionó creando una guerrilla urbana (los Tupamaros). Actualmente la población uruguaya emigra en masa del país.
3. Ha significado el fin de su estabilidad económica y social.

19

19.3.1 estuve, Era, (Fue)*, pasaban (pasaron), Había, (hubo), Dividí, pertenecían, caminaban, se apresuraban, acercó, dijo, podía, extrañó, había, me negué, ofrecí, rechazó, fumaba, sacó, enseñó, era, podía, estuvimos (estábamos), encendieron, vivía, hacía, explicó, agradecí, quedó, hacían, acercó, dijo, tenía, nos despedimos.
***En ocasiones**, el uso del imperfecto o del indefinido obedece a razones estilísticas o expresivas, siendo gramaticalmente correcto el uso de ambos tiempos.

19.3.2 Quise, pudo, Empezamos, Di, fueron, estuvisteis, Esperaron, dijiste, Fui, cerró, hizo, sonó.

19.3.3 hablaría, viajarían, Querría, haría, contaría, podríamos, dirías, pondríais, Empezaría, sería.

19.3.4 a, En, e, en, quien, de, lo, qué, a.

19.3.5 1. El anciano era San Pedro.
2. Los muchachos del pueblo se comían sus peras.
3. Ellos querían morir. Doña Miseria tenía que permitir a la Muerte bajar del árbol.

4. Sí, la Muerte aceptó su propuesta porque tenía hambre.
5. Porque la Muerte prometió no molestarle nunca.

19.4.2 1. Porque tenían una extraordinaria organización militar.
2. Ciudad de México se encuentra en el mismo emplazamiento donde antes estuvo la capital de los aztecas, Tenochtitlan.
3. Se componía de 18 meses de 20 días y un mes de 5 días.
4. Los antiguos aztecas hablaban el nahua.

20

20.3.1 cuyos, cuyo, en cuya, cuya, cuyo, cuyo, cuyos, cuyos, de cuyo.
20.3.2 que, que (cual), cuyo, lo, que (cual), que (el cual), que, que (cuales), las, la cual (quien, la que).
20.3.3 queríamos (quisimos), teníamos, hice (hacía), Trabajé, reuní, faltaban, se puso, pudimos, tuvimos.
20.3.4 sentido, te divertiste, conseguís, se despidieron, prefiero, pediremos, hierve, repetirá, Sírvame, elegisteis.
20.3.6 Hablando de mi pueblo, siento ...; Haciendo cola, se pierde; Tocando el piano, se divierte; Caminando por la calle, encuentro ...; Viajando por el extranjero, se aprende; Hablando en público, se pone ...; Lloviendo, no apetece ..; Durmiendo, no se dan ...; Mirando las fotos, recordamos ...; Enfadándonos, no arreglamos nada.
20.3.7 1. Sus amigos alemanes de Barcelona.
2. En principio, visitar algunos museos y a sus amigos.
3. No, no lo ha visitado todavía.
4. Dijo que quería ir a Barcelona para visitar algunos museos.
5. El museo de Dalí está en Figueras.

20.4.2 1. La Guerra de Independencia y la instauración de la república socialista.
2. José Martí advirtió a los pueblos latinoamericanos del imperialismo estadounidense.
3. Fidel Castro.

21

21.3.1 dormido, me duermo, dormí, se durmió, murieron, me duermo, durmiendo, muerto, dormiremos, duerme.
21.3.2 se había marchado, habíamos visto, había salido, había trabajado, había escrito, había estado, había estado, había leído, había hecho, habían preparado.
21.3.3 durante, de, hace, pesar, no, más, le, de.
21.3.4 estaba, íbamos, trabajaba, era, veíais, sabían, llovía, iba, venía, Hacías, contaba.
21.3.5 hablamos, dijeron, hicisteis, pusiste, fueron, llegaron, quisiste, Pudisteis, llovió, estuvieron, comenzó.
21.3.6 habían, hace, de, desde, hace, cuyos, había, acabo, me, que.
21.3.7 1. No, el padre de Antonio está retirado.
2. Porque se pagan muy buenos sueldos.
3. El sueldo se ajusta al trabajo realizado.

4. El padre de Antonio tiene silicosis.
5. Porque conoce los aspectos negativos de la profesión.

21.4 1. La Reconquista tiene sus orígenes, en parte, en Asturias.
2. El hórreo es una construcción popular asturiana y gallega.
3. Las principales ciudades asturianas son Oviedo, Gijón y Avilés.
4. El bable es una lengua románica que se habla en algunas zonas rurales del principado asturiano.
5. La bebida más popular asturiana es la sidra.

22

22.3.1 ¡No comas las patatas!, ¡No compréis los billetes!, ¡No ponga la radio!, ¡No hables con Andrés!, ¡No llamen por teléfono!, ¡No coja las maletas!, ¡No te quites el sombrero!, ¡No utilice el ascensor!, ¡No toquéis el timbre!
22.3.2 esperéis, vuelvan, trabajéis, digas, tome, traiga, deis, se quiten, lleguéis, trabajes.
22.3.3 ríes, fríe, sonríen, se rieron, sonrió, nos reímos, fría, os riáis, Sonría, friendo.
22.3.4 esta, lo, tan, las, está, lo, Por, a, Mientras (Cuando), da.
22.3.5 encontré, Hacía, veía, me alegré, Tenía, Entramos, encargamos, dijo, se ganaba, nos conocimos, estudiaba, comentó, gustaba, dio, Estuvimos, vaciamos.
22.3.6 Estudiando mucho, aprobarán …; Yendo al concierto, pasaré …; Viajando en autostop, conocemos …; Haciendo teatro, recorren; Haciendo cola, se perdía …; Estando enfermo, no puede ..; Bailando, disfrutaron …; Leyendo, se aprende …; Haciendo deporte, se mantendrá …; Enojándose, no se consigue …;

22.3.7 1. Eino es de Finlandia.
2. Los ingredientes son: huevos, cebollas, patatas, sal y aceite.
3. Normalmente se fríe con aceite.
4. Javier pone la sartén en el fuego.
5. Javier prepara la ensalada.

22.4.2 1. Américo Vespucio dio a este país el nombre de Venezuela (=pequeña Venecia). Un pequeño poblado edificado junto al agua le recordó la ciudad de Venecia.
2. Es muy rica y variada.
3. El principal recurso económico de Venezuela es su petróleo.
4. No, la mayoría de la población venezolana vive en ciudades.

23

23.3.1 que seas puntual, que estudiéis más, que venga, que llame, que se esfuercen, que suban tanto (mucho), que salgan, que cambie, que haya llegado, que haga frío.
23.3.2 te pongas, trabajen, tenga, hayan, os comportéis, haga, pongas, venga, den, hayáis.
23.3.3 disfrutáis, escriban, está, retransmiten, visites, compres, grite, deben, vienen (vendrán), funciona.
23.3.4 me, es, deje, al, Es, que, En, antes, Es, de.
23.3.5 fui, Visité, estaba, se llamaba, llegué, estaba, Fue, decidí, sabía, me quedé.

23.3.6 1. El paciente se marea cuando sube y baja las escaleras.
2. Para eliminar los efectos secundarios de otros medicamentos.
3. Para subir la presíon.
4. Le propone una alternativa a los medicamentos tradicionales.
5. Ha estudiado más de diez años en la universidad.

23.4.1 1. Los miembros de las culturas mestizas hablan preponderantemente español.
2. El quechua se habla en Bolivia, Perú y Ecuador.
3. Aunque teóricamente la población india tiene los mismos derechos, es muy a menudo objeto de discriminación.

24

24.3.1 Si no estuviera (-ese) lloviendo, sería posible salir; Si la situación económica no fuera (-ese) mala, no habría parados; Si se supiera (-ese) gobernar, las cosas no irían mal; Si no tuviera (-ese) ganas de verte, no habría venido; Si ella no fuera (-ese) de tu opinión, no te ayudaría; Si él no fuera (-ese) a Madrid, no podría visitar el Museo del Prado; Si no comiera (-ese) tanto, no se sentiría mal; Si no estudiaran (-asen) español, no viajarían …; Si no hiciera (-ese) mal tiempo, no nos pondríamos …

24.3.2 cerraras (-ases), volvieran (-esen), encontrara (-ase), acompañara (-ase), invitaran (-asen), te encontraras (-ases), comprarais (-aseis), fueran (-esen), habláramos (-asemos), viniera (-iese).

24.3.3 construyendo, concluimos, contribuyas, distribuido, influyen, intuí, destruyó, Incluya, construiría, Excluyamos.

24.3.4 a, lo, de, desde, es, visto, tan, que, que.

24.3.5 ¡Entrad!, ¡Coloque …, ¡Miradme!, ¡Sal …, ¡Compre …, ¡Coman …, ¡Tocad …, ¡Coge …, ¡Despertaos …, ¡Ponte …

24.3.6 1. Jorge espera a Hans.
2. Porque hay mucho tráfico.
3. Era más humana y bonita.
4. La Costa Brava, a causa del desastre urbanístico, es horrible.
5. Porque se ha construido muy desorganizadamente.

24.4 1. La península Ibérica parece ser un continente en miniatura.
2. En Castilla se cultivan predominantemente los cereales.
3. El latifundio se encuentra en el centro y sur de España.
4. Se utiliza mano de obra temporal.
5. Se intentan remediar por medio del cooperativismo.

25

25.3.1 sepa, devolváis, traiga, haya, venga, leas, haga, entienda, dé, hayáis.

25.3.2 vea, acaben, se pone, vengan, pruebe, estemos, voy, venga, sea (es), saludo, tiene, vuelva, esté.

25.3.3 conduje, seduce, traducido, redujera (-ese), se introdujo, se produjeron, conduzcas, produce, introducen, Reduzca.

25.3.4 lo, de, tal (tal de), le, por, es, uso, Junto, protestando.

25.3.5 Yendo al cine, pasaremos …; Dibujando, Juan escucha …;Leyendo, el tiempo paso …; Haciendo deporte, uno se siente …; Haciendo mal tiempo, no apetece …; Conduciendo, no me gusta fumar. Conduciendo, Ana no hablaba …; Volviendo de casa, encontré …;

25.3.6 1. No, en realidad no se vendió.
2. Es la broma que se hace durante el Día de los Santos Inocentes.
3. Se debe ser precavido debido a las bromas que se hacen durante este día.
4. Se acostumbra a colgar un monigote de papel.
5. En primer lugar, a fin de que no nos tomen el pelo. En segundo lugar, para que lo tomemos nosotros también.

25.4 1. Quetzalcoatl llegó ser rey de los toltecas debido a su sabiduría y virtudes.
2. Los dioses se sintieron celosos del poder y admiración que el rey había conseguido.
3. El elixir embriagó al rey.

26

26.3.1 que no hubierais (-eseis) escrito, que no hubiera (-ese) llovido, que hubieran (-esen) trabajado mal, que no os hubierais (-eseis) puesto de acuerdo, que no nos hubieran (-esen) avisado, de que hubieran (-esen) venido, que no los hubieran (-esen) esperado, que se hubieran (-esen) comportado de esta manera, que no os hubieran (-esen) dado el puesto.

26.3.2 tenga, tenía, tuviera (-ese); llame, llamaba, llamara (-ase); estemos, estábamos, estuviéramos (-ésemos); vayamos, íbamos, fuéramos (-ésemos); lleguen, llegaban, llegaran (-asen).

26.3.3 por, de, pena, lo, sin, En, está, Es, ni, a.

26.3.4 Tengo que hablar …; voy a ir …; Hay que …, anda diciendo …, sigue trabajando, volvemos a comer …, ¡Sigue leyendo!, Te he dicho que no tienes que fumar, se echó a reír, volvemos a hacer …

26.3.5 iremos (vamos), debéis, contéis, venga, guste, está, sean, hubiera (-ese), quisiera (-ese), traigas.

26.3.6 1. Fueron a verlo pero no pudieron entrar.
2. Están diseñadas por Gaudí.
3. A finales de siglo pasado.
4. Porque no se conserva el espíritu genuino de Gaudí.
5. Gaudí es de Reus.

26.4 1. En Bolivia.
2. Las culturas incaica y chibcha.
3. No, en los Andes hay muchas zonas casi o totalmente despobladas.

27

27.3.1 pagados, cortado, hechos, regadas, enviado, pagadas, extinguido, destruida, abierto, perfeccionado.

27.3.2 Se ha vendido …, Se debe limpiar …, Se trasladaban …, Se encendieron …, Se ha publicado …, Se quemaban …, Se venderá …, Se tiene que reparar …, Se cobraban …

27.3.3 así, lugar, por, Mientras, en, por, nuevo, por, Han.
27.3.4 habléis, haga, cuesta, tenemos, guardéis, llevaran (-asen), busque, gusta, tenga, tires.
27.3.5 te rías, huye, se produjo, friendo, tradujo, distribuyendo, construyendo, produzca, condujo, seduce.
27.3.6 sea, es, haya, sabe, haga, está, gritaran (-asen), es, vinieran (-iesen), necesitan.

27.3.7 1. Crear un solo Estado en la península Ibérica.
2. Portugal alcanzó su independencia en 1665.
3. No, tuvo lugar bajo el reinado de Felipe II.
4. Fueron anulados al finalizar la Guerra Civil española.
5. No, hubo participación internacional.

27.4 1. El tren salió de la estación de Francia.
2. El paisaje aragonés es yermo y austero.
3. En Argagón hay muchos edificios construidos en estilo mozárabe.
4. Medinaceli pertenece a Castilla.
5. Primero de queja y maldice, luego se olvida de lo sucedido.

28

28.3.1 por, para, por, Por, para, por, por, Por, por, Para, para, para, Por, por, Por, por, Por, por, por, Por, para, para, Por.
28.3.2 estudiara (-ase), estudia, estudiaba (estudió); tuviera (-ese), tenga, tenía; fueran (-esen), sean, eran (fueron); hiciera (-ese), haga, hizo (hacía); tuviera (-ese), tenga, tenía.
28.3.3 Estudie o no estudie ..., Esté o no esté ..., tenga o no lo tenga ..., Digan lo que digan ..., Hagas lo que hagas ..., Escribáis lo que escribáis, Quieras o no quieras ..., Haya la que haya ..., Haga bueno o haga ..., gusten o no te gusten ...
28.3.4 cuándo, lo, hicieran (-esen), gusta, lo, de, eligiéramos (-ésemos), Lo, es, Por.
28.3.5 Entré, Estaba, encendí, había, encendí, pude, encontraba, cubría, olía, oí, estaba, Apagué, aguardé.

28.3.6 1. No, se hacen en un día laborable.
2. En Córdoba.
3. Rodrigo va a Córdoba.
4. Alfonso no piensa votar.
5. Lo más importante para los políticos es cobrar a fin de mes y trabajar lo menos posible.

28.4 1. El primer rey de los incas fue, según la tradición, Manco Capac.
2. No, el reino de los incas se extendía más allá de las fronteras del actual Perú.
3. El reino de los incas fue conquistado en 1532.

29

29.3.1 sea, es, se llame, pueda, entienda, puede, hablan, hable, sea, sabe, haya.
29.3.2 sepáis, se llena, llueve (posibilidad: llueva), vayáis, empieza, hubieras (-eses), se compre, se lleven, tuvieras (-eses), debe, cojas, sea, Cierra, secara (-ase), salga, diera (-ese), reconozca, empiezan, vayáis, sea.

29.3.3   Viendo, para, pena, Lo, a, mí, En, es, lo, alrededores.
29.3.4   te pongas, me/puesto, nos pongamos, se ponga, nos pondríamos, se pusieran (-esen), me pondré, te/pongas, ponga/ponga, me pondré.
29.3.5   era, era, estaba, era, estaban, sido, era, Era, estaba, estaba, Era, ser, fueron

29.3.6   1. Peter piensa ir a Menorca.
2. Depende de lo que le guste la isla.
3. Sí, Julio ha estado un par de veces en Menorca.
4. En los alrededores de Ciutadella hay muchas ruinas prehistóricas.
5. Según Julio, lo mejor de Menorca es el paisaje.

29.4   1. Los tres factores básicos son: la tierra, el comercio y la industria.
2. No, en México todavía persisten los problemas derivados del latifundismo.
3. Con el dinero obtenido en las exportaciones se pagan las importaciones.

Literaturverzeichnis

Principales obras consultadas en la elaboración de este método:

Alarcos Llorach, A.: „Fonología española", Madrid 1974
Alonso, Martín: „Gramática del español comtemporáneo", Madrid 1974
Arciniegas, Germán: „Kulturgeschichte Lateinamerikas", München 1966
Beinhauer, W.: „1000 spanische Redensarten", München 1980
Bernal, I.: „Tenochtitlán en una isla", Ciudad de México 1959
Caso, María: „20 lecciones de español", Ciudad de México 1972
Fente, R.; Fernandez, J.; Feijóo, L.G.: „El subjuntivo", Madrid 1977
Friede Zapata; José A.: „Argentinien", Tübingen 1978
Gili Gaya, S.: „Curso superior de sintaxis española", Barcelona 1979
Gran Enciclopedia Catalana, Barcelona 1977
Meier, H.; Karlinger, F.: „Spanische Märchen", Düsseldorf 1961
Navas Ruiz, R.: „Ser y estar, en el sistema atributivo del español", Salamanca 1977
Radin, P.: „Histoire de la civilisation indienne", Paris 1953
Real Academia Española: „Esbozo de una nueva gramatica de la lengua española", Madrid 1978
Sandner, G.; Steger, H.A.: „Lateinamerika", Frankfurt a.M. 1973
Tanner, H.: „Südamerika, Andenstaaten" (I), Bern 1978
Vicens Vives, Jaume: — "Aproximación a la historia de España", Barcelona 1962
— "Historia de España y América", Barcelona 1980
Vila-Capel, J.V.: „La península Ibérica", Barcelona 1968
Vila Valentí, J.: „Campo y ciudad en la geografía española", Madrid 1970
Wehner, F.: „Ibero-Amerika", Hamburg 1952
Zülch, Tilman: „Von denen keiner spricht", Hamburg 1975

Soluciones a los crucigramas:

Crucigrama (Página 19)

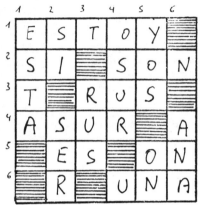

Crucigrama (Página 100)

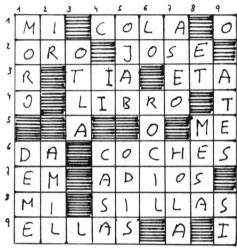

Crucigrama (Página 68)

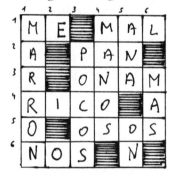

Crucigrama (Página 139)

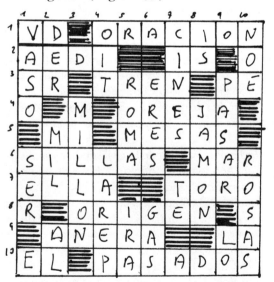